AF393265

INHALT

EINFÜHRUNG

Dieser zweite Band von "Chinesisch ohne Mühe" bildet mit 56 Lektionen die Fortsetzung der 49 Lektionen des ersten Bandes.
Er enthält natürlich ein wesentlich umfangreicheres und komplexeres Vokabular und mehr Redewendungen als der erste Band. An Ihrer Arbeitsweise ändert sich jedoch nichts. Sie gehen immer noch so vor, wie Sie es von Band 1 gewöhnt sind: Sie lesen den Dialog mehrmals hintereinander laut vor, sehen sich die sinngemäße und die wörtliche Übersetzung an, arbeiten die Übungen durch, bis Sie keine Fehler mehr machen, und gehen dann zur nächsten Lektion über.
Wenn Sie die Aufnahmen haben, hören Sie sich die Texte mehrmals an und wiederholen Sie jeden Satz nach den Sprechern.

Wenn man die in den Anmerkungen der Lektionen enthaltenen Ausdrücke mitzählt, enthält dieser zweite Band etwa 1.000 chinesische Wörter und Redewendungen, die für Sie, so hoffen wir, in den verschiedenen Gesprächssituationen mit chinesischen Gesprächspartnern nützlich sind.

Vergessen Sie nicht, ab Lektion 50 pro Tag eine der Lektionen des ersten Bandes, beginnend mit Lektion 1, zu wiederholen. Das nennen wir die **zweite Welle**.

Auf diese Weise vertiefen Sie die in den ersten Wochen gelernten Grundbegriffe der chinesischen Sprache und wiederholen das Basisvokabular, indem Sie es anhand neu eingeführter Redewendungen und Ausdrücke noch einmal "aktivieren". Im Zuge der **zweiten Welle** sollen Sie ebenfalls die Dialoge noch einmal vom Deutschen ins Chinesische übersetzen, um zu überprüfen, ob Sie das gesamte Vokabular beherrschen und die grammatikalischen Strukturen verstanden haben.

Zögern Sie nicht, einzelne Lektionen und auch vergangene Lektionen mehrmals durchzuarbeiten. Gehen Sie erst dann zu einer neuen Lektion über, wenn Sie sicher sind, daß Sie den gesamten bisherigen Stoff gut assimiliert haben. Bedenken Sie, daß Sie Verständnislücken nicht nur mitschleppen, sondern daß diese sich mit der Zeit noch vergrößern! Lernen Sie weiterhin regelmäßig jeden Tag mindestens eine Viertelstunde. Ihr Lernerfolg und auch Ihre Lernbereitschaft hängen von dieser Regelmäßigkeit ab. Eine Fremdsprache sollte nicht durch trockenes und stereotypes Einprägen von Vokabeln und Grammatik erlernt werden. Da bleibt der Spaß schnell auf der Strecke! Wir versuchen deshalb, Ihnen in diesem Kurs die chinesische Sprache in konkreten, möglichst "echten" und lebensnahen Gesprächssituationen mit typisch chinesischem Hintergrund zu vermitteln.

* * *

Wie in Band 1 finden Sie auch am Ende von Band 2 eine Auflistung aller in diesem Band vorkommenden Vokabeln mit der Nummer der jeweiligen Lektion, in der der entsprechende Ausdruck oder die Silbe zum ersten Mal vorkam bzw. erläutert wurde.

第五十课
DÌ WǓ SHÍ (50) KÈ

今天三号
Jīntiān sān hào

今天几号？

1 – Jīntiān jǐ hào? **(1)**

今天三号！

2 – Jīntiān sān hào!

啊呀！…我忘了！…应该去买

3 – Āya! . . . Wǒ wàng le! . . . Yīnggāi qù
mǎi

火车票了！

huǒchē piào le!

急什么？！你礼拜天才走呢！

4 – Jí shénme? **(2)** Nǐ lǐbàitiān cái **(3)** zǒu
ne!

谁说的！？我后天就走！

5 – Shéi shuō de? **(4)** Wǒ hòutiān jiù **(5)**
zǒu!

FĀYĪN 发音

1 djin tiän. 4 dji schö mö.

FÜNFZIGSTE LEKTION

Heute haben wir den 3.

1 – Welchen Tag haben wir heute?
2 – Heute haben wir den 3.!
  (heute / drei / Nummer)
3 – Oje! . . . Das habe ich völlig vergessen! . . . Ich muß meine Bahnfahrkarte kaufen!
  (oje! ich / vergessen / Aspektpartikel! sollen / gehen / kaufen / Zug / Fahrkarte / Satzpartikel)
4 – Warum hast du es so eilig? Du fährst doch erst am Sonntag!
  (beeilen / was? du / Sonntag / erst / gehen / Partikel)
5 – Wer hat das denn gesagt? Ich fahre schon übermorgen!
  (wer / sagen / Attributpartikel? ich / übermorgen / schon / gehen)

ANMERKUNGEN

(1) Für die Frage nach einem Datum reicht es aus, den Zeitangaben *jīntiān* "heute", *míngtiān* "morgen" oder *zuótiān* "gestern" das Fragewort *jǐ hào?*, wörtlich "welche Nummer?", nachzustellen. Das Verb *shì* wird nicht unbedingt benötigt (vgl. Lektion 48).

(2) Dies ist die Abkürzung von *Nǐ jí shénme?* "Warum hast du es so eilig?". Sie können auch sagen *Jí bù jí?* "Ist es eilig?". Die Antwort könnte z.B. lauten: *Bù jí! Bù jí!* "Nein, nein, es eilt nicht!"

(3) Das Adverb *cái* drückt eine Einschränkung hinsichtlich eines Zeitpunktes aus. Die Handlung findet (oder fand) später statt als vorausgesehen (vgl. Lektion 28, Anm. 6 und Lektion 43, Anm. 6). Die Zeitbestimmung steht immer vor *cái*.

(4) Diese idiomatische Redewendung soll zum Ausdruck bringen, daß der Sprecher mit der eben gemachten Aussage nicht einverstanden ist: "Wo hast du das denn her?", "Wer sagt das?", "Wie kommst du denn darauf?". Beispiel: *Tā shì déguórén! - Shéi shuō de! Tā shì zhōngguórén!* "Er ist Deutscher! - Wie kommst du denn darauf? Er ist Chinese!".

(5) Hier drückt das Adverb *jiù* das Gegenteil des Adverbs *cái* im vorigen Satz aus. *Jiù* weist darauf hin, daß die Handlung früher als erwartet stattfindet. Zur Verwendung von *jiù* siehe Lektion 26, Anmerkung 8 und Lektion 33, Anmerkung 2.

你真糊涂！后天不就是

6 – Nǐ zhēn hútu! Hòutiān bú jiù shì (6)

礼拜天吗？
lǐbàitiān ma?

…哦！我搞错了！

7 – . . . Ò! Wǒ gǎo cuò le! (7)

好吧，先准备行李，再去买

8 – Hǎo ba! Xiān zhǔnbèi xíngli, zài qù mǎi

票！
piào! (8)

我的行李快准备好了！

9 – Wǒ de xíngli kuài zhǔnbèi hǎo le! (9)

那一大堆东西是不是你的？

10 – Nèi yī dà duī dōngxi (10) shì bú shì nǐ de?

FĀYĪN 发音

6 ni dschön hu tu. 7 gao tsuo lö. 9 dschun bei.

6 – Du bist wirklich durcheinander! Übermorgen ist
doch Sonntag!
*(du / wirklich / verwirrt! übermorgen / nicht /
dann / sein / Sonntag / Fragepartikel)*
7 – Oh ja! Stimmt! Ich habe mich geirrt!
8 – Also gut, jetzt geh erst mal deine Sachen pak-
ken und danach kaufst du deine Fahrkarte!
9 – Meine Sachen habe ich fast schon alle zusam-
mengepackt!
*(mein / Gepäck / bald / vorbereiten / gut / Satz-
partikel)*
10 – Gehört dir dieser große Stapel Sachen dort?
*(dieser / ein / groß / Stapel / Sache / sein / nicht /
sein / dein)*

ANMERKUNGEN (Fortsetzung)

(6) Die rhetorische Frage *... bú shì ... ma?* wird verwendet,
wenn der Fragende sicher ist, eine bejahende Antwort zu
erhalten. Normalerweise wird als Antwort eine Bestäti-
gung erwartet, es ist jedoch auch möglich, zu sagen: *Zhè
bú jiù shì Lăo Zhāng ma?* "Ist das da nicht Lao Zhang?",
Zhè bú jiù shì wŏ shuō de ma? "Ist das nicht genau das,
was ich gerade gesagt habe?"

(7) *Găo* ist ein umgangssprachliches Synonym für *zuò* "machen". In diesem Satz heißt *găo* in Verbindung mit *cuò*
jedoch eher "Ich habe mich geirrt".

(8) Beachten Sie die Formel *... xiān..., zài...* "zuerst...,
dann...", die die zeitliche Abfolge zweier Handlungen
beschreibt. *Xiān qù xǐ shŏu, zài qù chī fàn* "Waschen
wir uns zuerst die Hände, dann gehen wir essen!". *Xiān
shuō zhèi ge, zài shuō nèi ge!* "Sprechen wir erst hier-
über und anschließend darüber".
Bei Tisch hört man in China oft: *Xiān chī cài, zài hē tāng!*
"Essen wir zuerst das Gemüse und anschließend die Suppe!" In der Tat ist es in China üblich, das Essen mit der
Suppe abzuschließen.

(9) Hier hat *kuài* die Bedeutung "fast, bald" und drückt die
nahe Zukunft aus. Vgl. Sie dazu Lektion 22, Anmerkung
9 und Lektion 31, Anmerkung 1. Das Synonym *kuàiyào*
wird in Lektion 26, Anmerkung 4 erläutert. *kuài* und
kuàiyào verlangen am Satzende die Satzpartikel *le*, die
auf einen veränderten Zustand hinweist.

(10) Beachten Sie die Wortstellung! (dieser / ein / groß /
Stapel / Sache / sein / nicht / sein / dein)

是我的！都是书！我不要了，
11 – Shì wǒ de! Dōu shì shū! **(11)** Wǒ bú
　　　yào le,

都送给你吧！
dōu sòng gěi nǐ ba! **(12)**

不行，我这儿地方小，放不下！
12 – Bù xíng, wǒ zhèr dìfang xiǎo, fàng bu
　　　xià! **(13)**

那我怎么办呢？恐怕行李
13 – Nà wǒ zěnme bàn ne? Kǒngpà **(14)**
　　　xíngli

已经超重了！
yǐjīng chāozhòng le!

FĀYĪN 发音

11 song gei ni ba. 12 fang bu chia. 13 kong pa ...
tschao dschung lö.

11 – Der gehört mir! Das sind alles Bücher! Ich brauche sie nicht mehr. Ich schenke sie dir alle!
(sein / mein! alle / sein / Buch! ich / nicht / wollen / Satzpartikel, alle / schenken / für / dich / Ausruf)

12 – Das geht nicht! Bei mir ist zu wenig Platz! Ich kann nicht alles unterbringen!
(nicht / gehen, ich / hier / Ort / klein, stellen / nicht / herunter)

13 – Aber was soll ich denn jetzt machen? Ich fürchte, mein Gepäck hat schon Übergewicht!
(dann / ich / wie / machen / Partikel? fürchten / Gepäck / schon / Übergewicht / Satzpartikel)

ANMERKUNGEN (Fortsetzung)

(11) Wie alle Adverbien steht auch das Adverb *dōu* "alle, alles" immer vor dem Verb. Es verstärkt den Plural: *Wǒ dōu dǒng* "Ich verstehe alles". *Dōu shì wǒ de péngyou* "Das sind alles meine Freunde". *Wǒ dōu bú yào* "Das will ich alles nicht". *Tāmen dōu hěn niánqīng* "Sie sind alle sehr jung".

(12) "schenken" heißt *sòng gěi* (*gěi* "für"). Danach folgt die Person, der etwas geschenkt wird. Vergleichen Sie mit der Konstruktion *huán gěi* "zurückgeben (an)..." aus Lektion 45 (Anmerkung 11).

(13) *Bù xíng* "Das geht nicht!", "Unmöglich!", "Nicht einverstanden!". *Wǒ zhèr* heißt "hier bei mir" oder "bei mir" (**NICHT** "Ich bin hier!", das wäre *Wǒ zài zhèr*). *Wǒmen zhèr* "Hier bei uns", "bei uns". *Dìfang xiǎo*, wörtlich "Ort klein", heißt "es ist zu wenig Platz". *Fàng bu xià* "nicht alles unterbringen können". Dies ist ein Komplement des Resultats, wie es bereits in Lektion 48, Anmerkung 6 beschrieben wurde.

(14) *Kǒngpà* "fürchten, Angst haben, daß". Einige Beispiele: *Kǒngpà tā míngtiān yě bú huì lái* "Ich fürchte, daß er morgen auch nicht kommen kann". *Liǎng kuài qián, kǒngpà háishi bú gòu* "Ich fürchte jedoch, daß zwei Kuai nicht reichen werden". *Kǒngpà nǐ gēge yě bù xíng* "Ich fürchte, daß es mit deinem Bruder auch nicht möglich ist". Bei diesen Beispielen ist Ihnen vielleicht aufgefallen, daß das Subjekt ("ich") im chinesischen Satz nicht ausdrücklich enthalten ist.

没关系！你又不是坐飞机！…

14 – Méi guānxi! Nǐ yòu **(15)** bú shì zuò
fēijī! . . . **(16)**

坐火车，行李超重，问题不大！
Zuò huǒchē, xíngli chāozhòng, wèntí
bú dà!

好！那…书，我带走吧！

15 – Hǎo! Nà . . . shū, wǒ dài zǒu ba! **(17)**

FĀYĪN 发音

14 dsuo fei dji.

LIÀNXÍ 练习

他们星期六才来。

1 – Tāmen xīngqīliù cái lái.

我昨天就告诉他了。

2 – Wǒ zuótiān jiù gàosu tā le.

坐飞机方便不方便？

3 – Zuò fēijī fāngbiàn bù fāngbiàn?

先吃饭，再去看你的朋友！

4 – Xiān chī fàn, zài qù kàn nǐ de péngyou!

他昨天才来！

5 – Tā zuótiān cái lái!

14 – Das macht nichts! Du nimmst ja nicht das Flugzeug! Wenn dein Gepäck im Zug Übergewicht
hat, ist es nicht so problematisch!
*(keine / Bedeutung! du / ja / nicht / sein / fahren
im / Flugzeug! fahren im / Zug, Gepäck / Übergewicht, Problem / nicht / groß)*

15 – OK! . . . Na, dann nehme ich die Bücher eben
mit!
*(gut! dann / Buch / ich / mitnehmen / gehen /
Ausruf)*

ANMERKUNGEN (Fortsetzung)

(15) *yòu* hat mehrere Bedeutungen. Die Hauptbedeutung
lautet eigentlich "wieder, noch". In diesem Satz eignet
sich jedoch als Übersetzung am besten unser deutsches "ja" oder "doch".

(16) Das Verb *zuò* haben wir bereits kennengelernt. Es
heißt in der Grundbedeutung "sitzen", hier jedoch in
Verbindung mit einem Verkehrsmittel "nehmen, benut-
zen" (vgl. auch Lektion 25, Anmerkung 7). *Fēijī*
"Flugzeug", *fēijīchǎng* "Flughafen", *fēijīpiào*
"Flugticket".

(17) *dài zǒu* ist ein sog. Komplement der Richtung. Es
besteht aus zwei verbalen Komponenten, wobei die
zweite angibt, ob eine Bewegung von einem Punkt
weg oder zu einem Punkt hinführt. *zǒu* "weggehen"
heißt zusammen mit *dài* in diesem Falle "mitnehmen",
die Bewegung führt als von einem Punkt weg. Das
Gegenteil wäre *dài lái* "mitbringen", also eine
Bewegung zu einem Punkt hin.

ÜBUNGEN

1 Sie kommen erst am Samstag.
2 Ich habe es ihm schon gestern erzählt.
3 Ist es angenehm, mit dem Flugzeug zu fliegen?
4 Zuerst essen wir, dann gehen wir deinen Freund besuchen!
5 Er ist erst gestern gekommen!

WÁNCHÉNG JÙZI

1 *Ich fahre erst nächsten Monat.*

Wǒ xià ge yuè . . . zǒu.

2 *Er hat schon letzten Monat mit dem Studium begonnen.*

Tā shàng ge yuè . . . kāishǐ xuéxí le.

3 *Ist es in Ordnung, wenn wir am Samstag gehen?*

Wǒmen xīngqīliù qù, ... ma?

4 *Meine Frau/Mein Mann geht morgen schon.*

Wǒ de àiren míngtiān jiù . . . .

---

*Wie bereits mehrfach erwähnt, beginnt heute die **aktive Phase** Ihres Studiums. Im Anschluß an Lektion 50 wiederholen Sie die Lektion 1 aus Band 1. Nachdem Sie*

第五十一课
DÌ WǓ SHÍ YĪ (51) KÈ

从图书馆来
Cóng túshūguǎn lái

小张！你跟我一块儿进城，

1 – Xiǎo Zhāng! **(1)** Nǐ gēn wǒ yīkuàir **(2)** jìn chéng,

FĀYĪN 发音

tsong tu schu goan lai. 1 i koai r.

Lösungen zum Lückentext

1 cái. 2 jiù. 3 xíng. 4 zŏu.

Lektion 51 abgeschlossen haben, arbeiten Sie noch einmal Lektion 2 durch usw. Sie versuchen, die Texte der Lektionen und der Übungen mündlich und dann schriftlich ins Chinesische zu übersetzen. Dabei sollen Sie die wörtliche Übersetzung auf der rechten Seite zu Hilfe nehmen. Korrigieren Sie Ihre Fehler selbst, überprüfen Sie, ob Sie die Zeichen richtig geschrieben haben und lesen Sie ihre Übersetzung laut vor. Auf diese Weise vertiefen Sie das Vokabular der ersten Wochen. Natürlich werden Sie eine Reihe von Redewendungen und Wörtern vergessen haben. Wiederholen Sie diese besonders aufmerksam.
Von nun an nennen wir am Ende jeder Lektion die Nummer der Lektion, die Sie an dem entsprechenden Tag im Zuge der "zweiten Welle" wiederholen sollen.

* * *

Zweite Welle: *dì yī kè* **(Erste Lektion)**

EINUNDFÜNFZIGSTE LEKTION

Ich komme aus der Bibliothek

1   – Kleiner Zhang! Gehst du mit mir in die Stadt?
      (klein / Zhang! du / mit / mir / zusammen / hineingehen / Stadt)

ANMERKUNGEN

(1) *Zhāng* ist ein Familienname. Wird eine ältere Person aus dem Bekannten- oder Verwandtenkreis angeredet, kann dem Familiennamen *lăo* "alt" vorangestellt werden. Dies ist in China nicht unhöflich, sondern Ausdruck des Respekts. Für jüngere Personen ist es durchaus üblich, *xiăo* "klein" vor dem Familiennamen zu benutzen, ohne daß dies abwertend gemeint ist.

好不好？
hǎo bù hǎo?

干嘛去？
2 – Gànmá qù? **(3)**

买一本儿词典！
3 – Mǎi yì běnr cídiǎn!

你为什么不到图书馆去
4 – Nǐ wèi shénme bú dào túshūguǎn qù

借一本儿呢？
jiè yì běnr ne?

我刚从图书馆来！
5 – Wǒ gāng cóng túshūguǎn lái! **(4)**

已经有人借走了！
Yǐjīng yǒu rén jiè zǒu le! **(5)**

真的吗！？…那本词典叫什么？
6 – Zhēn de ma!? . . . . Nà běn cídiǎn jiào
shénme?

FĀYĪN 发音

2 gan ma tchü. 3 tse diän.

(gut / nicht / gut)
2 – Wozu?
(warum / gehen)
3 – Ich möchte ein Wörterbuch kaufen!
(kaufen / ein / ZEW / Wörterbuch)
4 – Warum gehst du nicht in die Bibliothek und leihst dir eins aus?
(du / warum / nicht / nach / Bibliothek / gehen / ausleihen / ein / ZEW / Partikel)
5 – Ich komme gerade aus der Bibliothek! Jemand hat es gerade ausgeliehen!
(ich / gerade / aus / Bibliothek / kommen! schon / haben / Mensch / ausleihen / Satzpartikel)
6 – Tatsächlich?! . . . Wie heißt dieses Wörterbuch?

ANMERKUNGEN (Fortsetzung)

(2) *yīkuàir* (mit "englischem" r am Ende für den Beijing-Dialekt!) ist ein Synonym zu *yìqǐ* "zusammen" (vgl. Lektion 24). Auch *yīkuàir* steht unmittelbar vor der Verbgruppe. *Wǒmen yìqǐ qù ba!* "Gehen wir zusammen hin!", *Tāmen yīkuàir chī fàn!* "Sie essen zusammen!".

(3) Das Fragewort *gànmá* ist ein umgangssprachliches Synonym für *wèi shénme* und heißt "warum, weshalb, wozu?". Oft wird das "n" der ersten Silbe leicht verschluckt und man hört "gama". *Nǐ gànmá qù?* "Weshalb gehst du?", *Nǐ gànmá shuō nèi ge?* "Warum sagst du das?"

(4) Die Präposition *cóng* "von, aus" beschreibt den Ursprung einer Bewegung, eine Herkunft oder Abstammung. Sie ist das Gegenteil von *dào* "nach, hin", womit ein Ziel angegeben wird. *Nǐ cóng nǎr lái?* "Woher kommst du?", *Tā cóng Dōngjīng dào Táiběi qù* "Er fährt von Tokio nach Taipeh", *Cóng zhèr dào nàr* "Von hier nach dort". Vergessen Sie nicht, daß im Chinesischen die Ortsbestimmung immer vor dem Verb steht.

(5) Das zusammengesetzte Verb *jiè zǒu* heißt wörtlich "leihen und (damit) weggehen". Vergleichen Sie dazu auch Lektion 50, Anmerkung 17, in der das Komplement der Richtung (*dài zǒu/dài lái*) beschrieben wurde. - *Yǒu rén...* "jemand", wörtlich "es gibt Leute..."

叫: "法汉科技小词典"！

7 – Jiào "Fǎ-Hàn Kējì Xiǎo Cídiǎn"! **(6)**

我怎么没听说过这么一本

8 – Wǒ zěnme **(7)** méi tīngshuō guo zhème yì běn

词典呢！？

cídiǎn ne ?! **(8)**

刚出版的嘛！

9 – Gāng chūbǎn de ma! **(9)**

ANMERKUNGEN (Fortsetzung)

(6) *Fǎ-Hàn* ist eine Kurzform für *Fǎyǔ-Hànyǔ* "Französisch-Deutsch". In China werden häufig solche Kurzformen benutzt: *Zhōng-Fǎ liǎng guó rénmín* "die Völker Chinas und Frankreichs", *yīng-hàn cídiǎn* "englisch-chinesisches Wörterbuch". *Kējì* ist die Verschmelzung von *kēxué* "Wissenschaft" und *jìshù* "Technik".

(7) *Zěnme* heißt hier "wie kommt es?" oder "wie kann das sein?". *Tā zěnme hái méi yǒu lái?* "Wie kommt es, daß er noch nicht hier ist?", *Nǐ zěnme xiànzài cái gàosu wǒ ne?* "Wieso erzählst du mir das erst jetzt?", *Zěnme nàme dà?* "Wie kann das so groß sein?", *Zěnme méi yǒu ne?* "Wieso gibt es das nicht?".

7 – Es heißt "Kleines Französisch-Chinesisches
Wörterbuch der Wissenschaft und Technik"!
*(heißen / Französisch / Chinesisch / Wissen-
schaft und Technik / klein / Wörterbuch)*
8 – Wie kommt es, daß ich von diesem Wörterbuch
noch nichts gehört habe?
*(ich / wie (kommt es) / nicht / gehört / solches /
ein / ZEW / Wörterbuch / Partikel)*
9 – Es ist gerade erst herausgekommen!
(gerade / veröffentlichen / Satzpartikel / Partikel)

ANMERKUNGEN (Fortsetzung)

(8) *Wǒ méi tīngshuō guo* "Ich habe noch nichts davon
gehört". Hier setzt sich das Verb aus zwei Komponenten
zusammen: "hören" und "sprechen". *Nǐ tīngshuō guo
ma?* "Hast du davon gehört?". *Wǒ tīngshuō tā dào
Guǎngzhōu qù le* "Ich habe gehört, daß er nach Kanton
gefahren ist". Das Verbalsuffix *guo* wird in bejahten
Sätzen mit "schon" oder "schon einmal", in verneinten
Sätzen mit "niemals" oder "noch nicht" übersetzt. *guo*
wird bei Ereignissen oder Erlebnissen benutzt, die
mindestens einmal in der Vergangenheit stattgefunden
haben (vgl. auch Lektion 4, Anmerkung 4; Lektion 19,
Anmerkung 4; Lektion 26, Anmerkung 2). Bei verneinten
Sätzen kann dem Satz das Adverb *cónglái* hinzugefügt
werden, das eigentlich "immer, zu jeder Zeit" bedeutet,
in der Verneinung jedoch "niemals": *Wǒ cónglái méi chī
guo Běijīng kǎoyā* "Ich habe noch nie Peking-Ente gegessen". (Siehe Übungen.)
Zhème ist ein Synonym zu *zhèyàng* oder *nàme* "so
(sehr)": *Ò! Zhème guì!* "Oh! So teuer!", *Zhème hǎochī de
cài! Nǐ zěnme bù chī?* "So ein gutes Essen! Warum ißt
du nicht davon?"
(9) Dies ist nicht die Fragepartikel *ma*, die wir bereits
kennen! Es handelt sich ja auch um ein völlig anderes
Zeichen! Außerdem steht am Ende des Satzes kein Frage-
zeichen, sondern ein Ausrufezeichen. Die hier verwen-
dete Partikel hat die Funktion, die Satzaussage zusätzlich
zu verstärken bzw. zu unterstreichen oder eine Erklärung
bzw. logische Schlußfolgerung noch einmal herauszustellen. Die Partikel könnte in etwa mit unserem deutschen "eben" wiedergegeben werden. Weitere Beispiele:
Nǐ bù xiǎng qù, jiù bié qù ma! "Wenn du keine Lust hast
zu gehen, dann gehst du eben nicht!". *Tā běnlái jiù bù
xiǎng qù ma!* "Er hatte eben von Anfang an keine Lust,
hinzugehen!"

哦！怪不得！

10 – Ò! Guàibudé!

好！快去买！

11 – Hǎo! Kuài qù mǎi!

急什么？下个礼拜去，不行吗？

12 – Jí shénme? Xià ge lǐbài qù (10) bù
xíng ma?

不行！下个礼拜肯定卖完了！

13 – Bù xíng! Xià ge lǐbài kěndìng mài wán
le! (11)

哦！大家都想买，是吧！

14 – Ó! Dàjiā dōu xiǎng mǎi, shì ba?

是啊！而且又只印了一万本儿！

15 – Shì a! Érqiě yòu zhǐ yìn le yí wàn (12)
běnr!

那！是太少了！

16 – Nà! Shì tài shǎo le!

FĀYĪN 发音

15 ar tchiä jou dsche jin lö. 16 tai schao lö.

ANMERKUNGEN (Fortsetzung)

(10) "Woche" heißt auf Chinesisch *xīngqī* (VR China) oder
lǐbài (Taiwan). "diese Woche": *zhèi ge lǐbài* oder *zhèi ge
xīngqī*. "letzte Woche": *shàng ge lǐbài* oder *shàng ge
xīngqī*. "nächste Woche": *xià ge lǐbái* oder *xià ge xīngqī*.
Ebenso kennen wir "letzter Monat": *shàng ge yuè* und
"nächster Monat": *xià ge yuè*.

10 – Oh! Dann ist es kein Wunder!
(oh! kein Wunder)
11 – Gut! Gehen wir es schnell kaufen!
(gut! schnell / gehen / kaufen)
12 – Was hast du es so eilig? Können wir nicht nächste Woche gehen?
(beeilen / was? nächste / Woche / gehen / nicht / möglich / Fragepartikel)
13 – Nein! Nächste Woche ist es bestimmt ausverkauft!
(nicht / gehen! nächste / Woche / bestimmt / verkaufen / fertig / Satzpartikel)
14 – Oh! Du meinst, daß alle das Buch kaufen wollen?
(Oh! alle / alle / möchten / kaufen / sein / Partikel)
15 – Aber ja! Und außerdem wurden nur 10.000 Exemplare gedruckt!
(sein! außerdem / und / nur / drucken / Aspektpartikel / eins / 10.000 / Exemplar)
16 – Na, das ist wirklich nicht viel!
(na, sein / zu / wenig / Satzpartikel)

ANMERKUNGEN (Fortsetzung)

(11) Das Suffix *...wán* nach einem Verb bedeutet, daß die Handlung abgeschlossen (bzw. bei verneinten Sätzen nicht abgeschlossen) ist, denn *wán* heißt "abschließen, beenden". *Wǒ chī wán le* "Ich habe fertig gegessen". *Nǐ xiě wán le ma?* "Bist du mit dem Schreiben fertig?". *Zuò wán le ma?* "Bist du (mit dem, was du tust,) fertig?". Die Verneinung heißt *méi yǒu ... wán (ne)*: *Wǒmen hái méi yǒu chī wán ne* "Wir sind noch nicht fertig mit dem Essen". Das Verb *wán* kann auch alleine benutzt werden: *Wán le ma?* "Fertig?"

(12) *Wàn* "10.000". Im Chinesischen werden die Zahlen über 10.000 auf folgende Weise gebildet: mit Einern (*yī*), Zehnern (*shí*), Hundertern (*bǎi*) und Tausendern (*qiān*). 10.000 heißt *yī wàn* (1 x 10.000), 100.000 heißt *shí wàn* (10 x 10.000), 1 Million heißt *bǎi wàn* (100 x 10.000), 10 Millionen heißt *qiān wàn* (1.000 x 10.000) und 100 Millionen heißt *yì* (vgl. auch L. 37.) Das Zähleinheitswort für Bücher, Zeitschriften etc. lautet *běn*. In Beijing wird häufig ein "r" angehängt (*běnr*). Bei diesem Laut wird die Zunge stark nach oben gebogen, wie im englischen Wort "flow**er**".

好！那咱们马上去吧！

17 – Hǎo! Nà, zánmen **(13)** mǎshàng qù ba!

LIÀNXÍ 练习

我们为什么不到那里去？

1 – Wǒmen wèi shénme bú dào nàli* qù?

他们已经卖了两万本儿！

2 – Tāmen yǐjīng mài le liǎng wàn běnr.

我从来没吃过中国饭。

3 – Wǒ cónglái méi chī guo zhōngguó fàn.

我只去了两次。

4 – Wǒ zhǐ qù le liǎng cì.

他们从什么地方来？

5 – Tāmen cóng shénme dìfang lái?

* 那里 *nàli* ist ein Synonym für 那儿 *nàr* "dort, da".

WÁNCHÉNG JÙZI

1 *Ich möchte nur Brot essen.*

Wǒ . . . xiǎng chī miànbāo.

2 *Ich habe noch nie chinesisches Essen gegessen.*

Wǒ cónglái . . . chī guo . . . . cài.

17 – Gut! Also, dann gehen wir sofort!
(gut! dann / wir / sofort / gehen / Partikel)

ANMERKUNGEN (Fortsetzung)

(13) Hier bedeutet *nà* nicht "dieses, jenes", sondern "also".
In dieser Bedeutung wird *nà* nur am Satzanfang verwendet. *zánmen* ist ein anderer Ausdruck für *wǒmen*
"wir", *zánmen* schließt jedoch immer den oder die
Zuhörer mit ein. Sind z.B. zwei Gruppen von Personen
anwesend, und spricht die eine Gruppe von *wǒmen*
"wir", so ist die andere Gruppe nicht eingeschlossen.
Wird jedoch *zánmen* "wir" gesagt, so ist auch die
andere Gruppe gemeint. *zánmen* ist umgangssprachlicher als *wǒmen* und wird sehr häufig in Nordchina
verwendet. Beachten Sie, daß das "n" in der ersten
Silbe nicht mitgesprochen wird.

ÜBUNGEN

1 Warum gehen wir da nicht hin?
2 Sie haben bereits 20.000 Exemplare verkauft!
3 Ich habe noch nie chinesisches Essen gegessen.
4 Ich bin nur zweimal dagewesen.
5 Woher kommen sie?

3 *Ich habe gehört, sie kommen aus der Provinz Sichuan.*

Wǒ .... tāmen shì cóng Sìchuān lái de.

4 *Hast du nächste Woche Zeit?*

Nǐ ..... lǐbài yǒu kòng ma?

Lösungen zum Lückentext

1 zhǐ. **2** méi ... zhōngguó. **3** tīngshuō. **4** xià ge.

Übung "Zweite Welle": Übersetzen Sie die folgenden Sätze ins Chinesische (Zeichen- und Pinyin-Umschrift):

1 Was möchtest du essen?
2 Es ist schon jemand da!
3 Jeder möchte gerne hingehen!
4 Das ist wirklich nicht genug!

Denken Sie auch weiterhin an die richtige Aussprache der Töne. Sprechen Sie nicht 完 *wán "beenden, abschließen" anstelle von* 万 *wàn "10.000"; verwechseln Sie nicht* 狗 *gǒu "Hund" mit* 够 *gòu "genug, ausreichend". Ebenso wichtig ist der Unterschied zwischen* 你记什么 ? *Nǐ jì shénme? "Was notierst du?" und* 你急什么 ? *Nǐ jí shénme? "Warum hast du es so eilig?"*

Übersetzung:

你想吃什么？

1 *Nǐ xiǎng chī shénme?* oder:

第五十二课
DÌ WǓ SHÍ ÈR (52) KÈ

看电视
Kàn diànshì

小王！今天晚上咱们干什么？

1 – Xiǎo Wáng! Jīntiān wǎnshàng zánmen gàn shénme? (1)

FĀYĪN 发音

1 gan schö mö.

你要吃什么？
Nǐ yào chī shénme? **oder:**

吃什么？
Chī shénme?

已经有人了
2 *Yǐjīng yǒu rén le!*

大家都想去！
3 *Dàjiā dōu xiǎng qù!*

真不够！
4 *Zhēn bú gòu!*

* * *

Zweite Welle: *dì èr kè* **(Zweite Lektion)**

ZWEIUNDFÜNFZIGSTE LEKTION

Fernsehen

1 — Kleiner Wang! Was machen wir heute abend?
*(klein / Wang! heute / abend / wir / machen /
was)*

ANMERKUNGEN

(1) *gàn* "machen" ist umgangssprachlicher als *zuò*. *zuò*
bezieht sich häufig auf ganz konkrete Situationen (eine
Übersetzung machen, Essen machen,...). Weitere Beispiele: *Nǐ gàn shénme?* "Was machst du da?", "Was
treibst du da?". *Wǒ bú gàn le!* "Ich lasse es bleiben!",
"Ich mache nicht weiter!".

咱们看戏吧！你知道我对戏剧

2 – Zánmen kàn xì **(2)** ba! Nǐ zhīdao wǒ
duì xìjù

特别感兴趣。
tèbié gǎn xìngqù. **(3)**

好！这几天有京剧，川剧

3 – Hǎo! Zhè jǐ tiān yǒu jīngjù, chuānjù

和 木偶戏。
hé mù'ǒuxì. **(4)**

有相声吗？

4 – Yǒu xiàngsheng ma? **(5)**

等一会儿，我打电话问问老周。

5 – Děng yīhuìr **(6)**, wǒ dǎ diànhuà
wènwen Lǎo Zhōu. **(7)**

FĀYĪN 发音

3 djing djü, tschoan djü hö mu ou chi. **4** chiang schöng. **5** döng
i hui r.

---

*Haben Sie genau verstanden, was Sie in der **"Zweiten
Welle"** machen sollen? Wenn nicht, lesen Sie noch einmal die Beschreibung am Ende der 49. Lektion (Band
1). Dort wird alles genau erklärt.*
*Wenn Sie Schwierigkeiten haben, sich ein bestimmtes
Wort zu merken, nehmen Sie den **Index** am Ende des
Buches zu Hilfe. Ist dieses Wort oder der Ausdruck dort
nicht enthalten, werden Sie das Wort oder den Ausdruck wahrscheinlich im **Index** von **Band 1** finden.*

2 – Laß uns ins Theater gehen! Weißt du, ich interessiere mich ganz besonders für Theater!
*(wir / sehen / Theater / Partikel! du / wissen /
ich / gegenüber / Theater / besonders / fühlen /
Interesse)*

3 – Gut! Im Moment gibt es Peking-Oper, Sichuan-
Oper und Marionetten-Theater!
*(gut! diese / einige / Tage / haben / Peking-Oper,
Sichuan-Oper / und / Marionetten-Theater)*

4 – Gibt es Sketche?

5 – Warte mal! Ich rufe Lao Zhou an und frage mal
eben!
*(warten / eine Weile, ich / anrufen / fragen fra-
gen / alt / Zhou)*

ANMERKUNGEN (Fortsetzung)

(2) "Ins Theater gehen" heißt im allgemein *(qù) kàn xì*. Der
Begriff *xì* oder *xìjù* umfaßt sowohl das moderne Theater
(*huàjù* "Sprechtheater") als auch traditionelle, gesungene
Theaterstücke (*jīngjù* "Peking-Oper"), Kanton-Oper
(*yuèjù*) und die Oper der Provinz Sichuan (*chuānjù*). Letz-
tere sind oft im jeweiligen Dialekt verfaßt und enthalten
mitunter Ausdrücke, die für Zuhörer, die diesen Dialekt
nicht gut kennen, unverständlich sind.

(3) "sich für etwas interessieren", heißt *duì ... gǎn xìngqù*.
Das Element, auf das sich das Interesse richtet, steht **vor
dem Verb**. "Wofür interessierst du dich?" *Nǐ duì shénme
gǎn xìngqù?*, "Dafür interessiere ich mich nicht!" *Wǒ duì
zhèi ge bù gǎn xìngqù!*.

(4) *Mù'ǒuxì* "Marionetten-Theater". Achten Sie hier auf die
Aussprache! Das chinesische Schattenspiel, bei dem
Figuren aus transparenter Tierhaut verwendet werden,
wird als *píyǐngxì* bezeichnet (*pí* "Haut").

(5) Eine bei den Chinesen sehr beliebte Form des Theaters ist
der *xiàngsheng*, ein Sketch, bei dem meistens zwei Personen das Publikum mit Wortspielen um homophone
Ideogramme und Ausdrücke aus Dialekt und Umgangssprache unterhalten. Zu den bekanntesten Autoren dieses Genres gehören Hou Baolin, Guo Qiru und Ma Ji.

(6) "Warte mal!": *Děng yíxià!* oder *Děng yíhuìr!*. *Nǐ děng wǒ
yíxià!* "Warte mal auf mich!", *Děng yíhuìr! Wǒ qù zhǎo
tā!* "Warte kurz! Ich gehe ihn suchen!".

(7) *wènwen*: Die Verbverdopplung dient dazu, eine Aufforderung zu verstärken ("doch"). *Nǐ zuòzuo ba!* "Setz dich
doch!", *Kànkan zhèi ge!* "Guck doch das mal an!", *Nǐ
shuōshuo ba!* "Sag doch mal was!"

看报不是更方便吗？

6 – Kàn bào bú shì gèng fāngbiàn ma? **(8)**

对！…这儿有昨天的报！

7 – Duì! . . . Zhèr yǒu zuótiān de bào!

看一下有什么节目！

8 – Kàn yíxià yǒu shénme jiémù!

你看！首都剧场演京剧！…

9 – Nǐ kàn! Shǒudù Jùchǎng yǎn jīngjù!
(9)

啊呀！京剧可不太好懂！

10 – Āya! Jīngjù kě bú tài hǎodǒng! **(10)**

但是演得不错呀！

11 – Dànshì yǎn de bú cuò ya! **(11)**

好！…哎！你看！今天晚上

12 – Hǎo! . . . Āi! Nǐ kàn! Jīntiān wǎnshàng

电视里有相声！

diànshì lǐ **(12)** yǒu xiàngsheng!

FĀYĪN 发音

6 göng fang biän ma. **8** djiä mu. **9** schou du djü tschang iän.

ANMERKUNGEN (Fortsetzung)

(8) Die Steigerungsform wird mit *gèng* gebildet. *Zhèr gèng gui* "Hier ist es noch teurer", *Jīntiān gèng hǎochī* "Heute schmeckt es noch besser", *Zhèyàng gèng hǎo* "So ist es noch besser".

(9) Das 2. Zeichen in *shǒudū* "Hauptstadt" ist identisch mit dem Adverb *dōu* "alle, alles", d.h. Aussprache und Bedeutung dieses Zeichens können unterschiedlich sein! Das gleiche gilt noch für ungefähr 200 weitere chinesische Zeichen. Wir lernen in diesem Kurs jedoch nur 5 oder 6 dieser Zeichen kennen.

6 – Wäre es nicht einfacher, in die Zeitung zu guk-
ken?
*(sehen / Zeitung / nicht / sein / mehr / bequem /
Fragepartikel)*
7 – Stimmt! . . . Hier ist die Zeitung von gestern!
8 – Schau mal, was im Programm steht!
(sehen / einmal / haben / welches / Programm)
9 – Sieh mal! Im Hauptstadt-Theater wird eine
Peking-Oper aufgeführt!
*(du / sehen! Hauptstadt / Theater / aufführen /
Peking-Oper)*
10 – Oje! Peking-Oper ist aber gar nicht leicht zu
verstehen!
*(oje! Peking-Oper / aber / nicht / so sehr / ver-
ständlich)*
11 – Aber es wird sehr gut gespielt!
*(aber / spielen / Aspektpartikel / nicht / schlecht /
Ausruf)*
12 – Gut! . . . Oh! Sieh mal! Heute abend gibt es im
Fernsehen Sketche!
*(gut! oh! du / sehen! heute / abend / Fernsehen /
in / haben / Sketch)*

ANMERKUNGEN (Fortsetzung)

(10) Das Adverb *kě* dient hier zur **Verstärkung einer verneinten Aussage** ("auf keinen Fall", "gar nicht"). *Wǒ kě bù
dǒng* "Das verstehe ich überhaupt nicht", *Míngtiān? Wǒ
kě bú qù!* "Morgen? Da gehe ich auf keinen Fall!", *Nà kě
bù xíng* "Das geht ganz und gar nicht", *...kě bù hǎodǒng*
"...überhaput nicht gut zu verstehen". *hǎodǒng* heißt
"gut verständlich", "leicht zu verstehen".
(11) Das Adverb *dànshì* ist ein Synonym für das Adverb *kěshì*
"aber, jedoch".
Vergessen Sie nicht, zwischen dem Verb und dem Komplement des Grades die Komplementpartikel *de* einzufügen: "Sie spielen nicht sehr gut" *Tāmen yǎn de bú tài
hǎo*. "Er spricht sehr schnell" *Tā shuō de hěn kuài* (siehe
Lektion 27, Anmerkung 8).
(12) Wie im Deutschen sagt man im Chinesischen "**im** Fernsehen": *diànshì lǐ*. Das Suffix *lǐ* kennen wir bereits aus
Ausdrücken wie *zài jiā lǐ* "zu Hause", *zài zhèlǐ* "hier".

好极了！…对！是侯宝林和

13 – Hǎo jí le! . . . Duì! Shì **Hóu Bǎolín** hé

郭启儒演的！
Guō Qǐrú yǎn de! (13)

好啊！那，咱们　就决定在家里

14 – Hǎo a! Nà, zánmen jiù juédìng zài jiālǐ

看电视吧！
kàn diànshì ba!

LIÀNXÍ　练习

他们对中国很感兴趣。

1 – Tāmen duì Zhōngguó hěn gǎn xìngqù.

这个很贵，可是那个更贵！

2 – Zhèi ge hěn guì, kěshì nèi ge gèng guì!

我觉得京剧很有意思。

3 – Wǒ juéde jīngjù hěn yǒu yìsi.

你喜欢看电视吗？

4 – Nǐ xǐhuan kàn diànshì ma?

WÁNCHÉNG JÙZI

1 *Ich gehe telefonieren. Du wartest hier auf mich, einverstanden?*

Wǒ qù dǎ . . . . Nǐ zài zhèr . . . . wǒ, hǎo bù hǎo?

13 – Ausgezeichnet! . . . Und es sind **Hou Baolin** und
Guo Qiru, die spielen!
14 – Na gut! Dann ist es also entschieden, daß wir zu
Hause bleiben und fernsehen!
*(gut / Ausruf! dann, wir / also / entscheiden / zu
Hause / sehen / Fernsehen / Ausruf)*

ANMERKUNGEN (Fortsetzung)

(13) *Hóu Bǎolín* und *Guō Qǐrú* sind die bereits in Anmerkung 5 erwähnten Schauspieler, die vorwiegend Sketche vortragen.

ÜBUNGEN

1 Sie interessieren sich sehr für China.
2 Dies hier ist teuer, aber das dort ist noch teurer.
3 Ich finde Peking-Opern sehr interessant.
4 Siehst du gerne fern?

2 *Ich habe die Zeitung von gestern nicht gekauft. Hast du sie gekauft?*

Wǒ méi yǒu mǎi . . . . de bào. Nǐ mǎi le . . ?

3 *Wir gehen fernsehen, einverstanden?*

Wǒmen qù kàn . . . . , hǎo ma?

4 *Wo möchtest du jetzt hingehen?*

Nǐ . . . . xiǎng dào nǎr qù?

Lösungen zum Lückentext

1 diànhuà ... děng. **2** zuótiān ... ma. **3** diànshì. **4** xiànzài.

* * *

Zweite Welle: *dì sān kè* **(Dritte Lektion)**

第五十三课
DÌ WǓ SHÍ SĀN (53) KÈ

贵 姓 ？
Guì xìng?

请问！您贵姓？

1 – Qǐng wèn! Nín guì xìng? **(1)**

我姓张，叫张文辉！

2 – Wǒ xìng **Zhāng**, jiào **Zhāng Wénhuī**!

他叫什么名字？

3 – Tā jiào shénme míngzi? **(2)**

他叫孙天明！

4 – Tā jiào **Sūn Tiānmíng**!

你认识王国宝吗？

5 – Nǐ rènshi **Wáng Guóbǎo** ma?

认识啊！我跟他很熟！

6 – Rènshi a! Wǒ gēn tā hěn shú! **(3)**

听说你们是同乡！是不是？

7 – Tīngshuō nǐmen shì tóngxiāng! Shì bú shì?

不是！···他是广东人！

8 – Bú shì! . . . Tā shì Guǎngdōngrén! **(4)**

FĀYĪN 发音

6 gön ta hön schu. 7 tong chiang. 8 goang dong rön.

DREIUNDFÜNFZIGSTE LEKTION

Wie heißen Sie?

1 – Entschuldigen Sie bitte, wie lautet Ihr Familienname?
2 – Mein Familienname lautet **Zhang**, ich heiße
Zhang Wenhui!
3 – Und er, wie heißt er?
4 – Er heißt **Sun Tianming**!
5 – Kennen Sie **Wang Guobao**?
6 – Den kenne ich! Ich bin sehr vertraut mit ihm!
(kennen / Ausruf! ich / mit / ihm / sehr / ver-
traut)
7 – Ich habe gehört, Sie beide stammen aus dem
selben Ort! Stimmt das?
(hören / sagen / ihr / sein / aus dem gleichen Ort
stammen! sein / nicht / sein)
8 – Nein! . . . Er ist Kantonese!

ANMERKUNGEN

(1) Mit der Höflichkeitsfloskel *Qǐng wèn* wird häufig eine
Frage eingeleitet. Das entspricht etwa unserem deutschen "Entschuldigung..." oder "Darf ich fragen...". *Nín*
ist die höfliche Anrede für die 2. Person Singular, d.h.
unser deutsches "Sie". *Nín guì xìng?* ist die formelle
Form für die Frage nach dem Namen einer Person: "Wie
lautet Ihr werter Name?". Als Antwort auf diese Frage
wird der **Familienname** erwartet (der aus einem oder in
seltenen Fällen auch aus zwei Zeichen bestehen kann).
Die schlichte Frage nach dem vollen Namen lautet *Nǐ jiào*
shénme míngzi? "Wie heißen Sie?" (siehe Satz 2).

(2) Wörtlich übersetzt heißt dies "Er ruft sich mit welchem
Namen?". Als Antwort wird hier der **Familienname** und
der **Vorname** erwartet. Denken Sie daran, daß bei den
Chinesen der Familienname vor dem Vornamen steht!

(3) Aus Lektion 38, Satz 12 kennen wir den Ausdruck *duì ...*
hěn shúxi "mit etwas sehr vertraut sein". *shú* ist ein
Synonym für *shúxi*. Der Satz *Wǒ gēn tā hěn shúxi* könnte
auch *Wǒ hé tā hěn shúxi* lauten.

(4) Mit *tóngxiāng* werden Personen bezeichnet, die aus dem
gleichen Ort stammen. *tóngxiāng* kann auch mit "Lands-
mann" übersetzt werden. Ein *Guǎngdōngrén* ist ein
Kantonese, also eine Person, die aus der Provinz Kanton
stammt.

哦！…那，你是北方人儿！

9 – Ò!... Na, nǐ shì Běifāng rénr! (5)

对了！我老家在东北！

10 – Duì le! Wǒ lǎojiā zài Dōngběi! (6)

你现在住在哪儿？

11 – Nǐ xiànzài zhù zài nǎr?

我们全家都住在英国！

12 – Wǒmen quánjiā dōu zhù zài Yīngguó!

想不想回中国去看看？

13 – Xiǎng bù xiǎng huí Zhōngguó qù
kànkan?

怎么不想！？…要是有机会回去，

14 – Zěnme bù xiǎng!? . . . Yàoshi yǒu jīhuì
huíqù,

那就太好了！

nà jiù tài hǎo le! (7)

FĀYĪN 发音

9 bei fang rön (oder: bei fang rö r).

9 – Ach ja! . . . Dann sind Sie aus dem Norden!
(oh! dann, Sie / sein / Norden / Mensch)
10 – Stimmt! Meine Heimat liegt im Nordosten Chinas.
11 – Wo wohnen Sie jetzt?
12 – Unsere gesamte Familie lebt jetzt in England!
(wir / ganze Familie / alle / wohnen / in / England)
13 – Haben Sie keine Lust, China noch einmal zu besuchen?
(denken / nicht / denken / zurückkehren / China / gehen / sehen sehen)
14 – Und wie! . . . Wenn es eine Gelegenheit gäbe zurückzukommen, dann wäre das toll!
(wie / nicht / denken? wenn / haben / Gelegenheit / zurückgehen, dann / also / zu / gut / Satzpartikel)

ANMERKUNGEN (Fortsetzung)

(5) Der Norden Chinas umfaßt alle Provinzen, die nördlich des Gelben Flusses, *Huáng Hé*, liegen. Das Gegenteil von *Běifāng* ist *Nánfāng*, "der Süden Chinas". *Dōngfāng* ist der "Orient", *Xīfāng* oder *Xīfāng guójiā* das "Abendland". Die vier Himmelsrichtungen lauten *dōng, nán, xī, běi* (Osten, Süden, Westen, Norden). Bei zusammengesetzten Himmelsrichtungen werden, anders als im Deutschen, Westen und Osten immer zuerst genannt (*dōngběi* statt *běidōng*).

(6) *Lǎojiā* "Heimat", wörtlich "die alte Familie", d.h. die Urahnen, die Vorfahren. *Dōngběi*, der Nordosten Chinas, umfaßt die Mandschurei und die drei Provinzen *Hēilóngjiāng, Liáoníng* und *Jílín*. Merken Sie sich ebenfalls: *Zhōngdōng* "der Mittlere Osten", *Dōngnán Yà* "Südostasien" und die Städte *Dōngjīng* "Tokio" (die "östliche Hauptstadt"), *Nánjīng* "Nanking" ("südliche Hauptstadt") und *Běijīng* "Peking" (die "nördliche Hauptstadt").

(7) *Yàoshi* bedeutet "wenn, falls". Es ist ein Synonym für *rúguǒ*, das wir aus Lektion 38 kennen. In Verbindung mit *yàoshi* findet man oft auch das Adverb *jiù* im Satz: *Yàoshi xià yǔ, wǒ jiù bú qù* "Wenn es regnet, gehe ich nicht". *Yàoshi tā bú qù, wǒ jiù qù* "Wenn er nicht geht, dann gehe ich". Beachten Sie in diesem Satz der Lektion die Verstärkungsformel *nà jiù*. Der Ausdruck *tài hǎo* bedeutet hier nicht "zu gut", sondern einfach "toll, ausgezeichnet, phantastisch".

LIÀNXÍ 练习

你认识我吗？

1 – Nǐ rènshi wǒ ma?

这个东西，法语，叫什么？

2 – Zhèi ge dōngxi, fǎyǔ jiào shénme?

他们现在住在哪儿？

3 – Tāmen xiànzài zhù zài nǎr?

要是有机会我就去！

4 – Yàoshi yǒu jīhuì wǒ jiù qù!

WÁNCHÉNG JÙZI

1 *Unsere gesamte Familie lebt in Beijing.*

Wǒmen quánjiā dōu . . . . . . Běijīng.

2 *Ich habe gehört, daß Sie ihn kennen.*

Tīngshuō nǐmen . . . . . . tā.

3 *Wie heißt dieses Gericht auf Chinesisch?*

Zhèi ge cài, zhōngwén . . . . shénme?

4 *Ich gehe hin, um mal nachzusehen, einverstanden?*

Wǒ dào nàli qù kàn yī kàn, hǎo . . hǎo?

ÜBUNGEN

1 Kennst du mich?
2 Wie heißt das Ding da auf Französisch?
3 Wo wohnen sie jetzt?
4 Wenn ich die Gelegenheit habe, dann gehe ich!

Lösungen zum Lückentext

1 zhù zài. 2 rènshi. 3 jiào. 4 bù.

––––––––––––––––

Die Wochentage sollten Ihnen inzwischen keine grös-
seren Probleme mehr bereiten. Es gibt zwei Möglichkeiten, sie zu bilden: mit *xīngqī* (in der VR China) oder
mit *lǐbài* (auf Taiwan):

星期一
Montag: xīngqīyī **oder**

礼拜一
lǐbàiyī.

星期二
Dienstag: xīngqīèr **oder**

礼拜二
lǐbàièr.

星期三
Mittwoch: xīngqīsān **oder**

礼拜三
lǐbàisān.

	星期四
Donnerstag:	xīngqīsì **oder**
	礼拜四
	lǐbàisì.
	星期五
Freitag:	xīngqīwǔ **oder**
	礼拜五
	lǐbàiwǔ.
	星期六
Samstag:	xīngqīliù **oder**
	礼拜六
	lǐbàiliù.

第五十四课
DÌ WǓ SHÍ SÌ (54) KÈ

包饺子
Bāo jiǎozi

英国的华侨多不多？

1 – Yīngguó de huáqiáo duō bù duō?

FĀYĪN

1 hoa tchiao.

Sonntag: 星期天
xīngqītiān **oder**

礼拜天
lǐbàitiān **oder**

星期日
xīngqīrì **oder**

礼拜日
lǐbàirì.

* * *

Zweite Welle: *dì sì kè* **(Vierte Lektion)**

VIERUNDFÜNFZIGSTE LEKTION

Chinesische Ravioli zubereiten

1 – Gibt es viele Auslandschinesen in England?
*(England / Attributpartikel / Auslandschinese /
viele / nicht / viele)*

---

*Wir möchten noch einmal darauf hinweisen, daß sich
die schwierigsten Sachverhalte im Chinesischen oft mit
ganz einfachen Sätzen ausdrücken lassen: "Ich gehe
hin" heißt* 我去 *Wǒ qù, "Gehst du auch hin?" heißt* 你也
去吗？*Nǐ yě qù ma? Wenn Sie einmal ins Stocken geraten, können Sie im Sinne unseres deutschen "Äh…"
im Chinesischen ein paar mal* 这个… 这个… *zhèi ge…
zhèi ge… einflechten.*

很多！比法国的还要多呢！

2 – Hěn duō! Bǐ **(1)** Fǎguó de háiyào duō
ne! **(2)**

那，中国饭馆儿一定很多！

3 – Nà, zhōngguó fànguǎnr yídìng hěn duō!

是不少！可是我不常去！

4 – Shì bù shǎo! Kěshì wǒ bù cháng qù!
(3)

为什么？

5 – Wèi shénme?

第一，有点儿贵。

6 – Dì yī, yǒu diǎnr guì.

第二呢？

7 – Dì èr ne?

第二，都是广东菜！我不太爱吃！

8 – Dì èr, dōu shì guǎngdōng cài! Wǒ bú
tài ài chī! **(4)**

FĀYĪN 发音

2 bi fa guo dö hai iao duo nö. 4 bu tschang tchü.

ANMERKUNGEN

(1) *bǐ* "vergleichen" wird zur Bildung der·Vergleichsform
(Komparativ) für Adjektive und Verben benutzt. Im Chinesischen lautet der Satzbau **A bǐ B Verb/ Adjektiv**. Einige
Beispiele: *Jīntiān bǐ zuótiān lěng* "Heute ist es kälter als
gestern"; *Tā bǐ nǐ kuài* "Er ist schneller als du"; *Zhōngguó bǐ Fǎguó dà* "China ist größer als Frankreich"; *Niú-
ròu bǐ zhūròu guì* "Rindfleisch ist teurer als Schweinefleisch".

2 – Sehr viele! Noch mehr als in Frankreich!
(sehr / viele! vergleichen / Frankreich / Attributpartikel / noch mehr / viele / Partikel)
3 – Dann gibt es sicher auch viele chinesische Restaurants!
(dann, chinesisch / Restaurant / sicher / sehr / viele)
4 – Viele! Aber ich gehe nicht oft hin!
(sein / nicht / wenig! aber / ich / nicht / oft / gehen)
5 – Warum?
6 – Erstens ist es ein bißchen teuer.
(Nummer / eins, ein bißchen / teuer)
7 – Und zweitens?
8 – Zweitens gibt es dort nur kantonesische Küche! Die esse ich nicht so gerne!
(Nummer / zwei, alles / sein / Kanton / Gericht! ich / nicht / zu sehr / lieben / essen)

ANMERKUNGEN (Fortsetzung)

(2) Hier ist *huáqiáo* aus dem letzten Satz impliziert; man könnte auch sagen *...bǐ fǎguó de huáqiáo...* "...verglichen mit den Auslandschinesen in Frankreich...". *háiyào* gefolgt von einem Verb des Zustands bedeutet "noch mehr" und verstärkt zusätzlich den mit *bǐ* gebildeten Komparativ (siehe Anmerkung 1). *Zhèr bǐ nàr háiyào lěng* "Hier ist es noch viel kälter als dort". *háiyào* kann als Synonym zu *gèng* (Lektion 52) betrachtet werden.

(3) Für "viel" sagen die Chinesen häufig "nicht wenig": *bù shǎo*. Beispiel: *Zhèr rén zhēn bù shǎo* "Hier sind wirklich sehr viele Leute". "oft" heißt *cháng*, "sehr oft" heißt *chángcháng*, "nicht oft" heißt *bù cháng*. *Tā chángcháng lái* "Er kommt sehr oft".

(4) "lieben, mögen, etwas gerne tun" heißt *xǐhuan* oder *ài*, wobei *ài* mehr für die Liebe zwischen Personen benutzt wird. Wenn man eine besonders starke Vorliebe für bestimmte Gegenstände oder Beschäftigungen ausdrücken will und *xǐhuan* zu schwach erscheint, kann man auch hier *ài* sagen: *ài kàn diànyǐng* "sehr gerne ins Kino gehen"; *ài chī zhōngguó fàn* "sehr gerne Chinesisch essen"; *ài zǔguó* "das Vaterland lieben". Für "Ich lese gerne" würde man jedoch eher *Wǒ xǐhuan kàn shū* sagen und für "Ißt du gerne scharfe Speisen?" *Nǐ xǐhuan chī là de ma?*.

还不如家里做的菜！是不是！？

9 – Hái bùrú jiāli zuò de cài! Shì bú shì?!

是啊！我们家里差不多每个星期

10 – Shì a! Wǒmen jiāli chàbùduō **(5)** měi ge xīngqī **(6)**

都包一次饺子！

dōu bāo yí cì jiǎozi!

饺子很好吃！…锅贴儿呢？

11 – Jiǎozi hěn hǎochī! . . . Guōtiēr ne? **(7)**

我们还是喜欢蒸饺儿。

12 – Wǒmen háishì xǐhuan zhēng jiǎor. **(8)**

FĀYĪN 发音

9 hai bu ru djia li dsuo dö tsai. **11** guo tiä r. **12** hai sche chi hoan dschöng djiao r.

9 – Das ist alles nichts gegen das Essen zu Hause!
   Nicht wahr?!
   *(noch / nicht so gut wie / zu Hause / Attribut-
   partikel / Essen! sein / nicht / sein)*
10 – Das stimmt! Zu Hause machen wir fast jede
   Woche Jiaozi!
   *(sein / Ausruf! wir / zu Hause / beinahe / jede /
   ZEW / Woche / alle / einwickeln (zubereiten) /
   einmal / [gedämpfte] Jiaozi)*
11 – Jiaozi sind sehr lecker! . . . Und gebratene
   Jiaozi?
12 – Wir mögen doch lieber gedämpfte Jiaozi.
   (wir / trotzdem / mögen / gedämpft / Jiaozi)

ANMERKUNGEN (Fortsetzung)

(5) *chàbùduō* heißt "fast, beinahe". *Chàbùduō yǒu liǎng qiān
   rén* "Es sind fast 2.000 Leute da"; *Wǒmen chàbùduō
   děng le liǎng ge xiǎoshi!* "Wir haben fast zwei Stunden
   gewartet"; *Yǐjīng chàbùduō liù nián le!* "Es sind jetzt
   schon fast sechs Jahre!"; *Chàbùduō zuò wán le!* "Es ist
   fast fertig!"
(6) Nach *měi* "jeder, jede, jedes" folgt normalerweise immer
   zuerst ein Zähleinheitswort und dann das Substantiv: *měi
   ge yuè* "jeden Monat"; *měi ge rén* "jeder Mensch"; *měi
   ge fànguǎnr* "jedes Restaurant". Ausnahmen: *měi tiān*
   "jeder Tag"; *měi nián* "jedes Jahr"; *měi cì* "jedes Mal".
   Tā měi tiān lái "Er kommt jeden Tag". Das zusätzlich
   eingefügte Adverb *dōu* hebt hervor, daß es keinerlei
   Ausnahmen gibt: *Wǒ měi cì dōu qù kàn tā* "Ich gehe ihn
   jedesmal besuchen".
(7) *Jiǎozi* sind eine Art Ravioli, die gekocht oder gedämpft
   (*zhēng*) werden. In Beijing werden sie oft zuerst gekocht
   und anschließend gebraten. Sie heißen dann *guōtiē* bzw.
   guōtiēr.
(8) "lieber mögen, vorziehen" heißt *háishì xǐhuan*: *Wǒ háishì
   xǐhuan tā de* "Ich mag seinen (seine, seins) trotzdem
   lieber"; *Wǒ háishì xǐhuan chī tā de* "Ich esse doch lieber
   seine"; *Wǒ háishì xǐhuan Jīngjù* "Ich ziehe doch die
   Peking-Oper vor".

好！老王，你什么时候请我

13 – Hǎo! Lǎo Wáng, nǐ shénme shíhou
qǐng wǒ **(9)**

到你家去一块儿包饺子吃！？

dào nǐ jiā qù yí kuàir bāo jiǎozi chī!?

嗯…这个…！很对不起！

14 – Ǹg . . . zhèige . . . ! Hěn duìbuqǐ!

这个…！我最近很忙啊！…

Zhèige . . . ! Wǒ zuìjìn hěn máng a!
(10)

以后给你打电话吧！

Yǐhòu gěi nǐ dǎ diànhuà ba! **(11)**

LIÀNXÍ 练习

这个比那个好！

1 – Zhèi ge bǐ nèi ge hǎo!

家里做的菜比这个饭馆儿的菜好吃！

2 – Jiāli zuò de cài bǐ zhèi ge fànguǎnr de cài
hǎochī!

我还是喜欢这个！

3 – Wǒ háishì xǐhuan zhèi ge!

在饭馆儿吃饺子，还不如在家里吃呢！

4 – Zài fànguǎnr chī jiǎozi hái bùrú zài jiāli chī ne!

13 – Ausgezeichnet! Wann lädst du mich zu dir zum
Jiaozi-Essen ein, Lao Wang!?
*(gut! alt / Wang, du / wann / einladen / mich /
zu dir nach Hause / gehen / einmal / zubereiten /
Jiaozi / essen)*

14 – Hm! ... Also ... ! Es tut mir sehr leid! Tja... ! Ich
bin in der letzten Zeit sehr beschäftigt! ... Ich
rufe dich dann an!
*(hm! dieser! sehr / entschuldigen! dieser! ich / in
der letzten Zeit / sehr / beschäftigt / Ausruf!
später / für / dich / anrufen / Ausruf)*

ANMERKUNGEN (Fortsetzung)

(9) *shénme shíhou* heißt "wann". *qǐng* kann zwei Bedeutungen haben: **1.** "einladen": *Wǒ qǐng kè* "Ich lade dich
ein!", "Die Runde geht an mich!"; *Tā qǐng wǒ chī fàn* "Er
lädt mich zum Essen ein". **2.** "bitten": *Qǐng zuò!* "Bitte
setz dich!"; *Qǐng wèn...* "Darf ich bitte fragen...".
(10) Wenn der Chinese beim Sprechen ins Stocken gerät,
sagt er *zhèige... zhèige...*, ohne daß sich hieran eine
weitere Bedeutung anknüpft, entsprechend unserem
deutschen "Hm... Äh.... Tja...".
zuìjìn heißt "in der letzten Zeit, in den letzten Tagen": *Nǐ
zuìjìn gàn shénme le?* "Was hast du in der letzten Zeit
gemacht?"; *Zuìjìn hěn lěng* "In der letzten Zeit war es
sehr kalt".
(11) *Yǐhòu* weist hier auf einen nicht näher definierten
Zeitpunkt in der Zukunft hin: "später, irgendwann, in
einigen Tagen..." Merken Sie sich auch: *Yǐhòu zài tán
ba!* oder *Yǐhòu zài shuō ba!* "Wir reden später noch
einmal darüber!". *Yǐhòu zài lái!* "Komm später noch mal
vorbei!".

ÜBUNGEN

1 Dieses ist besser als jenes!
2 Das Essen zu Hause ist besser als das Essen in diesem
Restaurant!
3 Ich mag das hier lieber!
4 Die Jiaozi im Restaurant sind nichts gegen die Jiaozi zu
Hause.

我差不多每天都去！

5 – Wǒ chàbùduō měi tiān dōu qù!

WÁNCHÉNG JÙZI

1 *Ich mag das Auto von deinem Vater lieber.*

Wǒ háishì . . . . . . nǐ fùqin de chē.

2 *Dein Vater ist älter als mein Vater.*

Nǐ de fùqin . . wǒ de fùqin lǎo.

3 *Ich gehe nicht oft hin.*

Wǒ . . . . qù.

第五十五课

DÌ WǓ SHÍ WǓ (55) KÈ

小心！

Xiǎoxīn!

老兄！你的行李在哪儿？

1 – Lǎo Xiōng! **(1)** Nǐ de xíngli zài nǎr? **(2)**

FĀYĪN 发音

chiao chin. 1 lao chiong.

5 Ich gehe beinahe jeden Tag hin!

---

4 *Ich verstehe fast alles.*

Wǒ . . . . dōu dǒng.

Lösungen zum Lückentext

1 xǐhuan. **2** bǐ. **3** bù cháng. **4** chàbùduō.

* * *

Zweite Welle: *dì wǔ kè* **(Fünfte Lektion)**

FÜNFUNDFÜNFZIGSTE LEKTION

Vorsicht!

1 – He, alter Junge! Wo ist dein Gepäck?
    (alt / Bruder! dein / Gepäck / sich befinden / wo)

ANMERKUNGEN

(1) *Lǎo Xiōng* ist eine freundschaftliche Anrede für einen gleichaltrigen guten Bekannten, die in China nicht als unhöflich empfunden wird.
(2) Beachten Sie, daß die zweite Silbe in *xíngli* unbetont ist, und daß das Zeichen *xíng* auch *háng* gesprochen werden kann, dann jedoch eine andere Bedeutung hat.

Lektion 55

还在车里边儿呢！

2 – Hái zài chē lǐbiānr ne! (3)

快去拿吧！

3 – Kuài qù ná ba!

还来得及！你急什么？

4 – Hái lái de jí! (4) Nǐ jí shénme?

赶快去拿！那边儿海关还要检查！

5 – Gǎnkuài qù ná! Nèibiānr hǎiguān hái
yào jiǎnchá! (5)

好吧！我马上去拿！…

6 – Hǎo ba! Wǒ mǎshàng qù ná! . . .

那个皮箱也是你的吗？

7 – Nèi ge píxiāng yě shì nǐ de ma?

当然是！里边儿还有钱呢！

8 – Dāngrán shì! Lǐbiānr hái yǒu qián ne!
(6)

FĀYĪN 发音
2 li bia r. 4 lai dö dji. 5 hai goan … djiän tscha.

2 – Es ist noch im Auto!
   (noch / sich befinden im / Auto / drin / Partikel)
3 – Geh es schnell holen!
   (schnell / gehen / holen / Partikel)
4 – Es ist noch Zeit! Warum hast du es so eilig?
   (es ist noch (genug) Zeit! du / beeilen / was)
5 – Geh es schnell holen! Wir müssen noch durch den Zoll!
   (schnell / gehen / holen! dort / Zoll / noch / müssen / überprüfen)
6 – In Ordnung! Ich gehe es sofort holen!
   (gut / Partikel! ich / sofort / gehen / holen)
7 – Gehört dieser Lederkoffer auch dir?
   (dieser / ZEW / Lederkoffer / auch / sein / dein / Fragepartikel)
8 – Selbstverständlich! Da ist noch mein Geld drin!
   (selbstverständlich / sein! darin / noch / haben / Geld / Partikel)

ANMERKUNGEN (Fortsetzung)

(3) *lǐbiān(r)* ist ein Synonym für *lǐ* "in, innen". Es verstärkt eine Ortsbestimmung und steht immer hinter dieser: *Tā zài fángjiān lǐbiān* "Er ist in [seinem] Zimmer". Beachten Sie auch die Verwendung von *lǐ* in den Sätzen 13 und 14. Wir kennen *lǐ* bereits aus den Ausdrücken *diànshi lǐ* "im Fernsehen" und *jiāli* "zu Hause" (hier ist *li* unbetont!). *Lǐbiān(r)* kann auch alleine verwendet werden (Satz Nr. 8). *Lǐbiān(r) gèng rè!* "Drinnen ist es wärmer!"; *Dào lǐbiān(r) qù ba!* "Gehen Sie/wir doch hinein!".

(4) Dies ist ein idiomatischer Ausdruck: "Es ist noch Zeit!". Sein Antonym lautet *Lái bù jí le* "Es ist keine Zeit mehr!". *Lái bù jí qù chī fàn le!* "Wir haben keine Zeit mehr essen zu gehen!"; *Hái lái de jí ma?* "Haben wir noch Zeit?".

(5) Es gibt mehrere Möglichkeiten, "dort" auszudrücken: *nàr, nàli, nàbiān(r)* oder *nèibiān(r)*. Ebenso kann "hier" *zhèr, zhèli* oder *zhèbiān(r)* heißen. Beachten Sie, daß das "r" am Ende dieser Ausdrücke typisch für den Beijing-Dialekt ist.

(6) Unterschätzen Sie nicht die Bedeutung der Endpartikel *ne*. In Sätzen, die das Adverb *hái* "noch" enthalten, findet man fast immer am Satzende die Partikel *ne*, die den Zweck hat, die Satzaussage zu verstärken.

你应该小心点儿！有点儿危险！

9 – Nǐ yīnggāi **(7)** xiǎoxīn diǎnr! Yǒudiǎnr wēixiǎn! **(8)**

为什么呢？

10 – Wèi shénme ne?

这儿有不少小偷儿！

11 – Zhèr yǒu bù shǎo xiǎotōur!

好吧！我会注意的！

12 – Hǎo ba! Wǒ huì zhùyì de! **(9)**

FĀYĪN 发音

9 jing gai chiao chin dia r. iou diar uei chiän. **11** bu schao chiao to r. **12** dschu i.

––––––––––––

Der chinesische Satzbau unterscheidet sich sehr stark von dem der deutschen Sprache. Verwenden Sie nicht zuviel Zeit darauf, sich die Positionen der Wörter im Satz einzuprägen. Lernen Sie vor allem nicht auswendig, sondern hören Sie sich die Dialoge immer wieder an und konzentrieren Sie sich auf die typisch chinesischen Redewendungen, wobei Sie auch ruhig öfter das Buch schließen und die Sätze aus dem Gedächtnis wiederholen sollten. Sie werden sehen, daß Ihnen die Redewendungen mit der Zeit immer vertrauter werden.

9 – Du solltest etwas vorsichtiger sein! Das ist ein
bißchen gefährlich!
*(du / sollen / vorsichtig / ein bißchen! etwas /
gefährlich)*

10 – Warum?

11 – Hier gibt es eine Menge Diebe!
(hier / haben / nicht / wenig / Dieb)

12 – Na gut! Ich werde in Zukunft aufpassen!
*(gut / Partikel! ich / werden / aufpassen / Attri-
butpartikel)*

ANMERKUNGEN (Fortsetzung)

(7) *yīnggāi* "sollen, müssen". *Nǐ yīnggāi* "Du solltest...".
Yīnggāi zhèyàng "So sollte es sein", "So ist es richtig".
Nǐ yīnggāi huíqù le! "Du solltest jetzt zurückgehen!". Das
Synonym zu *yīnggāi* lautet *gāi* (Satz 15).

(8) *yǒu diǎnr* ist die Kurzform von *yǒu (yì)diǎnr*, und bedeutet, wenn ihm ein Verb des Zustands folgt, "ein
bißchen": *Yǒu diǎnr guì* "Das ist ein bißchen teuer", *Wǒ
yǒu diǎnr è le* "Ich habe ein wenig Hunger", *Nǐ shì bú
shì yǒu diǎnr lěng?* "Ist es dir nicht ein bißchen kalt?"
Verwechseln Sie dies nicht mit dem oft in Befehlssätzen
vorkommenden Suffix *(yì)diǎnr* (Satz 9, Teil 1), das stets
an das Verb angehängt wird und eine Steigerungsform
darstellt: *Màn (yì)diǎnr!* "Langsamer!"; *Dàshēng (yì)diǎnr!*
"Lauter!"; *Kuài (yì)diǎnr zǒu ba!* "Geh ein bißchen schneller!".

(9) *zhùyì* "aufpassen, achtgeben". *Zhùyì ānquán!* bedeutet
"Vorsicht!" (wörtlich "auf die Sicherheit achtgeben").
Zhùyì gǎnmào! "Paß auf, daß du dich nicht erkältest!",
Duìbuqǐ! Wǒ méi zhùyì! "Entschuldigung! Ich habe nicht
aufgepaßt!". In dieser Lektion haben wir zwei Ausdrücke
für "aufpassen" bzw. "Vorsicht!" kennengelernt: *zhùyì*
und *xiǎoxīn*. Während *zhùyì* vorwiegend in abstrakteren
Zusammenhängen benutzt wird, bezieht sich *xiǎoxīn* auf
ganz konkrete Gefahren (Vorsicht, Stufe!, Vorsicht beim
Überqueren der Straße, usw.) oder Ausrufe.
Das Verb *huì* weist hier auf eine hohe Wahrscheinlichkeit
hin, mit der ein Ereignis in der Zukunft stattfindet (Es ist
damit zu rechnen, daß..., höchstwahrscheinlich....). Oft
findet man in solchen Sätzen am Satzende die Partikel
de, die die Satzaussage noch hervorhebt. *Tā huì lái de*
"Er wird bestimmt kommen", *Tā xiànzài bú huì zài jiāli*
"Er wird jetzt bestimmt nicht zu Hause sein", *Nǐ huì bú
huì qù?* "Wirst du gehen?", *Jīntiān bú huì hěn lěng ba!*
"Heute wird es bestimmt nicht sehr kalt werden!".

你的护照也在皮箱里吗？
13 – Nǐ de hùzhào yě zài píxiāng lǐ ma?

不！护照在皮包里！你看！
14 – Bù! Hùzhào zài píbāo lǐ! **(10)** Nǐ kàn!

好！…该走了！
15 – Hǎo! . . . Gāi zǒu le!

再见！
16 – Zàijiàn!

FĀYĪN 发音

13 hu dschao ... pi chiang. 14 dsai pi bao li.

LIÀNXÍ 练习

他还在邮局。
1 – Tā hái zài yóujú.

我马上走。
2 – Wǒ mǎshàng zǒu.

今天我有点儿不舒服。
3 – Jīntiān wǒ yǒudiǎnr bù shūfu.

这个书包也是他的吗？
4 – Zhèi ge shūbāo yě shì tā de ma?

WÁNCHÉNG JÙZI

1 *Ist das dort der Zoll?*

. . . . shì hǎiguān ma?

13 – Ist dein Paß auch im Koffer?
(dein / Paß / auch / sich befinden in / Koffer/
drin / Fragepartikel)
14 – Nein! Mein Paß ist in meiner Handtasche! Sieh!
(nein! paß / sich befinden in / Handtasche / drin!
du / sehen)
15 – Gut! . . . Es ist Zeit zu gehen!
(gut! sollen / gehen / Satzpartikel)
16 – Auf Wiedersehen!

ANMERKUNGEN (Fortsetzung)

(10) In diesem Dialog lernen wir einige Bezeichnungen für die verschiedenen Arten von Koffern und Taschen kennen: *píxiāng* ist ein Koffer aus Leder (*pí* "Haut"), *mùxiāng* ist eine Holzkiste, *xiāngzi* eine Truhe, ein Kasten oder eine Kiste. *bāo* bezeichnet im allgemeinen eine Tasche. *Qiánbāo* ist der "Geldbeutel" oder das "Portemonnaie", *shūbāo* eine "Schultasche". Ein ähnliches Wort, *bāozi*, finden wir im kulinarischen Bereich: *ròu bāozi*, wörtlich "Fleischtasche". Hierbei handelt es sich um eine kleine fleischgefüllte Pastete, die gedämpft wird, und in China eine besondere Köstlichkeit darstellt.

ÜBUNGEN

1 Er ist noch auf der Post.
2 Ich gehe sofort.
3 Heute fühle ich mich ein bißchen unwohl.
4 Gehört diese Schultasche auch ihm?

2 *Heute bin ich ein bißchen müde.*

Jīntiān wǒ . . . . lèi le.

3 *Haben wir noch Zeit?*

Wǒmen hái . . . de . . ma?

4 *Das ist ein bißchen gefährlich. Am besten wäre es, wenn du nicht gehst.*

. . . . wēixiǎn! Nǐ . . . . . . bú qù!

Hören Sie sich weiterhin die Aufnahmen, sofern Sie sie besitzen, sorgfältig an und wiederholen Sie jeden einzelnen Satz nach dem Sprecher.

第五十六课
DÌ WǓ SHÍ LIÙ (56) KÈ

WIEDERHOLUNG UND ANMERKUNGEN

Lesen Sie noch einmal die folgenden Anmerkungen:
50. Lekt.: (3), (5), (6), (8); 51. Lekt.: (4), (7), (8), (11); 52. Lekt.: (3), (7), (8); 53. Lekt.: (1), (7); 54. Lekt.: (1), (5), (6), (9); 55. Lekt.: (3), (5), (6), (7), (8).

Wie klappt es mit Ihrer "zweiten Welle"? Wiederholen Sie gewissenhaft die Lektionen aus Band 1? Dann werden Sie gemerkt haben, daß Sie in dieser Phase des Kurses besonders intensiv und effektiv lernen. Sie haben jetzt die Möglichkeit, die Kenntnisse der chinesischen Sprache, die sich in Ihrem Gedächtnis mittlerweile etwas "gesetzt" haben, sowie das in den ersten Tagen gelernte Vokabular und vor allem die typisch chinesischen Redewendungen wieder zu aktivieren, zu festigen und zu vertiefen, indem Sie bei geschlossenem Buch Sätze vom Deutschen ins Chinesische und umgekehrt übersetzen.

1 Ursprung und Ziel einer Bewegung werden mit den Präpositionen 从 *cóng* (Ursprung; "von, her") und 到 *dào*

Lösungen zum Lückentext

1 Nèibiānr. 2 yǒu diǎnr. 3 lái ... jí. 4 yǒu diǎnr ... zuìhǎo.

* * *

Zweite Welle: *dì liù kè* **(Sechste Lektion)**

SECHSUNDFÜNFZIGSTE LEKTION

(**Ziel**; "nach, hin") ausgedrückt. Sie stehen vor einer
Ortsbestimmung, die wiederum vor der Handlung bzw.
der Verbgruppe steht. Der Aufbau lautet also:
Subjekt - Präposition - Ortsbestimmung - Verb.
Wir demonstrieren dies anhand einiger Beispiele: 你从哪
儿来？*Nǐ cóng nǎr lái?* "Woher kommen Sie?". 我从北
京来 *Wǒ cóng Běijīng lái* "Ich komme aus Beijing". 我从
中国 来学 法语 *Wǒ cóng Zhōngguó lái xué fǎyǔ* "Ich
komme aus China, um Französisch zu lernen". 他到哪
儿去？*Tā dào nǎr qù?* "Wohin geht (fährt) er?". 他到上
海去 *Tā dào Shànghǎi qù* "Er geht (fährt) nach Shanghai". 他们到中国去学中文 *Tāmen dào Zhōngguó qù
xué zhōngwén* "Sie fahren nach China um Chinesisch
zu lernen". Hier können Sie feststellen, daß der **Zweck**
einer Handlung (der im Deutschen meistens mit "um ...
zu" umschrieben wird) immer **am Satzende** steht.

Wir werden noch sehen, daß Ursprung und Ziel nicht
nur auf **örtliche**, sondern auch auf **zeitliche** Zusam-
menhänge angewendet werden können ("von 1966 bis
1976...", "vom letzten Montag bis zum nächsten Samstag...", "von März bis Mai..."). In diesem Fall wird die
Ortsbestimmung durch die Zeitbestimmung ersetzt.

2 Die Zukunft (Futur). Das Verb 要 *yào* hat nicht nur die Bedeutungen "wollen" und "müssen", sondern drückt auch die Zukunft aus. In dieser Funktion wird es oft von **Adverbien der Zeit** begleitet, die ebenfalls auf die Zukunft hinweisen: 要下雨了！ *Yào xià yǔ le!* "Es wird bald regnen!". 我快要走了！ *Wǒ kuài yào zǒu le!* "Ich werde bald gehen!". In bestimmten Sätzen wird die Zukunft nur durch ein Adverb ausgedrückt: 他马上来 *Tā mǎshàng lái* "Er wird sofort kommen". Ein letztes Beispiel: 现在我们要回家了！ *Xiànzài wǒmen yào huí jiā le!* "Wir werden jetzt nach Hause gehen!" Dieser Satz könnte auch wie folgt übersetzt werden: "Wir müssen jetzt nach Hause gehen!".

In diesem Zusammenhang sollten Sie bedenken, daß durch eine Handlung, die in der Zukunft stattfindet, ein neuer Zustand bzw. eine neue Situation eintritt und deshalb am Satzende die Satzpartikel 了 *le* stehen muß! (Vergleichen Sie hierzu Lektion 26, Anmerkung 4.)

3 Relativsätze werden mit Hilfe der Attributpartikel 的 *de* gebildet. Hilfreich ist, wenn Sie sich merken, daß Sie nur die beiden Elemente vor und hinter dem Relativpronomen des deutschen Satzes umstellen und dann die Attributpartikel *de* einfügen müssen. Dazu einige Beispiele: 来的人是我的朋友 *Lái de rén shì wǒ de péngyou* "Die **Person, die** (da) **kommt**, ist mein Freund" oder "Die **Personen, die** (da) **kommen**, sind meine Freunde". 学中文的人多不多？ *Xué zhōngwén de rén duō bù duō?* "Lernen viele Leute Chinesisch?" (oder: "Sind die Leute, die Chinesisch lernen, zahlreich?") 这饭是谁做的？ *Zhèi fàn shì shéi zuò de?* "Dieses Essen, wer hat das gekocht?". Das Bestimmungswort kann auch weggelassen werden: 谁是做饭的？ *Shéi shì zuò fàn de?* "Wer ist es, der das Essen gekocht hat?". In diesem Fall ist "die Person, die..." bzw. "derjenige, der..." impliziert. Hierzu noch ein letztes Beispiel: 喜欢吃中国饭的人很多 *Xǐhuan chī zhōngguó fàn de rén hěn duō* "Viele Leute essen gerne chinesisches Essen" (oder: Die Leute, die gerne chinesisch essen, sind sehr zahlreich"). Das Element des Relativsatzes kann Subjekt sein (also am Satzanfang stehen) und es kann Objekt sein (also am Satzende stehen).

4 Die Einschränkung mit "nur". Verwechseln Sie nicht die beiden Adverbien 只 *zhǐ* und 才 *cái*. Beide werden mit "nur" übersetzt, aber in verschiedenen Situtionen angewandt. *zhǐ* bezieht sich auf Handlungen und ihre Auswirkungen, also auf Verben, *cái* dagegen wird bei zeitlichen Einschränkungen benutzt. Die Zeitangabe steht dabei unmittelbar vor *cái*. Beide Adverbien werden immer vor das Verb gesetzt. Zuerst einige Beispiele zu *zhǐ*: 他只能吃肉 *Tā zhǐ néng chī ròu* "Er ißt nur Fleisch; Er kann nur Fleisch essen". 我只会说广东话 *Wǒ zhǐ huì shuō guǎngdōng huà* "Ich kann nur Kantonesisch sprechen". 他只买这个，不买那个 *Tā zhǐ mǎi zhèi ge, bù mǎi nèi ge* "Er kauft nur dieses hier, nicht das da". In all diesen Beispielen bezieht sich die Einschränkung auf das Objekt nach dem Verb. In den folgenden Beispielen (mit *cái*) bezieht sich die Einschränkung auf den vor dem Adverb stehenden Zeitpunkt. Die beschriebene Handlung tritt später ein als erwartet, worüber in der Aussage stets etwas Bedauern mitschwingt: 我昨天才来 *Wǒ zuótiān cái lái* "Ich bin erst gestern gekommen". 他下个月才来 *Tā xià ge yuè cái lái* "Er kommt erst nächsten Monat". 我下个礼拜才有空 *Wǒ xià ge lǐbài cái yǒu kòng* "Ich habe erst nächste Woche Zeit". (Vergleichen Sie dazu auch Absatz 6.)

5 Wenn eine Handlung nicht stattgefunden hat, so wird dies mit dem Adverb "niemals" und der verneinten Vergangenheit ausgedrückt: ... 从来没 ... 过 ...*cónglái méi ... guo*. Sehen Sie sich dazu die Anmerkung 8 der Lektion 51 an. Das Subjekt steht wie immer am Satzanfang, das Objekt kann am Satzende folgen. Beispiele: 我从来没去过 *Wǒ cónglái méi qù guo* "Ich bin niemals dort gewesen". 他从来没吃过这个菜 *Tā cónglái méi chī guo zhèi ge cài* "Er hat dieses Gericht noch nie gegessen". 弟弟从来没打过电话 *Dìdi cónglái méi dǎ guo diànhuà* "Mein kleiner Bruder hat noch nie telefoniert". 他从来没说过！*Tā cónglái méi shuō guo* "Er hat es noch nie gesagt".

6 *cái* und *jiù*. In den Sätzen 4 und 5 von Lektion 50 sieht man sehr gut den Unterschied zwischen 才 *cái* und 就 *jiù*. In einem solchen Kontext weisen sie auf die Änderung eines Zeitpunktes hin, an dem sich eine Handlung abspielt. Bei beiden Adverbien kann sich die Unterhaltung auf eine **zukünftige Handlung** beziehen: 你后天才走呢！ *Nǐ hòutiān cái zǒu ne!* "Aber du fährst doch erst übermorgen!". 我礼拜天就走！ *Wǒ lǐbàitiān jiù zǒu!* "Ich fahre schon am Sonntag!" 才 *cái* und 就 *jiù* können aber auch beide für **vergangene Handlungen** verwendet werden. Ihre Bedeutungen sind die gleichen; bei 才 *cái* findet die Handlung später als erwartet statt, bei 就 *jiù* findet die Handlung früh, gelegentlich früher als erwartet, statt: 他礼拜二就来了！ *Tā lǐbài´èr jiù lái le!* "Er ist schon am Dienstag gekommen!". 不对！他是礼拜六才来的！ *Bú duì! Tā shì lǐbàiliù cái lái de!* "Nein! Er ist erst am Samstag gekommen!".

Die Adverbien 就 *jiù* und 才 *cái* werden sehr häufig benutzt. Sie sollten inzwischen mit ihrer Verwendung vertraut sein. Dort, wo es notwendig ist, werden wir noch an verschiedenen Stellen auf die Einsatzmöglichkeiten dieser beiden Adverbien zurückkommen.

7   Zeitpunkte stehen immer **vor der Handlung** (im Gegensatz zu einer Zeitdauer, die stets nach dem Verb folgt. Wir werden darauf noch genauer eingehen.) Sie kennen bereits eine ganze Reihe gebräuchlicher Zeitangaben. Wir wollen die Wichtigsten hier noch einmal

wiederholen und um einige Angaben ergänzen:
下 个 礼拜 *xià ge lǐbài* "nächste Woche"; 上 个 礼拜 *shàng ge lǐbài* "letzte Woche"; 这 个 礼拜 *zhèi ge lǐbài* "diese Woche". 今 天 *jīntiān* "heute"; 昨 天 *zuótiān* "gestern"; 明 天 *míngtiān* "morgen"; 后 天 *hòutiān* "übermorgen"; 前 天 *qiántiān* "vorgestern". 上 个 月 *shàng ge yuè* "letzter Monat"; 这 个 月 *zhèi ge yuè* "dieser Monat"; 下 个 月 *xià ge yuè* "nächster Monat". 明 年 *míngnián* "nächstes Jahr"; 今 年 *jīnnián* "dieses Jahr"; 去 年 *qùnián* "letztes Jahr". Diese Aufzählung enthält nur drei Ausdrücke, die Sie noch nicht kannten.
Bei diesen Zeitangaben liegt die Schwierigkeit darin, daß für "nächster", "letzter" usw. nicht in allen Fällen die gleichen Wörter benutzt werden. So heißt z.B. "letzter Monat" *shàng ge yuè*, "letztes Jahr" heißt jedoch *qùnián*; "morgen" heißt *míngtiān*, "nächste Woche" jedoch *xià ge lǐbài* usw. Versuchen Sie nun aber nicht, sich diese Begriffe mechanisch einzuprägen oder sie gar auswendig zu lernen. Sie wissen ja: Bei Assimil geht es um das natürliche und entspannte Assimilieren! Und das gelingt Ihnen nur durch ständiges Hören und wiederholtes Verwenden der Wörter.

8 Merken Sie sich die folgenden Redewendungen:

我忘了！
- *Wǒ wàng le!* "Das habe ich [völlig] vergessen!

你急什么？
- *Nǐ jí shénme?* "Warum hast du es so eilig?"

我觉得很好！
- *Wǒ juéde hěn hǎo!* "Ich finde das sehr gut!"

我跟他很熟！

– *Wŏ gēn tā hĕn shú!* "Ich bin sehr vertraut mit ihm!"

他叫什么名字？

– *Tā jiào shénme míngzi?* "Wie heißt er?"

这个，中文叫什么？

– *Zhèi ge, zhōngwén jiào shénme?* "Wie heißt das auf Chinesisch?"

小心！

– *Xiăoxīn!* "Vorsicht!"

还来得及！

– *Hái lái de jí!* "Wir haben noch Zeit!"

9 Übersetzen Sie die folgenden Sätze schriftlich ins Chinesische:

1 Das macht nichts! Das ist kein großes Problem!
2 Jeder möchte das hier gerne kaufen!
3 Wo wohnst du jetzt?
4 Ich gehe beinahe jede Woche hin.
5 Du solltest etwas besser aufpassen!

10 Übersetzung: Fānyì 翻译

没关系！问题不大！

1 *Méi guānxi! Wèntí bú dà!*

大家都想买这个！

2 *Dàjiā dōu xiǎng mǎi zhèi ge!*

你现在住在哪儿？

3 *Nǐ xiànzài zhù zài nǎr?*

我差不多每个星期都去。

4 *Wǒ chàbùduō měi ge xīngqī dōu qù.*

你应该小心点儿！

5 *Nǐ yīnggāi xiǎoxīn diǎnr!*

* * *

Zweite Welle: *dì qī kè* (Siebte Lektion)

第五十七课
DÌ WǓ SHÍ QĪ (57) KÈ

中国文学

Zhōngguó wénxué

你喜欢中国文学吗？

1 – Nǐ xǐhuan zhōngguó wénxué ma?

我知道的不多！

2 – Wǒ zhīdao de bù duō! (1)

你都看过哪些书？

3 – Nǐ dōu kàn guo nǎ xiē shū? (2)

我去年开始看"红楼梦"！

4 – Wǒ qùnián kāishǐ kàn "Hóng Lóu Mèng"! (3)

是长篇小说，对不对？

5 – Shì chángpiān xiǎoshuō, duì bú duì?

4 tchü niän. 5 tschang piän chiao schuo.

SIEBENUNDFÜNFZIGSTE LEKTION

Chinesische Literatur

1 – Magst du chinesische Literatur?
 (du / mögen / China / Literatur / Fragepartikel)
2 – Ich weiß nicht viel darüber!
 (ich / wissen / Attributpartikel / nicht / viel)
3 – Welche Bücher hast du schon gelesen?
 (du / alle / lesen / Vergangenheitspartikel / welche / einige / Buch)
4 – Letztes Jahr habe ich "Traum der roten Kammer" angefangen!
 (ich / letztes Jahr / anfangen / lesen / rot / Kammer / Traum)
5 – Das ist ein Roman, nicht wahr?
 (sein / Roman, richtig / nicht / richtig)

ANMERKUNGEN

(1) Wörtlich übersetzt würde dieser Satz etwa lauten: "Das, was ich weiß, ist nicht viel". Hinter der Attributpartikel *de* könnte *dōngxi* "Dinge" eingefügt werden; dies ist jedoch hier **impliziert**: *Wǒ zhīdao de dōngxi...* "Die Dinge, die ich kenne...". Auch in den folgenden Beispielen wird jeweils ein Substantiv durch ein Verb näher bestimmt und das Substantiv weggelassen: *wǒmen chī de* "..., das wir essen". *nǐmen shuō de* "..., was ihr sagt". *tā zuò de* "..., das er macht". *Zhè shì tā zuò de.* "Das hat er gemacht" ("Das ist, was er gemacht hat").

(2) Das Adverb *dōu* wird normalerweise benutzt, um einen Plural zu verstärken. Es taucht daher oft auf, wenn von **mehreren Objekten** die Rede ist. Es hat dann häufig zusammenfassenden Charakter. Im Deutschen wird es etwa wie in den folgenden Beispielen übersetzt. *Nǐ dōu qù guo nǎ xiē dìfang?* "Wo bist du schon überall gewesen?". *Nǐ dōu chī guo xiē shénme cài?* "Welche Gerichte hast du schon alle gegessen?". In all diesen Fällen wird als Antwort eine Aufzählung **mehrerer Elemente** erwartet. Das Fragewort *nǎ* wird gelegentlich auch *něi* gesprochen. *xiē* bedeutet "einige, mehrere", in Verbindung mit *nǎ* "welche?".

(3) Ein sehr berühmter klassischer Roman, der auch unter dem Titel *Shítou Jì* "Geschichte eines Steins" bekannt ist. Er wurde 1763 während der Qing-Dynastie von *Cao Xueqin* geschrieben, jedoch nicht vollendet. Er handelt von Jia Baoyu und seiner Familie und gibt einen Einblick in das Sittenbild des 18. Jahrhunderts.

对！很有名，可是有点儿难！

6 – Duì! Hěn yǒumíng, kěshì yǒu diǎnr
nán!

当然了！这是清代的小说嘛！

7 – Dāngrán le! Zhè shì Qīng dài de
xiǎoshuō ma! **(4)**

请你介绍一下，现在哪个作家

8 – Qǐng nǐ jièshao yíxià, xiànzài něi ge
zuòjiā **(5)**

最有名？

zuì yǒumíng? **(6)**

你应该看一看鲁迅的作品！

9 – Nǐ yīnggāi kàn yī kan Lǔ Xùn de
zuòpǐn! **(7)**

FĀYĪN 发音

6 hön iou ming. **9** lu chün dö dsuo pin.

Im Chinesischen ist jeder Silbe ein **Ton** *zugeordnet.
Wenn diese Silbe innerhalb eines Wortes oder eines
längeren Ausdrucks vorkommt, kann es sein, daß ihr
Ton nur noch abgeschwächt gesprochen wird. Dies ist
z.B. bei der Silbe* **shao** *im Wort* 介绍 *jièshao "jemanden
vorstellen" oder bei der Silbe* **dao** *im Wort* 知道 *zhīdao
"wissen, kennen" der Fall. Sie erkennen die unbetonten
Silben daran, daß sie nicht mit einem Tonzeichen mar-
kiert sind.*

6 – Oh ja! Der ist sehr berühmt, aber er ist ein bißchen schwer zu lesen!
*(richtig! sehr / berühmt, aber / ein bißchen /
schwierig)*
7 – Das ist normal! Es ist ja auch ein Roman aus der
Qing-Zeit!
*(selbstverständlich / Partikel! dies / sein / Qing /
Dynastie / Attributpartikel / Roman / Partikel)*
8 – Sag mir doch bitte mal: Welche Schriftsteller
sind momentan die berühmtesten?
*(bitte / du / vorstellen / einmal, jetzt / welcher /
ZEW / Schriftsteller / am bekanntesten)*
9 – Du solltest einmal die Werke von Lu Xun lesen!

ANMERKUNGEN (Fortsetzung)

(4) *chángpiān xiǎoshuō* ist ein Roman, im Gegensatz zu einer
Novelle oder Erzählung. *xiǎoshuō* ist der allgemeine
Ausdruck für "Roman". *Qīng dài* ist die "Qing-Dynastie".
Der Ausruf *ma*, der hier am Satzende steht, ist **nicht** die
Fragepartikel *ma*. Das hier gezeigte *ma* steht oft am Ende
von Behauptungen, die der Sprecher für selbstverständlich hält, wobei gleichzeitig Erstaunen über das Unwissen
des Gesprächspartners zum Ausdruck kommt: *Tā bú zài!
Tā zuótiān zǒu le ma!* "Er ist nicht da! Er ist doch schon
gestern gegangen!". *Dāngrán le! Wǒ zhǐ xué liǎng ge
yuè ma!* "Natürlich! Ich studiere ja erst seit zwei Monaten!" Sätze mit *ma* am Ende schließen oft mit einem Aus-
rufungszeichen. *Xiàtiān ma! Dāngrán hěn rè!* "Es ist doch
Sommer! Da ist es natürlich sehr heiß!".
(5) *Qǐng nǐ...* leitet ein höfliche Bitte ein: "Bitte..." oder
"Würden Sie die Liebenswürdigkeit haben und...". *Qǐng
nǐ zài shuō yíbiàn* "Wiederhole das bitte noch einmal".
Qǐng yuánliàng! "Bitte entschuldigen Sie!". *Qǐng zuò!*
"Bitte setz dich!". *Qǐng jìn!* "Bitte komm herein!". *Jièshao* heißt "jdn. vorstellen" oder "sich (gegenseitig)
vorstellen, bekanntmachen". *Wǒ lái jièshao yíxià: zhè shì
Wáng xiānsheng!* "Darf ich vorstellen: Herr Wang!".
(6) *zuì* bildet den Superlativ (höchste Steigerungsstufe). *zuì
hǎo* "der, die, das Beste"; *zuì guì* "der, die, das Teuerste"; *zuì piányi* "der, die, das Billigste"; *zuì yǒu yìsi* "der,
die, das Interessanteste"; *zuì hǎochī* "der, die, das Lek-
kerste"; *zuì yǒumíng* "der, die, das Bekannteste".
(7) *Lǔ Xùn* (1881-1936) ist einer der bekanntesten zeitge-
nössischen Schriftsteller. Er setzte sich für eine Erneu-
erung der Literatur ein und schrieb, um die Literatur zu-
gänglicher zu machen, nicht im klassischen, sondern im
modernen Chinesisch (*báihuà*).

老舍呢？
10 – Lǎo Shě ne?

老舍、赵树理，都不错！
11 – Lǎo Shě, **(8)** Zhào Shùlǐ dōu búcuò!

他们的语言比较好懂！
Tāmen de yǔyán bǐjiào hǎodǒng **(9)** !

有没有翻译？
12 – Yǒu méi yǒu fānyì?

肯定有！你到外文书店去问一下！
13 – Kěndìng yǒu! Nǐ dào Wàiwén Shūdiàn
qù wèn yíxià!

好吧！我下午有空！可能
14 – Hǎo ba! Wǒ xiàwǔ yǒu kòng! Kěnéng

要去看看！
yào qù kànkan!

FĀYĪN 发音

11 ü iän bi djiao hao dong. 13 uai uön schu diän.

LIÀNXÍ 练习

我懂的不多。
1 – Wǒ dǒng de bù duō.

我去问一下！
2 – Wǒ qù wèn yíxià.

10 – Und Lao She?

11 – Lao She und Zhao Shuli sind auch ganz gut! Ihre
Sprache ist relativ leicht zu verstehen!

12 – Gibt es Übersetzungen?

13 – Sicher! Geh mal in die Fremdsprachenbuchhand-
lung und frag da nach!
*(sicher / haben! du / nach / Fremdsprachen-
buchhandlung / gehen / fragen / einmal)*

14 – Gut! Heute nachmittag habe ich Zeit! Dann gehe
ich mich vielleicht mal da umsehen!
*(gut / Partikel! ich / nachmittag / haben / freie
Zeit! wahrscheinlich / werden / gehen / sehen
sehen)*

ANMERKUNGEN (Fortsetzung)

(8) Im Chinesischen verwendet man bei Aufzählungen zur
Trennung der einzelnen Elemente eine Art Komma ("Auf-
zählungskomma"), das nach links kippt. Es signalisiert,
daß die Elemente der Aufzählung alle gleichrangig sind
und sich auf ein und dasselbe Verb beziehen.

(9) *bǐjiào* "relativ, ziemlich". *hǎodǒng* heißt "gut verständlich, leicht zu verstehen", analog dazu *bù hǎodǒng* oder
nándǒng "schwer verständlich". *hǎo* hat gelegentlich die
Bedeutung "leicht zu...", z.B. bei *hǎoyòng* "leicht zu
benutzen" oder *bù hǎoyòng* "schwer zu benutzen".

ÜBUNGEN

1 Ich verstehe nicht viel.

2 Ich werde mich mal erkundigen gehen.

这些人都是谁？

3 – Zhè xiē rén dōu shì shéi?

你下午有空吗？

4 – Nǐ xiàwǔ yǒu kòng ma?

WÁNCHÉNG JÙZI

1 *Können Sie uns bitte miteinander bekanntmachen.*

Qǐng nǐ . . . . yíxià.

2 *Diese Person ist sehr bekannt.*

Zhè ge rén hěn . . . .

第五十八课
DÌ WǓ SHÍ BĀ (58) **KÈ**

他 是 记 者
Tā shì jìzhě

这个录音机是谁的？

1 – Zhè ge lùyīnjī shì shéi de? **(1)**

是陈先生的。

2 – Shì Chén xiānsheng de.

FĀYĪN 发音

ta sche dji dschö. **1** lu jin dji. **2** tschön chiän schöng.

3 Wer sind all diese Leute?
4 Hast du am Nachmittag Zeit?

------

3 *Geht es morgen nachmittag?*

Míngtiān . . . . . xíng bù xíng?

4 *Ich habe keine Zeit.*

Wǒ . . . . . . kòng.

Lösungen zum Lückentext

1 jièshao. 2 yǒumíng. 3 xiàwǔ. 4 méi yǒu.

* * *

Zweite Welle: *dì bā kè* **(Achte Lektion)**

ACHTUNDFÜNFZIGSTE LEKTION

Er ist Journalist

1 – Wem gehört dieses Tonbandgerät?
   (dieses / ZEW / Tonbandgerät / sein / wer / Attributpartikel*)*
2 – Es gehört Herrn Chen.
   (sein / Chen / Herr / Attributpartikel*)*

ANMERKUNGEN

(1) Vergessen Sie nicht das **Zähleinheitswort (ZEW)** zwischen dem Demonstrativpronomen und dem Substantiv. Bei der Frage *Shì shéi de?* "Wem gehört das?" steht *shéi* dort, wo die Antwort erwartet wird: *shì wǒ de, shì Lǎo Zhāng de, shì tāmen de...* In diesen Fällen ist das Objekt, in diesen Beispielen das Besitztum (*lùyīnjī,...*), impliziert.

哪个陈先生？

3 – Něi ge Chén xiānsheng?

高高的，戴眼镜儿的那个！

4 – Gāo gāo de, dài yǎnjìngr de nèi ge! **(2)**

他不是姓张吗？

5 – Tā bú shì xìng Zhāng ma? **(3)**

不！那个姓张的不戴眼镜儿。

6 – Bù! Nèi ge xìng Zhāng de bú dài yǎnjìngr!

姓陈的是干什么的？

7 – Xìng Chén de shì gàn shénme de? **(4)**

他叫陈东，是记者。

8 – Tā jiào Chén Dōng, shì jìzhě.

不简单！他常常出国，是不是？

9 – Bù jiǎndān! **(5)** Tā chángchang chū guó, shì bú shì?

是啊！他去年到日本去了，

10 – Shì a! Tā qùnián dào Rìběn qù le,

今年又要到德国去！

jīnnián yòu yào dào Déguó qù!

FĀYĪN 发音

4 dai iän djing dö nei gö.

3   – Welcher Herr Chen?
4   – Der große mit der Brille!
      (groß / groß / Attributpartikel, tragen / Brille / Attributpartikel / dieser / ZEW)
5   – Heißt der nicht Zhang?
      (er / nicht / sein / heißen / Zhang / Fragepartikel)
6   – Nein! Der, der Zhang heißt, trägt keine Brille!
7   – Und was macht dieser Herr Chen?
      (heißen / Chen / Attributpartikel / sein / machen / was)
8   – Er heißt Chen Dong und ist Journalist!
9   – Bemerkenswert! Dann fährt er sehr oft ins Ausland, oder?
      (nicht / einfach! er / oft oft / hinausgehen / Land, sein / nicht / sein)
10   – Ja! Letztes Jahr ist er nach Japan gefahren, und dieses Jahr will er nach Deutschland!
      (ja! er / letztes Jahr / nach / Japan / gehen / Satzpartikel, dieses Jahr / wieder / wollen / nach / Deutschland / gehen)

ANMERKUNGEN (Fortsetzung)

(2)   Adjektive werden zur Intensivierung der Aussage oft verdoppelt. Ihnen wird dann die Adverbialpartikel *de* nachgestellt. Die zweite Silbe wird im ersten Ton gesprochen (siehe Satz 15) und es wird, vor allem in der Beijinger Region, ein "r" angehängt. "Eine Brille tragen" heißt *dài jănjìng*, in Beijing *dài yănjìngr*.

(3)   *bú shì...ma* ist eine Formel, die angewandt wird, wenn der Fragende bestätigende Antwort erwartet (vgl. auch Lektion 23, Anmerkung 7). *Tā bú shì zuótiān qù le ma?* "Ist er nicht gestern schon gefahren?". *Tā bú shì yĭjīng shuō le ma?* "Hat er es nicht schon gesagt?"

(4)   *... shì gàn shénme de?* In diesem Kontext wird als Antwort der Beruf einer Person erwartet. Die Frage *Nǐ gàn shénme?* "Was machst du da gerade?" hat leicht abfälligen Charakter ("Was treibst du da?").

(5)   Wörtlich heißt es hier: "nicht einfach". Die Bedeutung von *Bù jiăndān* lautet jedoch eher: "Erstaunlich!", "Bemerkenswert!", "Außergewöhnlich!". (Mit anderen Worten: "Es muß **nicht leicht** gewesen sein, das zu schaffen!")

他运气不错！我也想到外国

11 – Tā yùnqi búcuò! **(6)** Wǒ yě xiǎng dào wàiguó

去看看！
qù kànkan!

你的父母不是住在加拿大吗？

12 – Nǐ de fùmǔ bú shì zhùzài Jiānádà ma?

谁说的？是王小姐的父母

13 – Shéi shuō de? **(7)** Shì Wáng xiǎojiě de fùmǔ **(8)**

住在加拿大！
zhù zài Jiānádà!

哪个王小姐？

14 – Něi ge Wáng xiǎojiě?

胖胖儿的那个！

15 – Pàngpāngr de nèi ge!

哦！……我知道了！

16 – Ò! . . . Wǒ zhīdao le!

FĀYĪN 发音

11 iün tchi bu tsuo. **15** pang par.

LIÀNXÍ 练习

这个东西是谁的？
1 – Zhè ge dōngxi shì shéi de?

姓张的都来了吗？
2 – Xìng Zhāng de dōu lái le ma?

11 – Er hat wirklich Glück! Ich möchte auch sehr
gerne mal ins Ausland fahren!
*(er / Glück / nicht schlecht! ich / auch / möchten /
nach / Ausland / gehen / sehen sehen)*
12 – Leben deine Eltern nicht in Kanada?
*(deine / Vater und Mutter / nicht / sein / woh-
nen / in / Kanada / Fragepartikel)*
13 – Wie kommst du denn darauf? Das sind die Eltern
von Fräulein Wang, die in Kanada leben!
*(wer / sagen / Attributpartikel? sein / Wang /
Fräulein / Attributpartikel / Vater und Mutter /
wohnen / in / Kanada)*
14 – Welches Fräulein Wang?
15 – Die untersetzte!
(dick dick / Attributpartikel / diese / ZEW)
16 – Ah! . . . Ich verstehe!
(Ah! ich / wissen / Aspektpartikel)

ANMERKUNGEN (Fortsetzung)

(6) "Er hat Glück!", "Der Glückliche!". Man hört auch die
Redewendung *Yùnqi hǎo!* oder *Tā de yùnqi hěn hǎo!*.
"Ich habe kein Glück" heißt *Wǒ de yùnqi bù hǎo.*
(7) Vergleichen Sie auch Lektion 50, Anmerkung 4: "Wer hat
das denn gesagt?", "Wie kommst du denn darauf?".
(8) *fùmǔ* "Eltern" setzt sich aus den ersten Silben der Wörter
fùqin "Vater" und *mǔqin* "Mutter" zusammen. *Nǐ de
fùmǔ zěnmeyàng?* "Wie geht es deinen Eltern?". *Fùmǔ
hěn hǎo, xièxie!* "Meinen Eltern geht es gut, danke!"

ÜBUNGEN

1 Wem gehört das? (diese Sache)
2 Sind alle, die Zhang heißen, gekommen?

我们这儿都是姓王的！

3 – Wǒmen zhèr dōu shì xìng Wáng de!

姓张的人多不多？

4 – Xìng Zhāng de rén duō bù duō?

WÁNCHÉNG JÙZI

1 *Gibt es viele Leute, die in Kanton leben?*

. . . . . . Guǎngzhōu de rén duō ma?

2 *Wer ist es, der Bücher kauft?*

Mǎi shū de shì . . . . ?

3 *Wer ist das, der nach Kanada fährt?*

. . . Jiānádà qù de . . . shéi?

4 *Trägt der, der Chen heißt, eine Brille?*

. . . . Chén de dài bú . . . yǎnjìngr?

第五十九课
DÌ WǓ SHÍ JIǓ (59) KÈ

往北拐
Wǎng běi guǎi

请问！这是中山路吗？

1 – Qǐng wèn! (1) Zhè shì Zhōngshān Lù
ma? (2)

FĀYĪN 发音

oang bei goai. 1 dschung schan lu.

3 Wir heißen hier alle Wang!
4 Gibt es viele, die Zhang heißen?

Lösungen zum Lückentext

1 zhùzài. 2 shéi. 3 dào...shì. 4 xìng...dài.

Üben Sie von Zeit zu Zeit, auf Chinesisch bis 20 zu zählen und sagen sie auch die Wochentage auf. Die Bildung der Monatsnamen ist im Chinesischen sehr einfach. Sie setzen sich aus den Zahlen von 1 bis 12 (die Sie mittlerweile bestimmt beherrschen) und dem Wort **yuè** *"Monat" zusammen:* 一月 **yī yuè** *"Januar",* 二月 **èr yuè** *"Februar",* 三月 **sān yuè** *"März",* 四月 **sì yuè** *"April",* 五月 **wǔ yuè** *"Mai",* 六月 **liù yuè** *"Juni",* 七月 **qī yuè** *"Juli",* 八月 **bā yuè** *"August",* 九月 **jiǔ yuè** *"September",* 十月 **shí yuè** *"Oktober",* 十一月 **shí yī yuè** *"November" und* 十二月 **shí èr yuè** *"Dezember".*

* * *

Zweite Welle: *dì jiǔ kè* **(Neunte Lektion)**

NEUNUNDFÜNFZIGSTE LEKTION

Sich nach Norden wenden

1 — Bitte, ist das die Zhongshan-Straße?
(bitten / fragen! dies / sein / Zhongshan-Straße / Fragepartikel)

ANMERKUNGEN

(1) Höfliche Formel zum Einleiten einer Frage: "Entschuldigen Sie...", "Darf ich bitte fragen...".
(2) Straßennamen folgt immer *lù* oder *jiē* "Straße". Viele Gärten, Bauwerke oder Plätze in China tragen den Namen von *Sǔn Zhōngshān*, bei uns besser bekannt unter dem Namen *Sun Yatsen* (1866-1925).

不是！这是长安街！中山路

2 – Bú shì! Zhè shì Cháng´Ān Jiē!
Zhōngshān Lù

在那边儿！

zài nèibiānr!

那么…去《和平饭店》，

3 – Nàme . . . qù "Hépíng Fàndiàn" **(3)**

怎么走？

zěnme zǒu?

你一直走；到十字路口再往北拐！

4 – Nǐ yìzhí zǒu; dào shízìlùkǒu zài **(4)**
wǎng běi guǎi! **(5)**

以后呢？

5 – Yǐhòu ne?

以后，走四、五分钟就到了！

6 – Yǐhòu, zǒu sì wǔ fēn zhōng jiù dào le!
(6)

我看，还是坐出租汽车好。

7 – Wǒ kàn, háishi zuò **(7)** chūzū qìchē
hǎo. **(8)**

FĀYĪN 发音

2 tschang an djiä. 3 hö ping fan diän dsö mö dsou. 4 i dsche
dsou … sche dze lu kou. 6 se u fön dschung djiou dao lö.
7 hai sche dsou tschu dsu tchi tschö hao.

2 – Nein! Das ist die Straße des Ewigen Friedens!
Die Zhongshan-Straße ist dort!

3 – Wie muß ich denn gehen, um zum Friedenshotel
zu kommen?
(dann / gehen / Friedenshotel / wie / gehen)

4 – Zuerst gehen Sie geradeaus; wenn Sie an der
Kreuzung angekommen sind, wenden Sie sich
nach Norden!

5 – Und dann?

6 – Dann gehen Sie noch vier oder fünf Minuten,
und dann sind Sie da!

7 – Meiner Meinung nach wäre es besser, wenn ich
ein Taxi nehme!
(ich / sehen, besser / nehmen / Taxi / gut)

ANMERKUNGEN (Fortsetzung)

(3) Es gibt verschiedene Ausdrücke für "Hotel". Wir kennen
bereits *lǚguǎn* (siehe Lektion 29). *fàndiàn* bezeichnet
eher ein Hotel mit Restaurant. Mit *fànguǎnr* werden nur
Restaurants bezeichnet.

(4) Das Adverb *zài* hat hier in etwa die Bedeutung "und
dann", "in diesem Moment". *Xǐ shǒu yǐhòu zài qù chī
fàn* "Wir waschen uns die Hände und gehen dann essen". Normalerweise hat *zài* eher die Bedeutung "wieder,
noch einmal": *Míngtiān zài shuō ba!* "Wir sprechen morgen noch einmal darüber!"

(5) *wǎng* ist Präposition und bedeutet "nach, in Richtung
auf". Präpositionen stehen immer **vor dem Verb**. Da in
China die meisten Städte wie ein Schachbrett aufgebaut
sind und die Straßen fast alle in N-S- bzw. W-O-Richtung
verlaufen, verwendet man statt "rechts", "links" etc.
häufiger die **Himmelsrichtungen**. So sagt man z.B. "Geh
zuerst Richtung Norden und nimm dann die 3. Straße
Richtung Westen" oder "Erst geradeaus und dann die 2.
Straße Richtung Süden".

(6) Beachten Sie hier wieder (wie schon in Lektion 57, Satz
11) das "umgekippte" Komma, das bei Aufzählungen benutzt wird.

(7) *Wǒ kàn* (wörtlich "ich sehe") heißt "meiner Meinung
nach". *zuò* alleine heißt "sitzen", in Verbindung mit
Verkehrsmitteln jedoch "... nehmen" oder "mit ... fahren": *zuò qìchē* "mit dem Auto fahren"; *zuò huǒchē* "mit
dem Zug fahren". Bei Zweirädern und Reittieren verwendet man das Verb *qí* (siehe Lektion 15).

(8) *háishi (... hǎo)* "es wäre besser, wenn...". Vergleichen
Sie hierzu auch Lekt. 17, Anm. 8 und Lekt. 45, Anm. 9).

不用了，你走着去，

8 – Bú yòng le, nǐ zǒuzhe **(9)** qù,

十分钟就到了！

shí fēn zhōng jiù dào le!

我怕找不着！

9 – Wǒ pà zhǎo bù zhǎo! **(10)**

好找！好找！没问题！

10 – Hǎo zhǎo! Hǎo zhǎo! **(11)** Méi wèntí!

那个地方，谁都知道！

Nèi ge dìfangr, shéi dōu zhīdao! **(12)**

可是我的中文不行。

11 – Kěshì wǒ de zhōngwén bù xíng! **(13)**

开玩笑！你的中文挺好嘛！

12 – Kāi wánxiào! **(14)** Nǐ de zhōngwén tǐng hǎo ma! **(15)**

好！那，我走着去！谢谢你！

13 – Hǎo! Nà, wǒ zǒuzhe qù! Xièxie nǐ!

---

*Versuchen Sie nicht, jedes Wort gleich beim ersten Auftauchen zu behalten. Es reicht vollkommen aus, wenn Sie im Moment den Text der Lektion verstehen. Sie lernen die Wörter und Redewendungen ganz automatisch durch das weitere Wiederholen. Benutzen Sie die **zweite Welle** unter anderem dazu, Ihr Gehör für die chinesischen Laute und Ihre Sprechfähigkeit zu schulen (denken Sie vor allem immer an die **Töne**!). Bestimmt stolpern Sie auch von Zeit zu Zeit über Ausdrücke, die Sie schon fast wieder vergessen hatten, nicht wahr?*

8 – Nein, das ist nicht nötig! Wenn Sie zu Fuß gehen, sind Sie in 10 Minuten da!
(nicht / brauchen / Satzpartikel, Sie / zu Fuß / gehen, zehn / Minuten / dann / ankommen / Satzpartikel)

9 – Ich befürchte aber, daß ich es nicht finde!
(ich / fürchten / finden / nicht / Komplement der Fähigkeit)

10 – Doch, doch! Das finden Sie! Kein Problem! Dieses Hotel kennt jeder!
(leicht / finden! leicht / finden! nicht / Problem! diesen / ZEW / Ort / wer / alle / kennen)

11 – Aber mein Chinesisch ist nicht so gut!

12 – Sie scherzen! Ihr Chinesisch ist sehr gut!
(scherzen! Ihr / Chinesisch / sehr / gut / Ausruf)

13 – Gut! Dann gehe ich zu Fuß! Vielen Dank!
(gut! dann, ich / zu Fuß / gehen! danke / Ihnen)

ANMERKUNGEN (Fortsetzung)

(9) Zur Darstellung zweier gleichzeitiger Handlungen wird an das erste Verb die Partikel *zhe* angehängt. Dieses Verb beschreibt die Art und Weise der vom 2. Verb ausgedrückten Handlung. *zǒuzhe* bedeutet also "beim Gehen, während des Gehens". Noch ein Beispiel: *Wǒ zuòzhe tīng jīngjù* "Sitzend höre ich mir eine Peking-Oper an".

(10) Mit dieser Konstruktion, die **Komplement der Fähigkeit** genannt wird, drückt der Sprecher aus, daß er nicht in der Lage ist, eine Aktion auszuführen (anstelle von *zhǎo* wird auch oft *dào* gesagt). Andere Beispiele: *Wǒ kàn bù dǒng* "Ich verstehe nicht, was ich lese/sehe" (Ich lese, aber verstehe nicht). *Wǒ tīng bù dǒng* "Ich verstehe nicht, was ich höre" (Ich höre, aber verstehe nicht). *Wǒ chī bù wán* "Ich kann nicht (alles) aufessen".

(11) *hǎo* hat hier die Bedeutung "leicht", nicht "gut". *hěn hǎo zhǎo* "sehr einfach zu finden" (siehe auch Lektion 27, Anmerkung 9).

(12) *shéi dōu* "alle, jeder" (siehe auch Lektion 25, Anmerkung 11).

(13) *bù xíng* "das geht nicht" wird hier als Synonym zu *bù hǎo* "nicht gut, nicht zufriedenstellend" benutzt.

(14) Man kann auch sagen: *Nǐ kāi wánxiào!* "Sie machen wohl Witze!", "Sie scherzen wohl!", "Daß ich nicht lache!" - je nach Situation und Zusammenhang.

(15) Das Adverb *tǐng* ist ein Synonym zu *hěn* "sehr". Es ist etwas umgangssprachlicher als *hěn*.

不用客气！

14 – Bú yòng kèqi! (16)

FĀYĪN 发音

14 bu iong kö tchi.

LIÀNXÍ 练习

请问！这个叫什么？

1 – Qǐng wèn! Zhèi ge jiào shénme?

请吧！你别客气！

2 – Qǐng ba! Nǐ bié kèqi!

他可能明天要来！

3 – Tā kěnéng míngtiān yào lái!

还是你自己去吧！

4 – Háishi nǐ zìjǐ qù ba!

你别吃这个！

5 – Nǐ bié chī zhèi ge!

WÁNCHÉNG JÙZI

1 *Das ist nicht nötig! Ich kenne den Weg!*

Bú . . . . le! Wǒ rènshi . . !

14 – Keine Ursache!
(nicht / brauchen / höflich)

ANMERKUNGEN (Fortsetzung)

(16) Diese Wendung ist in China, wo Höflichkeit eine besonders große Rolle spielt, sehr gebräuchlich. "Nichts zu
danken!", "Gerne geschehen!", "Keine Umstände!". Uns
Europäern kommen die in China gebräuchlichen Höflich-
keitsfloskeln oft etwas übertrieben vor.
Als Synonym zu *bú yòng* können Sie sich für **verneinte
Aufforderungen** *bié* merken. *Bié qù!* "Geh nicht!". *Nǐ bié
chī zhèi ge!* "Iß das nicht!". *Bié zhème tǎoyàn!* "Sei nicht
so widerlich!".
Noch einmal zur Erinnerung: Vor einer Silbe im 4. Ton
spricht sich die Verneinung *bù* im 2. Ton: *bú. Bú duì!*
"Das stimmt nicht!". *Wǒ bú qù!* "Ich gehe nicht!".

ÜBUNGEN

1 Bitte, wie nennt man das hier?
2 Also bitte! Machen Sie sich keine Umstände!
3 Er wird möglicherweise morgen kommen!
4 Am besten ist es, du gehst selbst!
5 Iß das nicht!

2 *Heute ist es sehr kalt!*

Jīntiān . . . . lěng!

3 *Wenn du zu Fuß gehst, bist du in fünf Minuten da!*

Nǐ zǒu lù, wǔ . . . . jiù dào le!

4 *Ich fürchte, ich habe keine Zeit!*

Wǒ . . méi yǒu kòng!

5 *Hab keine Angst!*

Bié . . !

Übersetzen Sie die folgenden Sätze schriftlich ins Chinesische:

1 Ist es heute kalt?
2 Welche Zeitung liest dein Ehemann/deine Ehefrau gerne?
3 Kauf das nicht!
4 Das ist nicht nötig!

第六十课
DÌ LIÙ SHÍ (60) KÈ

喝茶，喝酒
Hē chá, hē jiǔ

你们中国人很讲究喝茶；

1 — Nǐmen Zhōngguórén hěn jiǎngjiu hē chá; **(1)**

FĀYĪN 发音

hö tscha, hö djiou. 1 djiang djiou.

Lösungen zum Lückentext

1 yòng - lù. 2 tǐng. 3 fēn zhōng. 4 pà. 5 pà.

Übersetzung

今天冷吗？

1 *Jīntiān lěng ma?*

你的爱人喜欢看什么报？

2 *Nǐ de àiren xǐhuan kàn shénme bào?*

你别买这个！

3 *Nǐ bié mǎi zhèige!*

不用了！

4 *Bú yòng le!*

* * *

Zweite Welle: *dì shí kè* **(Zehnte Lektion)**

SECHZIGSTE LEKTION

Tee trinken, Alkohol trinken

1 – Ihr Chinesen legt viel Wert auf Tee;
(ihr / Chinesen / sehr / Wert legen auf / trinken / Tee)

ANMERKUNGEN

(1) *jiǎngjiu* "großen Wert legen auf", "für besonders wichtig halten". Dieses Verb wird - wie *xǐhuan* - mit *hěn* "sehr" gesteigert: *hěn jiǎngjiu wèishēng* "Hygiene/Sauberkeit für besonders wichtig halten"; *jiǎngjiu chuān yīfu* "großen Wert auf die Kleidung legen".

是不是！？
shì bú shì!?

是啊！中国茶有好多种！
2 – Shí a! Zhōngguó chá yǒu hǎo duō zhǒng! **(2)**

你说说！龙井茶是什么茶？
3 – Nǐ shuō shuō! **Lóngjǐng chá** shì shénme chá?

龙井茶是绿茶的一种。
4 – **Lóngjǐng chá** shì lǜchá de yì zhǒng!

很有名！
Hěn yǒumíng!

还有茉莉花茶，对不对？
5 – Hái yǒu mòlihuā chá, duì bú duì?

对！…我们喝茶跟你们不一样！
6 – Duì! . . . Wǒmen hē chá gēn nǐmen bù yíyàng! **(3)**

喝茶，你们放糖吗？
7 – Hē chá, nǐmen fàng táng ma?

FĀYĪN 发音

3 long djing tscha. 4 lü tscha dö i dschung.

nicht wahr?

2 – Stimmt! Es gibt sehr viele Sorten von chinesischem Tee!
*(sein / Ausruf! chinesisch / Tee / haben / sehr /
viele / Sorten)*

3 – Dann sag mal: Was ist Drachenbrunnentee für
ein Tee?
*(du / sagen / sagen! Drachenbrunnentee / sein /
welcher / Tee)*

4 – Drachenbrunnentee ist eine grüne Teesorte. Er
ist sehr bekannt!
*(Drachenbrunnentee / sein / grüner Tee / Attri-
butpartikel / eine / Sorte. sehr / bekannt)*

5 – Und dann gibt es noch Jasmintee, nicht wahr?
*(noch / haben / Jasmintee, richtig / nicht / rich-
tig)*

6 – Richtig! . . . Aber wir trinken unseren Tee nicht
wie ihr!
*(richtig! wir / trinken / Tee / mit / euch / nicht /
gleich)*

7 – Nehmt ihr Zucker in den Tee?
*(trinken / Tee, ihr / legen / Zucker / Frageparti-
kel)*

ANMERKUNGEN (Fortsetzung)

(2) *hǎo duō zhǒng* "viele Sorten" ist hier ein Synonym zu
hěn duō zhǒng. In China wird eine Vielzahl unterschied-
licher grüner (*lüchá*) und schwarzer (eigentlich "roter" =
hóngchá) Tees getrunken. Der grüne Tee wird nur ge-
trocknet, während der schwarze Tee vorher fermentiert
wird. In China existieren auch bestimmte Jahrgangstees
(so wie es bei uns Jahrgangsweine gibt), darunter z.B.
der Drachenbrunnentee (*Lóngjǐng Chá*), ein sehr berühmter grüner Tee aus der Provinz Zhejiang.

(3) "nicht wie ihr" wird auf Chinesisch folgendermaßen ausgedrückt: (verglichen) mit / euch / nicht / gleich. *Wǒ gēn
nǐ bù yíyàng* "Ich bin nicht wie du", "Bei mir ist das
nicht so wie bei dir". *Yíyàng bù yíyàng?* "Ist das das
gleiche?". *Tā gēn nǐ yíyàng* "Er ist wie du".

中国茶，我们一般不放糖，

8 – Zhōngguó chá, wǒmen yìbān bú fàng táng,

也不放牛奶！

yě bú fàng niúnǎi! (4)

酒呢？中国人喜欢喝酒吗？

9 – Jiǔ ne? Zhōngguórén xǐhuan hē jiǔ ma?

当然喜欢！有人喜欢喝茅台酒，

10 – Dāngrán xǐhuan! Yǒu rén xǐhuan hē **Máotái Jiǔ**,

也有人喜欢绍兴酒！

yě yǒu rén xǐhuan **Shàoxīng Jiǔ**! (5)

绍兴酒，是不是要热一热才行？

11 – **Shàoxīng Jiǔ**, shì bú shì yào rè yī rè cái xíng? (6)

对啊！有人喜欢喝热的！

12 – Duì a! Yǒu rén xǐhuan hē rè de!

我倒无所谓！

Wǒ dào wúsuǒwèi! (7)

FĀYĪN 发音

8 ie bu fang niu nai. 11 rö i rö tsai ching. 12 uo dao u suo uei.

8 – Nein, chinesischer Tee wird normalerweise ohne
Zucker getrunken, und auch ohne Milch!
*(chinesisch / Tee, wir / normalerweise / nicht /
nehmen / Zucker, auch / nicht / nehmen / Milch)*
9 – Und Alkohol? Trinken die Chinesen gerne Alkohol?
10 – Sicher! Manche trinken gerne **Maotai-Schnaps**,
und manche gerne **Shaoxing-Schnaps**!
*(selbstverständlich / mögen! haben / Menschen /
mögen / trinken / Maotai-Schnaps, auch / haben /
Menschen / mögen / Shaoxing-Schnaps)*
11 – Wird Shaoxing-Schnaps nicht warm getrunken?
*(Shaoxing-Schnaps, sein / nicht / sein / müssen /
erwärmen / eins / erwärmen / erst / gehen)*
12 – Stimmt! Manche trinken ihn gerne warm! Aber
mir ist es egal!
*(richtig / Ausruf! haben / Menschen / mögen /
trinken / heiß / Attributpartikel! ich / dagegen /
gleichgültig)*

ANMERKUNGEN (Fortsetzung)

(4) *yìbān* "allgemein, normalerweise". *fàng* heißt "legen,
stellen, setzen", ist hier aber im Sinne von "nehmen,
trinken mit" gemeint. Man kann auch sagen: *jiā táng*
"Zucker hinzufügen".
(5) *jiǔ* ist der allgemeine Ausdruck für "Alkohol". "Wein"
heißt *pútaojiǔ* (*pútao* = "Weintraube"), "Rotwein" heißt
hóng pútaojiǔ. Wenn in China während der Mahlzeiten
Alkohol getrunken wird, dann häufig Schnäpse, darunter
z.B. *gāoliang jiǔ* "Hirseschnaps" und *huángjiǔ* "Reis-
wein". Zwei berühmte Reisweine sind der Wein aus
Shaoxing und der **Maotai**-Schnaps. Sie werden gelegentlich auch warm serviert.
(6) *rè yì rè* "ein bißchen erwärmen". Die Konstruktion **Verb-**
yī-Verb (oder **Verb-Verb**) ist im Chinesischen relativ
häufig. Sie hat die Bedeutung "ein bißchen" oder "mal
eben". Die Satzendung *... cái xíng* bedeutet, daß etwas
möglich ist, wenn die zuvor genannten Bedingungen er-
füllt sind oder die zuvor erwähnte Situation eingetreten
ist. Ein Synonym lautet *... cái hǎo*.
(7) *dào* "dagegen, jedoch". *wúsuǒwèi* heißt "ist egal", "hat
keine Bedeutung" und drückt aus, daß der Sprecher keine
bestimmte der genannten Auswahlmöglichkeiten bevor-
zugt. *Jīntiān qù háishi míngtiān qù? Wǒ wúsuǒwèi!*
"Gehen wir heute oder morgen? Das ist mir egal!"

人家说喝热的，容易喝醉！

13 – Rénjia shuō hē rè de, róngyi hē zuì! (8)

FĀYĪN 发音

13 rön djia schuo hö rö dö rong i hö dsui.

LIÀNXÍ 练习

今天好几个人没来。

1 – Jīntiān hǎo jǐ ge rén méi lái.

这种酒很有名。

2 – Zhèi zhǒng jiǔ hěn yǒumíng.

我不喜欢喝热的。

3 – Wǒ bù xǐhuan hē rè de.

13 – Man sagt, wenn man ihn warm trinkt, wird man
schneller betrunken!
*(man / sagen / trinken / warm / Attributpartikel,
leicht / trinken betrunken)*

ANMERKUNGEN (Fortsetzung)
(8) *rénjiā* "die Leute", "man". *hē zuì* "betrunken sein", wörtlich "trinken und dann betrunken sein". *Nǐ zuì le!* "Du
bist ja betrunken!". *Tā hē zuì le!* "Er ist betrunken!".
Achtung: Sie kennen bereits ein anderes Wort, das *zuì*
gesprochen wird, jedoch mit anderem Zeichen und anderer Bedeutung: mit *zuì* (vergleichen Sie dazu z.B. Lektion
19 und Lektion 30) wird die höchste Steigerungsstufe
gebildet!

ÜBUNGEN

1 Heute sind viele Leute nicht gekommen.
2 Dieser Schnaps ist sehr berühmt.
3 Ich trinke (ihn) nicht gerne warm.

---

*Vorsicht bei Homophonen, also Wörtern, deren Aus-
sprache gleich ist (z.B. wie oben besprochen* **zuì**
"betrunken" und **zuì** *für die Bildung des Superlativs).
Nicht nur Zeichen und Bedeutung, auch die Funktion
dieser Wörter und ihre Stellung im Satz helfen, sie zu
unterscheiden. Dann gibt es andere Wörter, deren
Pinyin-Schreibweise identisch ist, die sich jedoch durch
den* **Ton** *unterscheiden, z.B.* 就 **jiù** *"dann" und* 酒 **jiǔ**
"Alkohol" oder 还 **hái** *"noch" und* 海 **hǎi** *"Meer". Aus
diesen Gründen kann nicht oft genug betont werden,
wie wichtig die korrekte und saubere Aussprache der*
vier Töne *ist! Ebenso wichtig ist es natürlich, daß Sie
diesbezüglich ihr Gehör gründlich trainieren, d.h. lernen, die Töne beim Hören zu unterscheiden.
Sie sollten außerdem auf die aspirierten und nicht aspirierten Laute wie D und T, B und P usw. achten. Bei* **da**
darf z.B. - im Gegensatz zu **ta** *- kein Luftausstoß hörbar
sein. Das gleiche gilt für die Silben* **ba** *(kein Luftausstoß) und* **pa** *(hörbarer Luftausstoß). Machen Sie zu
Übungszwecken den Papiertest, der auf Seite 125
(Lektion 24) in Band 1 beschrieben wird.*

WÁNCHÉNG JÙZI

1 *Die Chinesen schreiben Zeichen nicht wie wir.*

Zhōngguórén xiě zì gēn wǒmen bù . . . .

2 *Er ist betrunken.*

Tā hē . . . le.

3 *Welcher (Schnaps) ist am bekanntesten: der Maotai oder der Shaoxing?*

Něi ge zuì . . . . : Máotái háishi Shàoxīng?

第六十一课
DÌ LIÙ SHÍ YĪ (61) KÈ

喂！喂！
Wèi! Wèi!

喂！喂！你北京大学吗？
1 – Wèi ! Wèi! Nǐ Běijīng Dàxué ma?

对！你哪儿啊？
2 – Duì! Nǐ nǎr a? **(1)**

我法国大使馆！
3 – Wǒ Fǎguó Dàshǐguǎn! **(2)**

FĀYĪN 发音

3 fa guo da sche goan.

4 *Trinkt dein Ehemann/deine Ehefrau gerne Alkohol?*

Nǐ de àiren xǐhuan hē . . . ma?

Lösungen zum Lückentext

1 yíyàng. 2 zuì. 3 yǒumíng. 4 jiǔ.

* * *

Zweite Welle: *dì shí yī kè* **(Elfte Lektion)**

EINUNDSECHZIGSTE LEKTION

Hallo! Hallo!

1 – Hallo! Hallo! Ist dort die Beijing-Universität?
   *(hallo! hallo! Sie / Beijing / Universität / Frage-
   partikel)*
2 – Ja! Wer ist dort?
   (richtig! Sie / wo / Ausruf)
3 – Hier ist die französische Botschaft!
   (ich / Frankreich / Botschaft)

ANMERKUNGEN

(1) Am Telefon verzichtet man, wenn es schnell gehen muß,
bei der Vorstellung meistens auf das Verb *shì* "sein" und
sagt nur *Wèi! Nǐ Zhōngguó lǐngshìguǎn ma?* "Hallo! Ist
dort das chinesische Konsulat?". *Nǐ nǎr?* oder *Nǐ nǎr a?*
heißt "Wer spricht dort?" ("Wo sind Sie?").
(2) Auch hier wird *shì* weggelassen: *Wèi! Wǒ wàijiāobù!*
"Hallo! Hier ist das Außenministerium!". *dàshǐ* ist der
"Botschafter", *dàshǐguǎn* die "Botschaft". In Běijīng
befindet sich das Diplomatenviertel im Nordosten der
Stadt. Es heißt *Sān Lǐ Tún* "Drei Li (vom Stadtkern) entfernt liegendes Dorf".

你要哪儿啊？
4 – Nǐ yào nǎr a?

请转外语系！……
5 – Qǐng zhuǎn Wàiyǔ Xì! . . .

喂！这儿是外语系！找谁呀？
6 – Wèi! Zhèr shì Wàiyǔ Xì! Zhǎo shéi ya?

找王宝山同志！
7 – Zhǎo **Wáng Bǎoshān** Tóngzhì!

听不清楚！你再说一遍吧！
8 – Tīng bù qīngchu! (3) Nǐ zài shuō yíbiàn ba!

找王宝山！
9 – Zhǎo **Wáng Bǎoshān**!

哦！…等一下！…
10 – Ò! . . . Děng yíxià! . . .

怎么了？他不在吗？
11 – Zěnme le? Tā bú zài ma? (4)

FĀYĪN 发音

5 tching dschoan uai ü chi. 7 tong dsche. 8 ting bu tching tschu … dsai schuo i biän.

Wenn Sie im Verlauf einer Lektion auf ein unbekanntes Wort stoßen, können Sie es im Index dieses Buches nachschlagen. Ist es dort nicht vorhanden, so bedeutet dies, daß es in einer der 49 Lektionen von Band 1 eingeführt wurde. Schlagen Sie in diesem Fall im Index von Band 1 die Lektion nach, in der das Wort vorkam.

4 – Wen möchten Sie sprechen?
   (Sie / wollen / wo / Ausruf)
5 – Bitte geben Sie mir die Fremdsprachenabteilung!
   (bitte / geben / Fremdsprachenabteilung)
6 – Hallo! Hier Fremdsprachenabteilung! Wen möchten Sie sprechen?
   *(hallo! hier / sein / Fremdsprachenabteilung!
   suchen / wen / Ausruf)*
7 – Ich möchte den Kameraden Wang Baoshan sprechen!
   (suchen / Wang Baoshan / Kamerad)
8 – Ich verstehe Sie nicht gut! Wiederholen Sie bitte!
   *(hören / nicht / deutlich! Sie / wieder / sprechen /
   noch einmal / Partikel)*
9 – Ich suche Wang Baoshan!
   (suchen / Wang Baoshan)
10 – Oh! . . . Warten Sie bitte einmal! . . .
   (oh! warten / ein bißchen)
11 – Wie bitte? Er ist nicht da?
   *(wie / Satzpartikel? er / nicht / da / Fragepar-
   tikel)*

ANMERKUNGEN (Fortsetzung)

(3) *Tīng bù qīngchu!*, eigentlich "Ich höre nicht deutlich!".
   Wir kennen schon andere zusammengesetzte Verben dieses Typs: *Wǒ tīng bù dǒng* "Ich verstehe nicht, was ich
   höre"; *Wǒ kàn bù qīngchu* "Ich sehe es nicht deutlich!".
(4) *zài* ist hier Verb: "anwesend sein". So kann man z.B.
   auch sagen: *Zài!* "Anwesend!" oder "Hier!". *Bú zài!*
   "Fehlt!"

不在！…有事儿吗？

12 – Bú zài! . . . Yǒu shìr ma?

没有什么特别的！

13 – Méi yǒu shénme tèbié de! **(5)**

我待会儿再打吧！

Wǒ dāihuìr zài dǎ ba! **(6)**

好！再见！

14 – Hǎo! Zàijiàn!

FĀYĪN 发音

12 iou she r ma. **13** tö biä … uo dai huei r dsai da ba.

LIÀNXÍ 练习

你找什么？

1 – Nǐ zhǎo shénme?

你找谁？

2 – Nǐ zhǎo shéi?

你等一下，好不好？

3 – Nǐ děng yíxià, hǎo bù hǎo?

他为什么不在？

4 – Tā wèi shénme bú zài?

12 – Er ist nicht da! . . . Um was geht es?
(nicht / da! haben / Sache / Fragepartikel)
13 – Es ist nichts Besonderes! Ich rufe später noch
einmal an!
*(nicht / haben / etwas / Besonderes / Attribut-
partikel! ich / warten / eine Weile / wieder /
anrufen / Partikel)*
14 – In Ordnung! Auf Wiedersehen!

ANMERKUNGEN (Fortsetzung)

(5) *shénme* ist hier nicht Fragewort "welcher, welche,
welches?", sondern bedeutet "etwas" (Vgl. auch Lektion
25, Anmerkung 11, wo ein ähnlicher Fall mit *shéi* "wer"
vorliegt). *Jīntiān méi shénme hăochī de* "Heute gibt es
nichts Leckeres zu essen". *Zhèr méi shénme hăokàn de*
"Hier gibt es nichts Schönes zu sehen". *Wŏ yào chī diănr
shénme* "Ich würde gerne ein bißchen was essen".

(6) *dàihuìr*, wörtlich "eine Weile warten", kann hier mit
"später, gleich, in einigen Minuten" übersetzt werden.
Dàihuìr zài shuō ba! "Wir sprechen gleich noch einmal
darüber!". Ein Synonym zu *dàihuìr* lautet *dĕng yíhuìr*:
Dĕng yíhuìr zài lái ba! "Kommen Sie gleich noch einmal
wieder!". *Zhànxiàn le! Dĕng yíhuìr zài dă ba!* "Es ist
besetzt! Rufen Sie in einigen Minuten noch einmal an!".
"telefonieren" heißt auf Chinesisch *dă diànhuà*. In Situationen, in denen der Kontext klar ist, kann dieser Ausdruck zu *dă* abgekürzt werden. "Jemanden anrufen"
heißt *gĕi ... dă diànhuà* (bei den Punkten wird die Person
eingesetzt, die angerufen wird). *Nĭ gĕi shéi dă diànhuà?*
"Wen rufst du an?". *Wŏ zuótiān gĕi tā dă le liăng cì
diànhuà* "Ich habe ihn gestern zweimal angerufen".
WICHTIG: Unterscheiden Sie immer zwischen *zài* "wieder, erneut" und *zài* "in, sich befinden, anwesend sein".
Die beiden Zeichen sind unterschiedlich, die Aussprache
ist jedoch bei beiden Wörtern gleich! (Sehen Sie sich
dazu die Sätze 3 und 4 der Lückentextübung an!)

ÜBUNGEN

1 Was suchst du?
2 Wen suchst du?
3 Warte einen Augenblick, ja?
4 Warum ist er nicht da?

WÁNCHÉNG JÙZI

1 *Wen rufst du an?*

Nǐ gěi shéi . . . . ?

2 *Er ist noch nicht zurückgekommen.*

Tā . . . méi huílái.

3 *Und warum ist er nicht da?*

Tā wèi shénme bù . . . ne?

第六十二课
DÌ LIÙ SHÍ ÈR (62) KÈ

够了！够了！
Gòu le! Gòu le!

现在几点了？
1 – Xiànzài jǐ diǎn le?

已经六点半了！
2 – Yǐjīng liù diǎn bàn le!

咱们去吃点儿东西，行不行？
3 – Zánmen **(1)** qù chī diǎnr dōngxi, xíng
bù xíng?

FĀYĪN 发音

gou lö. **1** chiän dsai dji diän lö.

4 *Ich rufe morgen noch einmal an!*

Wǒ míngtiān ... dǎ diànhuà ba!

Lösungen zum Lückentext

1 dǎ diànhuà. **2** hái. **3** zài. **4** zài.

* * *

Zweite Welle: *dì shí èr kè* **(Zwölfte Lektion)**

ZWEIUNDSECHZIGSTE LEKTION

Genug! Das reicht!

1 – Wieviel Uhr ist es?
(jetzt / wieviel / Uhr / Satzpartikel)
2 – Schon halb sieben!
3 – Wie wär´s, wenn wir eine Kleinigkeit essen gin-
gen?
*(wir / gehen / essen / etwas / Sache, möglich /
nicht / möglich)*

ANMERKUNGEN

(1) *zánmen* heißt "wir". Im Gegensatz zu *wǒmen* schließt
zánmen auch die Person bzw. Personen mit ein, an die
der Sprecher sich wendet (vergleichen Sie dazu auch
Lektion 51, Anmerkung 13).

Lektion 62

行啊！上哪儿吃呢？
4 – Xíng a! Shàng nǎr chī ne? (2)

到饭馆儿去吧！
5 – Dào fànguǎnr qù ba!

这儿附近就有一家！…
Zhèr fùjìn jiù yǒu yì jiā! (3) . . .

…你想吃什么？
6 – . . . Nǐ xiǎng chī shénme?

吃饺子吧！一份儿有几个？
7 – Chī jiǎozi ba! . . . Yí fènr yǒu jǐ ge? (4)

一份儿有十个！…来四份儿吧！
8 – Yí fènr yǒu shí ge! . . . Lái sì fènr ba! (5)

FĀYĪN 发音

5 dschö r fu djin iou i djia.

4 – Einverstanden! Wohin gehen wir?
(gehen / Ausruf! nach / wo / essen / Partikel)
5 – Laß uns ins Restaurant gehen! . . . Hier in der
Nähe gibt es eins!
*(nach / Restaurant / gehen / Partikel! hier / in
der Nähe / dann / haben / ein / ZEW)*
6 – . . . Was möchtest du gerne essen?
(du / möchten / essen / was)
7 – Laß uns Jiaozi essen! . . . . Wieviele Jiaozi sind
in einer Portion?
*(essen / Jiaozi / Partikel! eine / Portion / haben /
wieviele / ZEW)*
8 – In einer Portion sind zehn Jiaozi! . . . Wir nehmen vier Portionen!
*(eine / ZEW [Portion] / haben / zehn / ZEW! be-
stellen / vier / Portionen / Partikel)*

ANMERKUNGEN (Fortsetzung)

(2) *shàng* ist hier eine Präposition und ein Synonym zu *dào*
"nach, hin". *Nǐ shàng nǎr qù?* "Wohin gehst du?".
Shàng wǒ zhèr lái ba! "Komm her zu mir!".
(3) *fùjìn* "in der Nähe". *zhèr fùjìn* "hier in der Nähe", "nicht
weit von hier". *jiā* ist das Zähleinheitswort für bestimmte
Gebäude, besonders für Restaurants.
(4) *fènr* ist das Zähleinheitswort für Portionen beim Essen.
Es ist außerdem das Zähleinheitswort für Zeitungen,
Programmhefte oder andere mehrseitige Schriftstücke.
(5) *lái* hat nicht nur die Bedeutung "kommen", sondern kann
auch, besonders wie hier im Restaurant, "bestellen, sich
bringen lassen, sich geben lassen" ("kommen lassen")
heißen. In Lektion 44 haben wir den Satz *Lái bàn jīn ba!*
"Geben Sie mir ein halbes Pfund!" kennengelernt.
Jiaozi sind gefüllte Teigtaschen, die gedämpft oder gebraten in Portionen zu acht oder zehn Stück serviert
werden. Gelegentlich werden die Portionen auch in Unzen (*liǎng*) abgemessen. Man sagt: *Nǐ chī jǐ liǎng?* "Wieviele Unzen möchten [essen] Sie?". Eine Unze entspricht
in diesem Fall 50 Gramm Mehl. Normalerweise fragt man,
wieviele Jiaozi pro Teller serviert werden.

好！再来一个 "麻婆豆腐" 。
9 – Hǎo! Zài lái yí ge **Mápó Dòufu**. (6)

好吗？
Hǎo ma?

好！我喜欢吃辣的！
10 – Hǎo! Wǒ xǐhuan chī là de! (7)

还有什么菜？你点吧！
11 – Hái yǒu shénme cài? Nǐ diǎn ba! (8)

来一个 "馄饨汤" ！
12 – Lái yí ge **Húntun tāng**!

再来一份儿排骨！…够吗？
Zài lái yí fènr páigǔ! (9) . . . Gòu ma?

够了！够了！
13 – Gòu le! Gòu le!

FĀYĪN 发音

9 dsai lai i gö ma po dou fu. **11** ni diän ba. **12** hun tun tang ...
i för pai gu.

---

*Eine kurze Bemerkung zur Aussprache von unbetonten Silben: Zwar trägt bei Alternativfragen (**Verb - bù - Verb**) das zweite Verb hier im Buch immer einen Ton, es ist jedoch bei schnellerer Sprechgeschwindigkeit ohne weiteres erlaubt, die zweite Silbe unbetont zu sprechen. Vorerst sollten Sie sich diese Silben jedoch noch mit ihrem Ton einprägen und sie auch so üben.*

9 – Prima! Und dann noch einmal Mapo-Sojabohnen-
quark. Einverstanden?
*(gut! noch / bestellen / ein / ZEW / Mapo-Soja-
bohnenquark. gut / Fragepartikel)*

10 – Einverstanden! Ich esse sie gerne scharf!
*(gut! ich / mögen / essen / scharf / Attributpar-
tikel)*

11 – Was gibt es noch für Gerichte? Bestell du was!
*(noch / haben / welches / Gericht? du / be-
stellen / Partikel)*

12 – Bringen Sie uns noch eine Wantan-Suppe! Und
noch eine Portion Rippenstücke! . . . Ist das
genug?
*(bringen / ein / ZEW / Suppe mit Fleischklöß-
chen! noch / bringen / eine / Portion / Rippenstücke! genug / Fragepartikel)*

13 – Ja, ja, das reicht!
(genug / Satzpartikel! genug / Satzpartikel)

ANMERKUNGEN (Fortsetzung)

(6) *Mápó Dòufu* ist ein berühmtes Gericht aus der Provinz
Sichuan. Es ist stark gewürzt und enthält sogar Pfeffer-
stückchen. *dòufu* ist eine Art Quark, der aus gepreßten
Sojabohnen hergestellt wird. Die auf diese Weise gewon-
nene Sojamilch wird gekocht und anschließend fermentiert, bis sie hart wird. Dieser Quark enthält eine Vielzahl
pflanzlicher Proteine und ist ein guter Ersatz für Fleisch.
Die fünf Geschmacksrichtungen der chinesischen Küche
sind *tián* "süß", *suān* "sauer", *kǔ* "bitter", *là* "scharf"
und *xián* "salzig".

(7) *là de* "scharfe Sachen", "scharfe Speisen". Hier ist
dōngxi oder *cài* impliziert, wie in den folgenden Beispielen: *Wǒ xǐhuan hē rè de* "Ich trinke [ihn; es] gerne
warm". *Tā bù xǐhuan hóng de* "Er mag keine roten".
Ebenso verhält es sich mit einigen Sätzen, die wir in den
ersten Lektionen kennengelernt haben: *Nǐ mǎi dà de ba!*
"Kauf doch eine große!". *Zhèr yǒu shénme hǎokàn de?*
"Was gibt es hier Schönes zu sehen?".

(8) *diǎn* heißt eigentlich "zeigen", ist hier jedoch im Sinne
von "bestellen" gemeint.

(9) *húntun* sind eine Art Ravioli, deren Teig dünner ist als der
der Jiaozi. Sie werden in einer Suppe serviert. Merken Sie
sich in diesem Zusammenhang, daß man auf Chinesisch
"Suppe **trinken**" *hē táng*, und nicht "Suppe essen" sagt.
páigu sind Rippenstücke (normalerweise vom Schwein),
die in einer Sauce oder gebraten gegessen werden.

好！就这样吧！…不够，再叫！

14 – Hǎo! Jiù zhèyàng ba! **(10)** ... Bú
gòu, zài jiào! **(11)**

LIÀNXÍ 练习

已经八点半了！

1 – Yǐjīng bā diǎn bàn le!

这儿附近有书店吗？

2 – Zhèr fùjìn yǒu shūdiàn ma?

两个人，两个菜，够不够？

3 – Liǎng ge rén, liǎng ge cài, gòu bú gòu?

这里有什么好菜？

4 – Zhèli yǒu shénme hǎo cài?

WÁNCHÉNG JÙZI

1 *Ich mag keine Suppe [trinken].*

Wǒ bù . . . . . . hē táng.

2 *Ich habe keinen großen Hunger.*

Wǒ bú tài . .

3 *Kannst du Englisch sprechen?*

Nǐ huì bú huì . . . . yīngyǔ?

14 – Gut! Das sollte für´s erste reichen! . . . Wenn es
nicht genug ist, bestellen wir noch mehr!
*(gut! dann / so / Partikel! nicht / genug, wieder /
rufen)*

ANMERKUNGEN (Fortsetzung)

(10) Eine idiomatische Wendung: "Das wär´s!", "Dabei
bleibt´s!" oder ähnlich - je nach Kontext.
(11) Konditionale Sachverhalte (Bedingungen) werden oft
ausgedrückt, indem die beiden konditionalen Elemente
hintereinandergestellt werden, zuerst die Bedingung,
dann die Konsequenz: *Bú gòu, zài jiào* "Wenn es nicht
reicht, **dann** bestellen wir noch mehr!". *Nǐ qù, wǒ bú qù*
"Wenn du gehst, **dann** gehe ich nicht!". *Xià yǔ, wǒ bú
qù* "Wenn es regnet, **dann** gehe ich nicht!".

ÜBUNGEN

1 Es ist schon halb neun!
2 Gibt es hier in der Nähe eine Buchhandlung?
3 Reichen zwei Gerichte für zwei Personen?
4 Was gibt es hier Gutes zu essen?

4 *Ich kann das Essen nicht bestellen.*

Wǒ bú . . .   diǎn cài.

Lösungen zum Lückentext

1 xǐhuan. **2** è. **3** shuō. **4** huì.

* * *

Zweite Welle: *dì shí sān kè* **(Dreizehnte Lektion)**

Lektion 62

第六十三课
DÌ LIÙ SHÍ SĀN (63) KÈ

WIEDERHOLUNG UND ANMERKUNGEN

Lesen Sie noch einmal die folgenden Anmerkungen:
57. Lekt.: (1), (5); 58. Lekt.: (1), (3); 59. Lekt.: (8), (9), (10), (16); 60. Lekt.: (3); 61. Lekt.: (1), (3), (5), (6); 62. Lekt.: (1), (4), (7), (10), (11).

1 快 *kuài* **und** 块 *kuài*. Wir haben an verschiedenen Stellen darauf hingewiesen, daß manche Wörter im Chinesischen **gleich gesprochen** werden und auch die **gleichen Töne** tragen. Ihre Position im Satz ist ein wichtiger Hinweis auf ihre Bedeutung und Funktion. Im Verlauf einer Unterhaltung sind Verwechslungen in den meisten Fällen ausgeschlossen. 快 *kuài* "schnell" wird z.B. oft in **Befehlssätzen** verwendet. In diesem Fall folgt ihm meistens ein **Verb**: 快去！ *Kuài qù!* "Geh schnell!". 我们快去吃饭吧！ *Wǒmen kuài qù chī fàn ba!* "Laßt uns schnell essen gehen!".

Als Adverb weist 快 *kuài* auf die **nahe Zukunft** hin. Ihm folgt meistens eine Zeitangabe oder die Beschreibung einer Handlung, die **in Kürze stattfindet**. Daher findet man in solchen Sätzen oft am Ende die Satzpartikel *le*, die auf eine **veränderte Situation** hindeutet: 快六点半了! *Kuài liù diǎn bàn le!* "Es wird gleich halb sieben sein!". 快下雨了！ *Kuài xià yǔ le!* "Es wird gleich regnen!"

Darüber hinaus gibt es das Wort 块 *kuài* (in leicht veränderter Schreibweise) auch zum Ausdrücken von **Währungseinheiten** (je nach Land DM, Dollar, Franc, usw.). Wie bereits erwähnt, unterscheiden sich die Schriftzeichen voneinander: das im ersten Absatz beschriebene *kuài* enthält auf der linken Seite den Radikal "**Herz**", das andere *kuài* enthält den Radikal "**Erde**". Der rechte Bestandteil ist in diesem Fall bei beiden Zeichen gleich: er weist auf die Aussprache hin: *kuài*.

DREIUNDSECHZIGSTE LEKTION

Zur Bezeichnung einer **Geldsumme** oder wenn *kuài* im Sinne einer **Währungseinheit** gemeint ist, wird ihm oft das Wort *qián* "Geld" nachgestellt; man sagt also 块钱 *kuài qián*. Vor diesen Ausdruck stellt man die jeweilige Zahl: 两块钱 *liǎng kuài qián* "zwei Kuai" (oder, beispielsweise in Deutschland, "zwei DM" oder in Frankreich "zwei Francs" usw.). 三十块 *sān shí kuài* "30 Kuai" (oder DM, Francs, ...). 四块钱一个 *sì kuài qián yí ge* "pro Stück vier Kuai (oder DM, Francs...).
Wie wir hier sehen, ist der **Kontext** immer von großer Bedeutung, wenn es darum geht, die Mehrdeutigkeiten von **Homophonen (gleichlautenden Wörtern)** zu erkennen. Aus diesem Grund raten wir Ihnen häufig, Ihre Aufmerksamkeit jeweils auf den ganzen Satz zu richten, anstatt die Elemente eines Satzes isoliert zu betrachten.

2 **Präpositionen**, die den Ort, die Zeit und die Umstände für den Ablauf einer Handlung beschreiben, stehen immer **vor dem Verb**, d.h. vor der Handlung. Orientieren Sie sich niemals an der deutschen Satzstellung; sie unterscheidet sich grundlegend von der chinesischen, die oft wie eine Umkehrung der deutschen Satzstellung aussieht. "Ich interessiere mich sehr für Geschichte" heißt auf Chinesisch 我对历史很感兴趣 *Wǒ duì lìshǐ hěn gǎn xìngqù* (ich / für / Geschichte / sehr / empfinden / Interesse). (Vgl. Lektion 52, Anmerkung 3.) "Er ist nicht wie du" heißt 他跟你不一样 *Tā gēn nǐ bù yíyàng* (er / mit / dir / nicht / gleich). Die Übersetzung von "Wen rufst du an?" lautet 你给谁打电话？ *Nǐ gěi shéi dǎ diànhuà?* (du / für / wen / telefonieren). Und "Wir fahren nach Beijing" würde ein Chinese folgendermaßen ausdrücken: 我们到北京去。 *Wǒmen dào Běijīng qù* (oder *Wǒmen qù Běijīng*).
Um Ihnen das Erlernen der verschiedenen Präpositionen zu erleichtern, können Sie sich bei jeder neuen Präposition eine Notiz oder eine Markierung, vielleicht mit

einem bestimmten Farbstift, an den Rand schreiben. Beim Durchblättern des Buches können Sie dann von Zeit zu Zeit die Präpositionen wiederholen, indem Sie diese Stellen wieder aufschlagen.

3 常 *cháng*, 常常 *chángchang*, 不常 *bù cháng*. Für "oft" können Sie sowohl 常 *cháng* als auch 常常 *chángchang* sagen. Die Verneinung, "nicht oft", "selten", lautet 不常 *bù cháng* oder 不常常 *bù chángchang*. Bestimmt haben Sie mittlerweile festgestellt, daß es eine Vielzahl von Adverbien gibt. Damit Sie sie nicht verwechseln und sich eine bessere Übersicht über ihre Bedeutungen und Einsatzmöglichkeiten verschaffen können, ist es vielleicht hilfreich, sich eine Liste aller Adverbien anzulegen. Häufige Adverbien sind außerdem 非常 *fēicháng* "außerordentlich", 特别 *tèbié* "besonders, speziell", 比较 *bǐjiào* "ziemlich, relativ", 可能 *kěnéng* "möglicherweise, vielleicht". Wie alle Adverbien stehen auch diese **vor dem Verb, d.h. vor der Handlung**. Einige Beispielsätze: 我常常去 *Wǒ chángchang qù* "Ich gehe oft hin". 她们非常漂亮 *Tāmen fēicháng piàoliang* "Sie sind außerordentlich hübsch". 这儿特别贵！ *Zhèr tèbié guì!* "Hier ist es besonders teuer!". 他可能要来 *Tā kěnéng yào lái* "Er wird möglicherweise kommen". 我可能也要去 *Wǒ kěnéng yě yào qù* "Ich werde möglicherweise auch hingehen".

4 这样 *zhèyàng*, 这么 *zhème*, 那么 *nàme*. Diesen Adverbien folgt immer ein **Verb des Zustands**. *zhèyàng* heißt "so, in dieser Weise", *zhème* und *nàme* bedeuten "so (sehr)". Beispiele: 为什么这样贵？ *Wèi shénme zhèyàng guì?* "Warum ist das so teuer?" 为什么这么难？ *Wèi shénme zhème nán?* "Warum ist das so schwierig?". 为什么那么多？ *Wèi shénme nàme duō?* "Warum so viele?". Diese Adverbien sind weitgehend synonym zueinander und daher austauschbar.

5 **Das Komplement des Resultats.** Diese Verbzusammensetzungen lernen Sie durch ständiges Wiederholen und Anwenden in verschiedenen Kontexten. Es handelt sich hier um **Verbkombinationen**, bei denen der erste Teil eine **Handlung** beschreibt und der zweite Teil darauf hinweist, inwieweit diese Handlung fortgeschrit-

ten oder abgeschlossen ist (**Resultat**). Beispiele: 卖完了 *mài wán le* "ausverkauft", wörtlich [verkaufen/fertig/ Aspektpartikel]. 吃完了 *chī wán le* "aufgegessen", "fertig mit dem Essen", wörtlich [essen/fertig/ Aspektpartikel]. 喝醉了 *hē zuì le* "betrunken", wörtlich [trinken/ betrunken/Aspektpartikel]. 找到了 *zhǎo dào le* "gefunden", wörtlich [suchen/erreichen/Aspektpartikel]. Wie Sie bemerken, enden all diese Ausdrücke mit der Aspektpartikel **le**. Sie kennzeichnet die **Abgeschlossenheit einer Handlung**. Komplemente des Resultats gibt es auch in der verneinten Form; dann steht zwischen den beiden Verben die Verneinung *bù*: Das Resultat der Handlung ist **nicht** eingetreten: *chī bù wán le* "nicht aufgegessen"; *zhǎo bú dào le* "nicht gefunden".
Auch für diese Komplemente des Resultats können Sie entweder eine Liste anlegen oder sich die Komplemente jeweils **an den Rand schreiben**, um sie dann beim Durchblättern schneller zu finden.

6   Die Zähleinheitswörter (ZEW). Ohne Zähleinheitswort vor einem Substantiv ist ein Satz für einen Chinesen zwar verständlich, jedoch nicht vollständig. Obwohl diese ZEW nicht ins Deutsche übersetzt werden, ist es wichtig, im chinesischen Satz das jeweils zum Substantiv passende Zähleinheitswort zu wählen. Das häufigste Zähleinheitswort ist 个 *ge*. (Es kann im Notfall auch benutzt werden, wenn man das genaue ZEW nicht kennt.) Einige Substantive verlangen ganz bestimmte Zähleinheitswörter, wie z.B. "Restaurant". Hier lautet das ZEW 家 *jiā*. "Ein Restaurant" heißt also 一家饭馆儿 *yì jiā fànguǎnr*. Das ZEW für Bücher lautet 本 *běn*: "zwei Bücher" 两本书 *liǎng běn shū*. Wenn Sie nicht sicher sind, welches ZEW das Richtige ist, verwenden Sie 个 *ge*. Die Ausnahmen zu dieser Regel sind einige Substantive, die ohne ZEW verwendet werden, bzw. die selbst den Charakter eines ZEW haben. Dazu gehören 年 *nián* "Jahr", 次 *cì* "Mal", 天 *tiān* "Tag" sowie sämtliche Maß- und Währungseinheiten. Für "zwei Jahre" sagt man z.B. 两年 *liǎng nián*, für "diese beiden Male" 这两次 *zhè liǎng cì* und für "diese drei Tage" 那三天 *nèi sān tiān*.

7 Prägen Sie sich die folgenden Redewendungen und Ausdrücke ein:

不用了！

– *Bú yòng le!* Das ist nicht nötig! Machen Sie sich keine Umstände!

别开玩笑！

– *Bié kāi wánxiào!* Machen Sie keine Scherze! Machen Sie sich nicht über mich lustig!

别客气！

– *Bié kèqi!* Machen Sie sich keine Umstände! Keine Ursache!

就这样儿吧！

– *Jiù zhèyàng ba!* So machen wir es! So soll es sein! Das wär´s also!

十分钟就到了！

– *Shí fēn zhōng jiù dào le!* In zehn Minuten sind Sie da!

是谁的？

– *Shì shéi de?* Wem gehört das?

够了！

– *Gòu le!* Genug! Das reicht!

8 Übersetzen Sie die folgenden Sätze schriftlich ins Chinesische:

1 Dies ist ein Roman aus der Qing-Dynastie.
2 Dieser Schriftsteller ist sehr bekannt.
3 Warum trägst du heute eine Brille?
4 So einfach ist das!
5 Iß das nicht!

9 Übersetzung:

（这）是清代的小说。

1 (Zhè) shì Qīng dài de xiǎoshuō.

这个作家很有名。

2 Zhè ge zuòjiā hěn yǒumíng.

你为什么今天戴眼镜？

3 Nǐ wèi shénme jīntiān dài yǎnjìngr?

就这么简单！

4 Jiù zhème jiǎndān!

Lektion 63

你别吃这个！
5 Nǐ bié chī zhèi ge!

---

*Im Chinesischen gibt es ein Sprichwort, das besagt,
daß ein Mensch, der über eine Axt und genügend
Geduld verfügt, in der Lage ist, aus einem Baumstamm,
und sei er noch so dick, ein Streichholz zu machen.
Das heißt: haben Sie Vertrauen in Ihre Fortschritte und*

第六十四课
DÌ LIÙ SHÍ SÌ (64) KÈ

古代汉语
Gǔdài Hànyǔ

明天星期日！我们到天津去！
1 – Míngtiān xīngqīrì! Wǒmen dào Tiānjīn
　　qù! **(1)**

去干什么？
2 – Qù gàn shénme?

FĀYĪN 发音

gudai hanü. **1** chingtchi re ... dao tiändjin tchü. **2** tchü gan
schömö.

verlangen Sie sich nicht zu viel ab. Lernen Sie weiterhin geduldig und regelmäßig jeden Tag 15 bis 20 Minuten. Sie werden sehen, daß sich Ihre Kenntnisse mit jedem Tag festigen und Schwierigkeiten, sei es mit der Aussprache, dem Lesen oder der Schrift, schwinden werden. Was die Schrift angeht, so nehmen Sie den Schriftband zur Hand und lassen Sie sich von ihm durch die Lektionen begleiten. Er enthält alle in den einzelnen Lektionen neu eingeführten Schriftzeichen und zeigt genau, wie diese Zeichen geschrieben werden.

* * *

Zweite Welle: *dì shí sì kè* **(Vierzehnte Lektion)**

VIERUNDSECHZIGSTE LEKTION

Klassisches Chinesisch

1 – Morgen ist Sonntag! Fahren wir nach Tianjin!
2 – Was machen wir dort?
    (gehen / machen / was)

ANMERKUNGEN

(1) *Míngtiān xīngqīrì* "Morgen ist Sonntag!". Das Verb "sein" wird hier nicht benötigt. Ebenso: *Jīntiān lǐbàisān* "Heute ist Mittwoch!". "Welchen Wochentag haben wir heute?" kann *Jīntiān xīngqījǐ?* oder *Jīntiān shì xīngqījǐ?* heißen. Die Antwort kann lauten *Jīntiān xīngqīèr* oder *Jīntiān shì xīngqīèr*. Beachten Sie, daß die Wochentage in der VR China mit *xīngqī* und auf Taiwan mit *lǐbài* gebildet werden.

南开大学有个法国留学生。

3 – Nánkāi Dàxué yǒu ge **(2)** fǎguó
liúxuéshēng. **(3)**

我们去看他！
Wǒmen qù kàn tā!

他叫什么名字？

4 – Tā jiào shénme míngzi? **(4)**

不记得了！好象是姓康！…

5 – Bú jìde le! Hǎoxiàng shì xìng Kāng! **(5)**

他学什么？

6 – Tā xué shénme?

他是中文系的，学古代汉语！

7 – Tā shì Zhōngwén Xì de **(6)**, xué gǔdài
hànyǔ! **(7)**

很有意思！他将来打算做什么？

8 – Hěn yǒu yìsi! Tā jiānglái dǎsuàn zuò
shénme?

FĀYĪN 发音
3 liou chüe schöng. 4 djiao schö mö ming dse. 5 bu dji dö lö
… hao chiang sche ching kang. 8 hön iou i se.

3 – An der Nankai-Universität gibt es einen französischen Studenten! Gehen wir ihn besuchen!
(Nankai / Universität / haben / ZEW / französisch / Auslandsstudent. wir / gehen / sehen / ihn)

4 – Wie heißt er?
(er / sich nennen / welcher / Name)

5 – Ich erinnere mich nicht mehr! Aber ich glaube, sein Familienname lautet Caen!
(nicht / sich erinnern / Aspektpartikel! anscheinend / sein / heißen [Familienname] / Caen)

6 – Was studiert er?

7 – Er studiert in der Chinesischabteilung klassisches Chinesisch!
(er / sein / Chinesisch / Abteilung / Attributpartikel, studieren / Altertum / Chinesisch)

8 – Sehr interessant! Und was plant er in Zukunft zu tun?
(sehr / interessant! er / in Zukunft / planen / machen / was)

ANMERKUNGEN (Fortsetzung)

(2) *yǒu ge* ist die Abkürzung von *yǒu yí ge* "es gibt, dort ist". Bei dem unbestimmten Artikel "ein, eine" ist diese Kurzform in der gesprochenen Sprache sehr häufig. *Zhèr yǒu ge wèizi* "Hier gibt es einen freien Platz!". *Wǒ yǒu ge bànfǎ* "Ich habe eine Methode (gefunden)!"

(3) Dieser Ausdruck bezeichnet Studenten, die im Ausland studieren. In der Regel handelt es sich um Stipendiaten.

(4) Die Frage *Tā jiào shénme?* oder *Tā jiào shénme míngzi?* fragt nach dem **Vornamen** einer Person, die Frage *Tā xìng shénme?* nach dem **Familiennamen** (siehe auch Lekt. 18). *Zhèi ge jiào shénme?* bedeutet "Wie heißt das?" oder "Wie nennt man das?". *Zhèi ge dōngxi zhōngwén jiào shénme míngzi?* "Wie nennt man das auf Chinesisch?".

(5) *Wǒ bú jìde* "Ich erinnere mich nicht" ist in etwa synonym zu *Wǒ wàng le* "Ich habe es vergessen!".

(6) Die Formel *...shì...de* bedeutet hier "ist von, gehört zu". Beispiel: *Wǒ shì Jiàoyù Bù de* "Ich bin vom Bildungsministerium". *Tā shì Wàijiāo Bù de* "Er gehört zum Außenministerium". *Nǐmen shì něi ge dānwèi de?* "Zu welcher Einheit gehört ihr?"

(7) Dies bezeichnet das klassische Schrift-Chinesisch (5. Jh. vor Chr. bis 7. Jh. nach Chr.). Diese *wényán* genannte Schriftsprache findet man heute nur noch in einigen klassischen Gedichten.

我想可能打算做翻译！

9 – Wǒ xiǎng kěnéng dǎsuàn zuò fānyì!

对！中国文学，还有好多东西

10 – Duì! Zhōngguó wénxué hái yǒu hǎoduō
(8) dōngxi

没有翻成外文！
méi yǒu fānchéng wàiwén!

也翻译了不少！

11 – Yě fānyì le bù shǎo!

是啊！比方说： "三国演义"、

12 – Shì a! Bǐfang shuō: "Sān Guó Yǎnyì",
(9)

"西游记"、 "水浒传"，
"Xī Yóu Jì", "Shuǐhǔ Zhuàn", **(10)**

都有法文版！
dōu yǒu fǎwén bǎn!

FĀYĪN 发音

9 uo chiang kö nöng da soan dsuo fan i. **12** schui hu dschoan
... fa uön ban.

---

*Falls Sie die Sätze der Lektionen abschreiben, um die
Zeichen zu üben, denken Sie daran, jedem Zeichen
genau ein Kästchen zuzuordnen und zwischen allen
Zeichen **den gleichen Abstand** einzuhalten. Zwar
werden in der Pinyin-Umschrift die einzelnen Silben
mehrsilbiger Wörter miteinander verbunden, in der
Zeichenschrift ist dies jedoch nicht üblich!*

9 – Ich denke, daß er wahrscheinlich vorhat, Übersetzungen zu machen!
*(ich / denken / wahrscheinlich / planen / machen /
Übersetzung)*

10 – Genau! In der chinesischen Literatur gibt es noch
vieles, was nicht in andere Sprachen übersetzt
wurde!
*(richtig! China / Literatur / noch / haben / viel /
Ding / nicht / übersetzen / fertig / Fremdsprache)*

11 – Aber vieles ist auch schon übersetzt worden!
*(auch / übersetzen / Aspektpartikel / nicht we-
nig)*

12 – Ja! Zum Beispiel: "Die Drei Reiche", "Die Reise
nach dem Westen", "Die Räuber vom Liangshan
Moor" sind alle auf Französisch herausgekommen!
*(sein / Partikel! Zum Beispiel / "drei / Land /
Geschichte", "Westen / bereisen / Bericht",
"Wasser / Wasserkante / historischer Roman",
alles / haben / französisch / Ausgabe)*

ANMERKUNGEN (Fortsetzung)

(8) *hǎoduō* ist ein Synonym zu *hěnduō* "viel, viele". *Jīntiān
hǎoduō rén méi lái* "Heute sind viele Leute nicht gekommen". *Hái yǒu hǎoduō dōngxi* "Es gibt noch viele (andere) Dinge".

(9) "Die Drei Reiche", einer der bekanntesten Romane Chinas, behandelt den Konflikt der drei Nachfolgestaaten der
Han-Dynastie, *Wèi, Shǔ Hàn* und *Wú* (220-280 v. Chr.).

(10) Der in der Ming-Dynastie entstandene Roman "Die Reise
nach dem Westen" erzählt die Abenteuer des Mönches
Xuan Zang, der gemeinsam mit dem König der Affen,
Sun Wukong, und dem Schwein Zhu Bajie eine Reise
nach Indien unternimmt. Der Roman wurde zur Grundlage
für Theaterstücke, Comics u.v.m. "Die Räuber vom
Liangshan-Moor" beschreibt das Leben einer Räuberbande aus dem 12. Jhd., die in der Gegend des Gelben
Flusses und in Shandong ihr Unwesen trieb. Einige Cha-
raktere gehen auf historische Fakten, andere auf Legen-
den zurück. Die Räuber werden als heldenhafte gesell-
schaftliche Außenseiter so sympathisch dargestellt, daß
es dem Leser fast gleichgültig ist, ob sie einer guten oder
einer schlechten Sache dienen. Der Roman gehört mit
"Die Drei Reiche" und "Traum der roten Kammer" zu den
berühmtesten Werken der chinesischen Literatur.

在中国，这些书都很有名，

13 – Zài Zhōngguó, zhè xiē shū **(11)** dōu
hěn yǒumíng,

对不对？
duì bú duì?

对啊！…可以说很多人都看过！

14 – Duì a! . . . Kěyǐ shuō hěn duō rén dōu
kàn guo!

FĀYĪN 发音

13 dsche chie schu dou hön iou ming.

LIÀNXÍ 练习

我都写完了！
1 – Wǒ dōu xiě wán le!

他学什么？你记得不记得？
2 – Tā xué shénme? Nǐ jìde bú jìde?

你将来打算住在哪儿？
3 – Nǐ jiānglái dǎsuàn zhù zài nǎr?

今天他买了不少东西。
4 – Jīntiān tā mǎi le bù shǎo dōngxi.

WÁNCHÉNG JÙZI

1 *Bist du auch von der Chinesischabteilung?*

Nǐ yě shì . . . . xì de ma?

13 – In China sind diese Bücher alle sehr bekannt, nicht wahr?
(in / China, diese / einige / Buch / alle / sehr / berühmt, richtig / nicht / richtig)
14 – Genau! . . . Man kann sagen, daß sehr viele Menschen sie gelesen haben!
(richtig / Ausruf! können / sagen / sehr / viele / Mensch / alle / lesen / Vergangenheitspartikel)

ANMERKUNGEN (Fortsetzung)

(11) Das Demonstrativpronomen *xiē* "einige" kann mit allen Substantiven verwendet werden: *zhè xiē rén* "diese Leute", *zhè xiē cài* "diese Gerichte", *zhè xiē guójiā* "diese Länder". Mit *dōu* drückt es den Plural aus. *dōu* steht **vor dem Verb**, *xiē* direkt **vor dem Substantiv**. Wird also *xiē* verwendet, so muß *dōu* vor dem Verb bzw. Prädikat stehen: *Zhè xiē rén dōu hěn nénggàn* "Diese Leute sind alle sehr tüchtig". *Zhè xiē zhàopiàn dōu hěn búcuò* "Diese Fotos sind alle sehr gelungen", *Nà xiē rén dōu bù dǒng lǐmào* "Diese Leute wissen alle nicht, was Höflichkeit ist" ("verstehen die Höflichkeit nicht").

ÜBUNGEN

1 Ich habe alles fertiggeschrieben!
2 Was studiert er? Erinnerst du dich?
3 Wo planst du zukünftig zu leben (wohnen)?
4 Heute hat er sehr viele Sachen gekauft.

2 *Viele Leute sind noch nicht angekommen.*

Hěn duō rén . . . méi yǒu lái.

3 *Diese Leute sind alle sehr berühmt.*

Zhè . . . rén . . . hěn yǒumíng.

4 *Erinnerst du dich noch daran?*

Nǐ . . . jìde ma?

第六十五课
DÌ LIÙ SHÍ WǓ (65) KÈ

进城
Jìn chéng

待会儿我要进城去。你去不去？

1 – Dàihuìr **(1)** wǒ yào **(2)** jìn chéng qù. Nǐ qù bú qù?

FĀYĪN 发音

djin tschöng. 1 dai hoei r.

Es reicht im Moment aus, wenn Sie den chinesischen Text verstehen und jeden Satz mehrmals wiederholen. Das Prinzip der Methode besteht darin, Sie progressiv über konkrete Beispiele und einfache Sätze aus lebensnahen Dialogen an die Grammatikregeln heranzuführen. Nehmen Sie weiterhin Ihre tägliche "Dosis" Chinesisch, und Sie werden sehen, daß Sie mit der Zeit auch die schwierigen Redewendungen beherrschen werden. Haben Sie noch nicht den Eindruck, daß Sie schon ein ganzes Stück vorangekommen sind?

Lösungen zum Lückentext

1 zhōngwén. **2** hái. **3** xiē - dōu. **4** hái.

* * *

Zweite Welle: *dì shí wǔ kè* (Fünfzehnte Lektion)

FÜNFUNDSECHZIGSTE LEKTION

In die Stadt gehen

1 – Ich werde gleich in die Stadt gehen. Möchtest du mit mir kommen?
(gleich / ich / werden / hineingehen / Stadt. du gehen / nicht / gehen)

ANMERKUNGEN

(1)   *dàihuìr* "später, gleich". Vgl. Lektion 61, Anmerkung 6.
(2)   *yào* kennzeichnet hier die nahe Zukunft. *Yào xià yǔ le* "Es wird gleich regnen", *Dàihuìr yào chī fàn* "Wir werden gleich essen". In den meisten Fällen wird die Zukunft mit Hilfe von Adverbien oder durch die Angabe eines in der Zukunft liegenden Zeitpunktes gebildet: *míngtiān* "morgen", *jiānglái* "in Zukunft", *yǐhòu* "danach", *míngnián* "nächstes Jahr", *xià yí cì* "nächstes Mal", *dàihuìr* "später, gleich" usw.

不行！我这一封信还没写完呢！

2 – Bù xíng! Wǒ zhè yì fēng xìn hái méi xiě
wán ne! **(3)**

那，你要不要我给你带点儿

3 – Nà, nǐ yào bú yào wǒ gěi nǐ dài diǎnr

东西？

dōngxi? **(4)**

可以呀！给我买两包烟吧！

4 – Kěyǐ ya! Gěi wǒ mǎi liǎng bāo yān ba!
(5)

要不要火柴？

5 – Yào bú yào huǒchái?

FĀYĪN 发音

2 bu ching - hai mei chiä oan nö. 3 gei ni dai dia r dong chi.
4 liang bao jän ba. 5 huo tschai.

2 – Das geht nicht! Ich habe diesen Brief noch nicht
fertiggeschrieben!
*(nicht / gehen! ich / diesen / einen / ZEW / Brief /
noch / nicht / schreiben / fertig / Partikel)*

3 – Möchtest du, daß ich etwas für dich mitbringe?
*(dann, du / wollen / nicht / wollen / ich / für /
dich / mitbringen / etwas / Sache)*

4 – Ja gerne! Kauf mir zwei Päckchen Zigaretten!
*(möglich / Ausruf! für / mich / kaufen / zwei /
Paket / Zigaretten / Partikel)*

5 – Willst du Streichhölzer?

ANMERKUNGEN (Fortsetzung)

(3) "(Etwas) noch nicht getan haben" heißt *hái méi yǒu* (+
Verb), abgekürzt *hái méi* (+ Verb). Soll ausgedrückt
werden, daß eine Handlung noch nicht stattgefunden hat
oder ein Zustand noch nicht geändert wurde, wird am
Satzende häufig die Partikel *ne* angehängt, um die Satzaussage zu verstärken: *Tā hái méi qù ne!* "Er ist noch
nicht dort gewesen!", *Wǒ hái méi chī ne!* "Ich habe noch
nicht gegessen!", *Hái méi shàng bānr ne!* "Er ist noch
nicht zur Arbeit gegangen!".
Das Komplement des Resultats *wán* nach einem Verb
bedeutet "beenden, fertig machen". In der bejahten Form
wird dem Satz die Partikel *le* angehängt, die auf eine
abgeschlossene Handlung hinweist: *Wǒ chī wán le* "Ich
bin fertig mit dem Essen", *Nǐ zuò wán le ma?* "Bist du
fertig?"/"Hast du es fertig gemacht?", *Zhè běn shū nǐ
kàn wán le ma?* "Hast du dieses Buch ausgelesen?", *Yǐjīng mài wán le!* "Das ist schon ausverkauft!"

(4) Vergessen Sie nicht, daß Präpositionen immer **vor dem
Verb** stehen: *Tā **gěi** wǒ xiě le liǎng fēng xìn* "Er hat mir
zwei Briefe geschrieben", *Wǒ míngtiān **gěi** nǐ dǎ diànhuà*
"Ich rufe dich morgen an", *Wǒ **gēn** nǐ qù, hǎo bù hǎo?*
"Ich gehe mit dir, einverstanden?".
"etwas" heißt *diǎnr* oder *yìdiǎnr: Nǐ chuān (yì)diǎnr yīfu
ba!* "Zieh dir was an!", *Nǐ chī (yì)diǎnr dōngxi ba!* "Iß
etwas!".

(5) "Zigaretten" heißt *xiāngyān* oder kurz *yān*. Das ZEW für
einzelne Zigaretten lautet *zhī*, das für eine Schachtel
Zigaretten *bāo* "Päckchen, Paket".

不用了！我这儿还有！……
6 – Bú yòng le! Wǒ zhèr hái yǒu! . . . (6)

再买两支笔！
Zài mǎi liǎng zhī bǐ! (7)

买什么样儿的笔？
7 – Mǎi shénme yàngr de bǐ?

圆珠笔吧！
8 – Yuánzhūbǐ ba! (8)

好！…还要什么？
9 – Hǎo! . . . Hái yào shénme? (9)

再买一份儿报吧！
10 – Zài mǎi yí fènr bào ba! (10)

你要什么报？是"人民日报"
11 – Nǐ yào shénme bào? Shì "Rénmín
Rìbào"

还是"光明日报"？
háishì "Guāngmíng Rìbào"?

FĀYĪN 发音

6 liang dsche bi. **7** schö mö iar dö bi. **8** jüän dschu bi.

6 – Nicht nötig! Ich habe noch welche hier! . . .
      Kauf noch zwei Stifte!
      *(nicht / müssen / Partikel ! ich / hier / noch /
      haben! noch / kaufen / zwei / ZEW / Stift)*
7 – Was für Stifte soll ich kaufen?
      (kaufen / welche / Art / Attributpartikel / Stift)
8 – Kugelschreiber!
      (Kugelschreiber / Partikel)
9 – In Ordnung! . . . Was willst du noch?
      (gut! noch / wollen / was)
10 – Kauf noch eine Zeitung!
      *(außerdem / kaufen / ein / ZEW / Zeitung / Parti-
      kel)*
11 – Welche Zeitung möchtest du? Die "Renmin Ri-
      bao" ("Volkszeitung") oder die "Guangming
      Ribao" ("Das Licht")?
      *(du / wollen / welche / Zeitung? sein / Volk /
      Tageszeitung / oder / Licht / Tageszeitung)*

ANMERKUNGEN (Fortsetzung)

(6) *wǒ zhèr* "hier bei mir" ist eine bestimmte Form der Orts-
     angabe, ähnlich wie *wǒmen zhèr* "wir hier, hier bei uns",
     nǐmen nàr "ihr dort, dort bei euch" usw. *Wǒmen zhèr
     yǒu péngyou* "Wir haben hier Freunde", *Nǐmen nàr lěng
     bù lěng?* "Ist es bei euch kalt?", *Wǒ zhèr méi yǒu* "Ich
     habe das hier nicht".
(7) *zài* bedeutet "noch, außerdem": *Qǐng nǐ zài shuō yí cì!*
     "Wiederhole das bitte noch einmal!", *Zài lái yí fènr jiǎozi*
     "Bringen Sie noch eine Portion Ravioli". *zhī* ist das ZEW
     für längliche Gegenstände wie Stifte, Zigaretten, Zweige
     usw.
(8) "Stift" allgemein heißt *bǐ*. *gāngbǐ* ist der "Füller", *qiānbǐ*
     der "Bleistift", *máobǐ* der "Pinsel" und *fěnbǐ* die "Krei-
     de". Für alle gilt das ZEW *zhī*.
(9) **Beachten Sie hier den Satzbau:** *Hái yào shénme?* "Was
     willst du noch?" (Das **Adverb** (*hái*) steht **vor der Verb-
     gruppe**.) *Wǒ hái méi qù* "Ich bin noch nicht dagewesen".
(10) Denken Sie immer daran, jedem Substantiv das richtige
     Zähleinheitswort (ZEW) zuzuordnen. "Zeitung" hat (wie
     alle großflächigen, flachen Gegenstände) das ZEW *fèn* (in
     Beijing *fènr*). Das ZEW *fènr* wird auch im Sinne von
     "Portion" benutzt (siehe Anmerkung 7).

Lektion 65

“北京日报”吧！里边儿有
12 – "Běijīng Rìbào" ba! **(11)** Lǐbiānr yǒu

广播节目！
guǎngbō jiémù!

好！我这就走！待会儿见！
13 – Hǎo! Wǒ zhè jiù zǒu! Dàihuìr jiàn! **(13)**

待会儿见！
14 – Dàihuìr jiàn!

FĀYĪN 发音

12 li bia r iou goang bo djiä mu **13** dschö djiou dsou ... dai hoei r djiän.

LIÀNXÍ 练习

这儿有很多人。
1 – Zhèr yǒu hěn duō rén.

里边儿有什么东西？
2 – Lǐbiānr yǒu shénme dōngxi?

请你给我买两个！
3 – Qǐng nǐ gěi wǒ mǎi liǎng ge!

你要买这个还是要买那个？
4 – Nǐ yào mǎi zhèi ge háishì yào mǎi nèi ge?

12 – Die Beijing Ribao ("Beijinger Tageszeitung")! Darin gibt es das Radioprogramm!
(Beijing / Tageszeitung / Partikel*! darin / haben /
Radio / Programm)*
13 – Gut! Dann gehe ich jetzt! Bis gleich!
(gut! ich / dieses / dann / gehen! gleich / sehen)
14 – Bis gleich!
(gleich / sehen)

ANMERKUNGEN (Fortsetzung)

(11) *rìbào* heißt "Tageszeitung". Die "Volkszeitung" ist das
Organ der kommunistischen Partei Chinas und erscheint
in sehr hoher Auflage. Die *Guāngmíng Rìbào* beschäftigt
sich eher mit kulturellen Themen. Die "Beijinger Tageszeitung", die neben den üblichen Nachrichten Radio-,
Fernseh- und Theaterprogramme, manchmal auch Koch-
rezepte enthält, spricht ein breites Publikum an.
(12) *lǐbiānr* "darin, drinnen", *wàibiānr* "draußen, außen". *Dào
lǐbiānr qù ba!* "Geh rein!/Gehen wir rein!", *Lǐbiānr méi
yǒu rén* "Es ist niemand drin", *Wàibiānr hěn lěng* "Draus-
sen ist es sehr kalt", *Hǎoxiàng wàibiānr yǒu rén* "Anscheinend ist jemand draußen".
(13) Merken Sie sich die beiden nützlichen Ausdrücke *Wǒ zhè
jiù zǒu* "Dann gehe ich jetzt", synonym zu *Wǒ mǎshàng
zǒu*, und *Dàihuìr jiàn* "bis gleich". Achten Sie darauf, das
Beijinger End-r deutlich auszusprechen: daihoeir.

ÜBUNGEN

1 Hier sind sehr viele Leute.
2 Was gibt es drinnen?
3 Bitte kaufe zwei für mich!/Bitte kauf mir zwei!
4 Möchtest du dieses kaufen oder jenes?

WÁNCHÉNG JÙZI

1 *Welche Farbe magst du?*

Nǐ . . . . . shénme yánsè?

2 *Sind zwei Schachteln Zigaretten genug?*

Liǎng bāo . . . gòu bú . . . ?

3 *Die Karten sind schon alle ausverkauft!*

Piào yǐjīng mài . . . le!

第 六 十 六 课
DÌ LIÙ SHÍ LIÙ (66) KÈ

休 息
Xiūxi

老李！你从哪儿来？
1 – Lǎo Lǐ! Nǐ cóng nǎr lái?

我从家里来！
2 – Wǒ cóng jiāli lái! **(1)**

FĀYĪN 发音

chiu chi **1** tsong nar lai.

4 *Planst du, mit ihr dorthin zu gehen?*

Nǐ . . . . .   gēn tā qù ma?

Lösungen zum Lückentext

1 xǐhuan. **2** yān - gòu. **3** wán. **4** dǎsuàn.

* * *

Zweite Welle: *dì shí liù kè* **(Sechzehnte Lektion)**

SECHSUNDSECHZIGSTE LEKTION

Eine Ruhepause

1 – (Alter) Li! Woher kommst du gerade?
    (alt / Li! du / von / wo / kommen)
2 – Ich komme von zu Hause!

ANMERKUNGEN

(1) Die Herkunft, Abstammung oder Richtung, aus der eine
Bewegung kommt, wird mit *cóng* "von, aus" ausgedrückt. Diese Richtungsangabe steht immer **vor dem
Verb**. *Cóng nǎr kāishǐ?* "Wo (von wo aus) sollen wir anfangen?". *jiāli* "die Familie, das Zuhause". *Wǒmen jiāli*
"bei uns zu Hause", *wǒ jiāli* "bei mir zu Hause", *nǐmen
jiāli* "bei euch zu Hause".

Lektion 66

你坐一坐吧！…喝茶吗？　…
3 – Nǐ zuò yí zuò ba! (2) . . .　Hē chá ma?

不喝！
4 – Bù hē!

喝咖啡吗？
5 – Hē kāfēi ma?

也不喝！谢谢！
6 – Yě bù hē! Xièxie! (3)

你好象不太舒服！
7 – Nǐ hǎoxiàng bú tài shūfu!

不是！我有点儿累！…
8 – Bú shì! Wǒ yǒudiǎnr lèi! . . .

这几天比较忙！
Zhè jǐ tiān bǐjiào máng!

你要不要去看病？
9 – Nǐ yào bú yào qù kàn bìng?

不用了！我休息半个钟头儿就走！
10 – Bú yòng le! Wǒ xiūxi bàn ge zhōngtóur
jiù zǒu! (4)

FĀYĪN 发音

5 hö ka fei ma 7 bu tai schu fu 8 bu sche - bi djiao mang 10 bu
iong lö - ban gö dschung to r djiou dsou.

3 – Setz dich doch! . . . Trinkst du einen Tee?
     (du / setzen / eins / setzen / Partikel! trinken /
     Tee / Fragepartikel)
4 – Nein, danke!
     (nicht / trinken)
5 – Möchtest du Kaffee?
     (trinken / Kaffee / Fragepartikel)
6 – Nein, auch keinen Kaffee! Danke!
     (auch / nicht / trinken! Danke)
7 – Anscheinend fühlst du dich nicht so wohl!
     (du / anscheinend / nicht / so sehr / angenehm)
8 – Doch! Ich bin nur etwas müde! . . . In den letz-
     ten Tagen war viel zu tun!
     (nicht / sein! ich / etwas / müde! diese / einige /
     Tage / ziemlich / beschäftigt)
9 – Willst du zum Arzt gehen?
     (du / wollen / nicht / wollen / gehen / sehen /
     krank)
10 – Nicht nötig! Ich ruhe mich eine halbe Stunde
     aus, und dann gehe ich!
     (nicht / brauchen / Satzpartikel! ich / ausruhen /
     halb / ZEW / Stunde / dann / gehen)

ANMERKUNGEN (Fortsetzung)

(2) Bei dieser Aufforderung wird das Verb wiederholt, wobei
dazwischen die Silbe *yī* eingefügt werden kann. Dies
kann in etwa mit "doch" wiedergegeben werden: *Nǐ chī
yì chī ba!* "Iß doch!", *Nǐmen shuō (yī) shuō ba!* "Sprecht
doch!", *Zuò yí zuò ba!* "Setz dich doch!". Sie erkennen
hier gut die Tonvariationen bei der Silbe *yī*: Während *yī* in
Zahlen (11, 21, ...) im 1. Ton bleibt, hat es vor einer
Silbe im 4. Ton den 2. Ton (*yí*) und vor einer Silbe im 1.,
2. oder 3. Ton den 4. Ton (*yì*).

(3) "auch nicht" wird mit *yě* + einem verneinten Verb gebildet: *Wǒ yě bù xiǎng qù* "Ich will auch nicht hingehen",
Tā yě méi lái "Er ist auch nicht gekommen", *Tā yě bù chī
zhū ròu* "Er ißt auch kein Schweinefleisch", *Wǒmen yě
méi yǒu gàosu tāmen* "Wir haben es ihnen auch nicht erzählt".

(4) *zhōngtóur* ist ein Synonym zu *xiǎoshí* "Stunde". Denken
Sie an den Unterschied zwischen einem Zeit**punkt** (*Xiànzài liù diǎn zhōng* "Es ist jetzt sechs Uhr") und einer
Zeit**dauer** (*Wǒ děng le liù ge xiǎoshí* "Ich habe sechs
Stunden gewartet"). *Liǎng diǎn lái zhǎo wǒ* "Komm mich
um 2 Uhr abholen" und *Wǒ zǒu le liǎng ge xiǎoshí* "Ich
bin zwei Stunden gelaufen".

你躺会儿吧！
11 – Nǐ tǎng huìr ba! **(5)**

好！床在哪儿？
12 – Hǎo! Chuáng zài nǎr?

就在那个房间里！
13 – Jiù zài nèi ge fángjiān lǐ!

六点半来叫我吧！
14 – Liù diǎn bàn lái jiào wǒ ba!

你放心！好好儿休息吧！
15 – Nǐ fàngxīn! Hǎohǎo xiūxi ba!

六点半，我一定来叫你！
Liù diǎn bàn, wǒ yídìng lái jiào nǐ! **(6)**

FĀYĪN 发音

11 tang hoei r ba **12** tschoang **15** i ding lai djiao ni.

LIÀNXÍ 练习

他这几天比较忙。
1 – Tā zhèi jǐ tiān bǐjiào máng.

他等了半个小时。
2 – Tā děng le bàn ge xiǎoshí.

你好象有点儿累！
3 – Nǐ hǎoxiàng yǒu diǎnr lèi!

11 – Leg dich doch eine Weile hin!
(du / hinlegen / eine Weile / Partikel)
12 – Gut! Wo ist das Bett?
(gut! Bett / sich befinden / wo)
13 – In diesem Zimmer dort!
(dann / in / jenes / ZEW / Zimmer / drin)
14 – Komm mich um halb sieben wecken!
(sechs / Uhr / halb / kommen / rufen / mich /
Partikel)
15 – Mach dir keine Sorgen! Ruh dich gut aus! Ich
werde dich bestimmt um halb sieben wecken!
(du / sich beruhigen! gut / gut / ausruhen / Par-
tikel! sechs / Uhr / halb, ich / bestimmt / kom-
men / rufen / dich)

ANMERKUNGEN (Fortsetzung)

(5) Unterscheiden Sie sorgfältig zwischen *yíxià* "einmal, ein
bißchen", *yíhuìr* (*huìr*) "eine Weile", *yí cì* "einmal",
yìdiǎnr (*diǎnr*) "ein bißchen, etwas". All diese Wörter
stehen **unmittelbar hinter dem Verb**: *Nǐ chī yìdiǎnr ba!*
"Iß doch ein bißchen!", *Nǐ zuò yíxià!* "Setz dich mal
hin!", *Xiūxi huìr ba!* "Ruh dich eine Weile aus!".
(6) Ein wiederholtes Adjektiv wird zum Adverb und steht
direkt vor der Handlung: *Hǎohǎo xiūxi!* "Ruh dich gut
aus!", *Mànmàn chī ba!* "Iß langsam!" (**auch** "Guten Appe-
tit"), *Mànmàn zǒu!* "Geh langsam!" (**auch** "Komm gut zurück"). In einigen Fällen, die Sie noch lernen werden,
wird der zweite Teil des Adverbs unbetont gesprochen.
Ist Ihnen aufgefallen, daß der einzige Hinweis auf das
Futur die Zeitangabe *liù diǎn bàn* ist? Daran sehen Sie
wieder: das Chinesische ist knapp und prägnant.

在哪儿？
4 – Zài nǎr?

就在那边儿！
5 – Jiù zài nèibiānr!

WÁNCHÉNG JÙZI

1 *Ruh dich gut aus!*

Hǎohǎo . . . . . !

2 *Ich bin ein bißchen müde!*

Wǒ . . . . lèi!

3 *Wo kommt er her?*

Tā . . . . nǎr lái?

4 *Setzen Sie sich doch!*

Qǐng nǐ zuò yí . . . ba!

5 *Ist eine halbe Stunde genug?*

. . . . . . xiǎoshí gòu . . ?

ÜBUNGEN

1 In den letzten Tagen ist er ziemlich beschäftigt.
2 Er hat eine halbe Stunde gewartet.
3 Anscheindend bist du etwas müde!
4 Wo? / Wohin? / Wo ist er/sie/es?
5 Dort! / Dorthin!

Lösungen zum Lückentext

1 xiūxi. 2 yǒu diǎnr. 3 cóng. 4 zuò. 5 bàn ge - ma.

In manchen Lektionen werden statt einfacher Wendungen längere, komplexere Formulierungen verwendet, die jedoch **gebräuchlicher** *sind. So haben Sie z.B. gelernt, daß "nach China fahren"* 去中国 *qù Zhōngguó, aber auch* 到中国去 *dào Zhōngguó qù heißen kann. Im Laufe der "Zweiten Welle" werden Sie immer wieder auf Wendungen stoßen, die Sie in der einen oder anderen Form bereits in den ersten 49 Lektionen gelernt haben. Lernen Sie nicht auswendig, sondern versuchen Sie, alle Varianten ganz entspannt zu assimilieren. Mit der Zeit wird Ihnen ihr Gebrauch ganz natürlich erscheinen. Und vergessen Sie nicht: Am wichtigsten ist es, daß Sie die chinesischen Wörter, Ausdrücke und Sätze* **laut sprechen!**

* * *

Zweite Welle: *dì shí qī kè* **(Siebzehnte Lektion)**

第六十七课
DÌ LIÙ SHÍ QĪ (67) KÈ

走一走
Zǒu yì zǒu

今天天气不错！

1 – Jiāntiān tiānqì búcuò! **(1)**

是啊！一点儿风都没有！

2 – Shì a! Yìdiǎnr fēng dōu méi yǒu! **(2)**

咱们到公园儿去走一走！好吗？

3 – Zánmen dào gōngyuánr qù zǒu yì zǒu!
Hǎo ma?

好哇！我跟奶奶说一下！

4 – Hǎo wa! Wǒ gēn nǎinai shuō yíxià! **(3)**

FĀYĪN 发音

dsou i dsou **1** tiän tchi bu tsuo **4** gön nai nai schuo i chia.

---

*Üben Sie auch regelmäßig das Zählen auf Chinesisch?
Die Seitenzahlen und die Nummern der Lektionen können Ihnen dabei helfen. Das chinesische Zahlensystem
ist ganz einfach; Sie brauchen nur die Zehner- und
Einereinheiten zu addieren.*

SIEBENUNDSECHZIGSTE LEKTION

Ein Spaziergang

1 – Heute ist das Wetter sehr schön!
(heute / Wetter / nicht schlecht)

2 – Stimmt! Es ist überhaupt nicht windig!
(sein / Ausruf! ein bißchen / Wind / alles / nicht / haben)

3 – Laßt uns doch im Park gemeinsam einen Spaziergang machen! Einverstanden?
(wir / nach / Park / gehen / laufen / eins / laufen! gut / Fragepartikel)

4 – Einverstanden! Ich werde mal mit Großmutter sprechen!
(gut / Ausruf! ich / mit / Großmutter / sprechen / einmal)

ANMERKUNGEN

(1) *tiānqì* "Wetter". *Tiānqì hěn hǎo* "Das Wetter ist sehr gut", *Tiānqì bù hǎo* "Das Wetter ist schlecht", *Jīntiān tiānqì tèbié hǎo* "Heute ist das Wetter besonders schön".

(2) Die Konstruktion *yìdiǎnr ... dōu + verneintes Verb* bedeutet "überhaupt nicht(s)/kein, gar nicht(s)/kein". Hier müssen Sie besonders auf die Satzstellung achten: *Wǒ yìdiǎnr ròu dōu bù chī* "Ich esse überhaupt kein Fleisch", *Wǒ yìdiǎnr dōngxi dōu bù mǎi* "Ich kaufe überhaupt nichts", *Wǒ yìdiǎnr dōu bù dǒng* "Ich verstehe gar nichts", *Tā yìdiǎnr dōu bù chī* "Er ißt überhaupt nichts".

(3) *wa* ist eine andere Form des Ausrufs *a*. Dabei wird je nach vorangegangenem Vokal eine Verbindung zum *a* hergestellt, *i* und *a* ergibt *ya*, *o* und *a* ergibt *wa* usw.
"mit ... sprechen" heißt *gēn ... shuō*, "einmal" heißt *yíxià. Tā gēn nǐ shuō le ma?* "Hat er mit dir gesprochen?", *Wǒ méi gēn tā shuō* "Ich habe nicht mit ihm (darüber) gesprochen", *Tā zuótiān gēn wǒ shuō le* "Er hat gestern mit mir (darüber) gesprochen".

别忘了带照相机！
5 – Bié wàng le dài zhàoxiàngjī! **(4)**

好！……咱们去哪个公园儿？
6 – Hǎo! . . . Zánmen qù něi ge gōngyuánr?

去北海吧！那儿能划船！
7 – Qù **Běihǎi** ba! Nàr néng huáchuán! **(5)**

我不划船！我不会游泳！
8 – Wǒ bù huáchuán! Wǒ bú huì yóuyǒng! **(6)**

FĀYĪN 发音

5 biä oang lö dai dschao chiang dji **6** tchü nei ge gong jüar **7** tchü bei hai ba ... nar nöng hoa tschoan **8** uo bu hoei iou iong.

5 – Vergiß nicht, deinen Fotoapparat mitzubringen!
   (nicht / vergessen / Aspektpartikel / bringen /
   Fotoapparat)
6 – Gut! . . . In welchen Park gehen wir?
   (gut! wir / gehen / welcher / ZEW / Park)
7 – Gehen wir in den Beihai-Park! Dort kann man
   rudern!
   (gehen / Beihai / Partikel! dort / können / rudern)
8 – Ich rudere nicht! Ich kann nämlich nicht schwimmen!
   (ich / nicht / rudern! ich / nicht / können / schwim-
   men)

ANMERKUNGEN (Fortsetzung)

(4) *bié* + Verb drückt ein Verbot oder einen verneinten Impe-
    rativ aus und kann nur in der 2. Pers. Singular und Plural
    verwendet werden: *Bié qù!* "Geh nicht!", *Bié chī zhèi ge!*
    "Iß das nicht!", *Nǐmen bié zǒu!* "Geht nicht!", *Bié gēn tā*
    qù! "Geh nicht mit ihm!" *Bié wàng le....* "Vergiß nicht...".
    Bié wàng le gàosu tā! "Vergiß nicht, es ihm zu erzäh-
    len!", *Bié wàng le dài qián!* "Vergiß nicht, Geld mitzubrin-
    gen!", *Bié wàng le chī fàn!* "Vergiß nicht zu essen!".
(5) Der Beihai-Park liegt im Zentrum Beijings im Norden des
    Kaiserpalastes. Seit seiner Wiedereröffnung 1978 ist er
    ein beliebter Freizeitort für die Beijinger. Man kann dort
    Ruderboote mieten, sich vor der weißen Pagode fotogra-
    fieren lassen und im bekannten "Fangshan"-Restaurant
    essen, das für seine besonders feinen Speisen und deren
    künstlerische Zubereitung bekannt ist.
(6) Hier noch mal die Unterschiede zwischen den Verben, die
    "können" bedeuten: *néng* weist auf eine **Möglichkeit, Ge-**
    legenheit oder **Erlaubnis** hin, *bù néng* auf eine **Unmöglich-**
    keit oder ein **Verbot**. *Wǒ bù néng qù* "Ich kann nicht hin-
    gehen", *Zhèr néng chōu yān ma?* "Kann man (Darf man)
    hier rauchen?"; *Nǐ néng bù néng jiè gěi wǒ?* "Kannst du
    es mir ausleihen?"; *Wǒ bù néng gàosu nǐ* "Ich kann es
    dir nicht erzählen"; *Wǒ bù néng gěi nǐ* "Ich kann es dir
    nicht geben". *huì* weist auf eine erlernte oder erlernbare
    Fähigkeit hin (schwimmen, autofahren, Chinesisch spre-
    chen usw.). *Nǐ huì kāi chē ma?* "Kannst du autofah-
    ren?". (Erstaunlicherweise gehört in China auch das Rau-
    chen zu den "erlernbaren Fähigkeiten". Eine angebotene
    Zigarette wird dort mit den Worten *Xièxie, wǒ bú huì*
    "Danke, ich rauche nicht" abgelehnt.) *kěyǐ* ist das Verb
    "können" im weitesten Sinn und wird ähnlich verwendet
    wie *néng*: *Nǐ kěyǐ lái ma?* "Kannst du kommen?".

你怕翻船吗？　那…我们到
9 – Nǐ pà fānchuán ma? Nà . . . wǒmen dào

动物园去吧！
dòngwuyuán qù ba!

好！我听说最近生了个小熊猫！
10 – Hǎo! Wǒ tīngshuō zuìjìn shēng le ge
xiǎo xióngmāo! (7)

好极了！我们应该去看看！
11 – Hǎo jí le! Wǒmen yīnggāi qù kànkan!

走吧！
12 – Zǒu ba!

等一下，我去买点儿糖！
13 – Děng yíxià, wǒ qù mǎi diǎnr táng! (8)

你带钱了吗？
14 – Nǐ dài qián le ma?

带了！我这儿有两块多呢！
15 – Dài le! Wǒ zhèr yǒu liǎng kuài duō ne!
(9)

FĀYĪN 发音

9 ni pa fan tschoan ma **10** dsuei djin ... chiao chiong mao **11** hao
dji lö **13** döng i chia ... mai diar tang **14** dai tchiän lö ma
15 dschör iou liang koai duo nö.

LIÀNXÍ 练习

你吃点儿东西吧！
1 – Nǐ chī diǎnr dōngxi ba!

 9 – Hast du Angst zu kentern? Naja . . . dann gehen
     wir eben in den Zoo!
     (du / fürchten / kentern / Fragepartikel? dann /
     wir / in den / Zoo / gehen / Partikel)
10 – Einverstanden! Ich habe gehört, daß vor kurzem
     ein Panda-Baby geboren wurde!
     (gut! ich / hörensagen / vor kurzem / geboren /
     Aspektpartikel / ZEW / *klein / Panda)*
11 – Toll! Das müssen wir uns unbedingt ansehen!
     (phantastisch! wir / müssen / gehen / sehen se-
     hen)
12 – Gehen wir!
13 – Warte mal, ich werde ein paar Bonbons kaufen
     gehen!
     (warten / einmal, ich / gehen / kaufen / ein biß-
     chen / Süßigkeiten)
14 – Hast du Geld mitgenommen?
     (du / mitnehmen / Geld / Aspektpartikel / Frage-
     partikel)
15 – Ja! Ich habe mehr als zwei Kuai bei mir!
     (nehmen / Aspektpartikel! ich / hier / haben /
     zwei / Kuai / viel / Partikel)

ANMERKUNGEN (Fortsetzung)

(7) *yí ge* wird nach einem Verb oft zu *ge* abgekürzt: *Wǒ qù*
     dǎ ge diànhuà "Ich gehe telefonieren", *Zài lái ge píjiǔ ba!*
     "Bringen Sie noch (ein) Bier!" Lesen Sie dazu auch Lek-
     tion 64, Anmerkung 2.
(8) Achten Sie auf die Töne bei *táng* "Zucker, Bonbons" und
     tāng "Suppe" (Lektion 2). Das Suffix *diǎnr* (Abkürzung
     von *yìdiǎnr*) nach einem Verb des Zustands drückt eine
     Steigerung aus (Vgl. Lektion 55, Anmerkung 8). Nach
     einem Verb der Handlung bedeutet es "etwas": *Nǐ chuān*
     diǎnr yīfu ba! "Zieh dir etwas an!", *Nǐ chī diǎnr dōngxi*
     ba! "Iß etwas!", *Lái yìdiǎnr píjiǔ ba!* "Bringen Sie etwas
     Bier!".
(9) *duō* nach einer Zahl bedeutet "mehr als, über": *èr shí duō*
     ge rén "mehr als 20 Leute", *Tā sì shí duō suì le* "Er ist
     über 40 Jahre alt", *sì ge duō yuè* "mehr als vier Monate".

ÜBUNGEN

 1 Iß doch etwas!

别忘了带十块钱！

2 – Bié wàng le dài shí kuài qián!

那儿可以不可以游泳？

3 – Nàr kěyǐ bù kěyǐ yóuyǒng?

一点儿东西都没有！

4 – Yìdiǎnr dōngxi dōu méi yǒu!

我一点儿钱都没有。

5 – Wǒ yìdiǎnr qián dōu méi yǒu.

WÁNCHÉNG JÙZI

1 *Trink doch ein bißchen Tee!*

Nǐ hē . . . . . chá ba!

2 *Ich habe nicht einen Pfennig!*

Wǒ yì fēn qián . . . méi yǒu!

第六十八课
DÌ LIÙ SHÍ BĀ (68) KÈ

长城
Chángchéng

你来北京多久了？

1 – Nǐ lái Běijīng duō jiǔ le? (1)

FĀYĪN 发音

tschang tschöng **1** duo djiou·lö.

2 Vergiß nicht, zehn Kuai mitzubringen!
3 Kann man dort schwimmen?
4 Es gibt überhaupt nichts!
5 Ich habe überhaupt kein Geld.

---

3 *Vergiß es nicht!*

   . . .   wàng le!

4 *Ich habe gehört, daß er in den letzten Tagen krank war.*

   Wǒ tīngshuō tā . . . . . . bìng le.

Lösungen zum Lückentext

1 diǎnr. **2** dōu. **3** bié. **4** zuìjìn.

* * *

Zweite Welle: *dì shí bā kè* **(Achtzehnte Lektion)**

ACHTUNDSECHZIGSTE LEKTION

Die Große Mauer

1 – Wie lange bist du schon in Beijing?
      (du / kommen / Beijing / wie lange / Satzpartikel)

ANMERKUNGEN

(1) "Wie lange", "Wie lange ist es her, daß..." (vgl. Lektion
43). *Tā xué le duō jiǔ?* "Wie lange hat er studiert?",
Nǐmen zài zhèr duō jiǔ le? "Wie lange seid ihr schon
hier?", *Tāmen zài Shànghǎi yǐjīng yǒu duō jiǔ le?* "Wie
lange sind sie schon in Shanghai?"

Lektion 68

四个多月了！
2 – Sì ge duō yuè le!

你都去过哪些地方？
3 – Nǐ dōu qù guo nǎ xiē dìfang? **(2)**

去过故宫、颐和园和十三陵！
4 – Qù guo Gùgōng, Yíhéyuán hé
　　　Shísānlíng! **(3)**

你去过长城吗？
5 – Nǐ qù guo Chángchéng ma? **(4)**

---

*Bevor Sie beginnen, die Zeichen aus den Lektionen zu schreiben, sollten Sie zuerst die einzelnen Striche üben, die die Grundkomponenten der chinesischen Schrift bilden. Wenn Sie anschließend die einzelnen Zeichen schreiben, achten Sie besonders auf die richtige **Strichfolge**. Üben Sie jedes Zeichen mehrere Male. Als Hilfestellung und Anleitung können Sie das Begleitbuch zu diesem Kurs, "Die chinesische Schrift", verwenden. Es enthält alle Zeichen der Bände 1 und 2 von "Chinesisch ohne Mühe" einschließlich Übersetzung, Radikal, Aussprache und Schreibweise. Kopieren Sie die Zeichen aus der Vorlage am besten auf kariertes Papier und achten Sie darauf, daß alle Zeichen gleich groß sind, nicht nach links oder rechts kippen und die Proportionen der einzelnen Bestandteile zueinander stimmen.*

2 – Etwas über vier Monate!
   (vier / ZEW / mehr / Monat / Satzpartikel)
3 – Und wo bist du schon überall gewesen?
   (du / alle / gehen / Vergangenheitspartikel / welche / einige / Ort)
4 – Ich bin schon im Kaiserpalast gewesen, im Sommerpalast und bei den Ming-Gräbern.
   (gehen / Vergangenheitspartikel / Kaiserpalast, Sommerpalast / und / 13 Ming-Gräber)
5 – Bist du schon an der Großen Mauer gewesen?

ANMERKUNGEN (Fortsetzung)

(2) Vergleichen Sie hierzu auch Lektion 57, Anm. 2. "Wo bist du schon überall gewesen?". Als Antwort wird eine Aufzählung oder eine Aussage erwartet, die mehrere Elemente umfaßt. *dōu* ist hier ein Hinweis auf den Plural, kann jedoch gelegentlich auch die Bedeutung "schon" haben.
nǎ xiē? oder *něi xiē?* bedeutet "welche?"; als Antwort wird ein Plural erwartet. *xiē* ohne Fragepronomen bedeutet "einige"; es kann anstelle eines Zähleinheitswortes verwendet werden, um den Plural auszudrücken: *zhèi xiē shū* "diese Bücher", *nèi xiē rén* "diese Leute". *Zhèi xiē dìfang dōu hěn yǒumíng* "Diese Orte sind alle sehr berühmt".

(3) *Gùgōng*, der Kaiserpalast im Zentrum Beijings, war früher die Residenz der Kaiser. Er ist heute ein Museum. Er wird auch *Zǐjìnchéng*, "Verbotene Stadt", genannt. *Yíhéyuán*, der Sommerpalast (wörtlich "Garten, wo der Frieden gepflegt wird"), liegt im Nordwesten Beijings und war früher die Sommerresidenz der Kaiserin. *Shísānlíng*, die dreizehn Gräber der Ming-Kaiser, liegen etwas außerhalb von Beijing und sind ein beliebtes Ausflugsziel für Chinesen und Touristen.

(4) Die Große Mauer hat eine Länge von über 6000 km. Sie entstand etwa um 220 v. Chr. unter dem damaligen Kaiser Qin Shihuang und hatte den Zweck, China gegen das Eindringen der "Barbaren" aus dem Norden zu schützen. An der Basis mißt die Mauer durchschnittlich 7 m, oben 6 m, die Durchschnittshöhe beträgt etwa 7-9 m, stellenweise bis zu 16 m.

长城，我还没去过！…这几天，
6 – Chángchéng wǒ hái méi qù guo! (5)
. . . Zhè jǐ tiān,

比较忙！
bǐjiào máng!

星期天咱们一起去逛长城；好吗？
7 – Xīngqītiān zánmen yìqǐ qù guàng
Chángchéng, hǎo ma?

好的！长城很有名！我非去不可！
8 – Hǎo de! Chángchéng hěn yǒumíng!
Wǒ fēi qù bù kě! (6)

对！到中国来的外国人，
9 – Duì! Dào Zhōngguó lái de wàiguórén,
(7)

没有一个不去逛长城的！
méi yǒu yí ge bú qù guàng Chángchéng
de! (8)

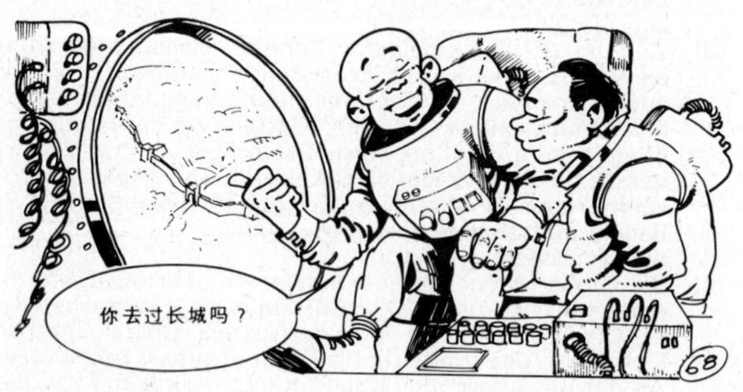

FĀYĪN 发音

8 fei tchü bu kö.

6 – An der Großen Mauer bin ich noch nicht gewesen! . . . In den letzten Tagen war ich ziemlich beschäftigt!
(Große Mauer, ich / noch / nicht / gehen / Vergangenheitspartikel. diese / einige / Tage, ziemlich / beschäftigt)

7 – Am Sonntag fahren wir zusammen zur Großen Mauer, einverstanden?
(Sonntag / wir / zusammen / gehen / spazieren / Große Mauer, einverstanden)

8 – Einverstanden! Die Große Mauer ist sehr berühmt! Ich darf sie mir auf keinen Fall entgehen lassen!
(gut / Attributpartikel! Große Mauer / sehr / berühmt! ich / nicht / gehen / nicht / möglich)

9 – Ja! Unter den Ausländern, die nach China kommen, hat keiner die Große Mauer nicht besucht!
(richtig! nach / China / kommen / Attributpartikel / Ausländer, nicht / haben / einer / ZEW / nicht / gehen / spazierengehen / Große Mauer / Attributpartikel)

ANMERKUNGEN (Fortsetzung)

(5) **Vorsicht bei der Satzstellung:** *Wǒ hái méi chī guo* "Ich habe noch nicht gegessen", *Zhè běn shū wǒ hái méi kàn guo* "Dieses Buch habe ich noch nicht gelesen", *Wǒ hái méi qù guo Nánjīng* "Ich bin noch nicht in Nanjing gewesen", *Guǎngdōng cài, wǒ hái méi chī guo* "Ich habe noch nicht kantonesisch gegessen". Das Verbalsuffix *guo* kennzeichnet eine in der Vergangenheit ausgeführte (bzw. mit *méi/méi yǒu* nicht ausgeführte) Handlung.

(6) *fēi...bù kě* (wörtlich "daß...nicht..., ist unmöglich") ist vergleichbar mit unserem "unbedingt". Anhand einiger Beispiele wird dies klarer: *Wǒmen fēi gàosu tā bù kě* "Wir müssen es ihm unbedingt erzählen" ("Daß wir es ihm nicht erzählen, geht nicht"), *Nǐ fēi wèn tā bù kě* "Du mußt ihn unbedingt fragen" ("Daß du ihn nicht fragst, ist unmöglich"), *Xiànzài fēi zǒu bù kě* "Wir müssen jetzt unbedingt gehen" ("Daß wir jetzt nicht gehen, geht nicht").

(7) Bei Relativsätzen können Sie die deutsche Satzstellung umdrehen und *de* einfügen: *zhù zài Shànghǎi de zhōngguórén* "Chinesen, die in Shanghai leben", *xué zhōngwén de déguórén* "Deutsche, die Chinesisch lernen".

(8) Dies ist die **doppelte Verneinung**: "es gibt nicht einen, der nicht geht". *Méi yǒu yí ge bù xiǎng qù* "Es gibt nicht einen, der nicht hingehen möchte".

所以有人说嘛：
10 – Suǒyǐ yǒu rén shuō ma:

《不到长城非好汉》！
"Bú dào Chángchéng fēi hǎohàn!"! (9)

好！在那儿照几张相，
11 – Hǎo! Zài nàr zhào jǐ zhāng xiàng, (10)

寄给我的孩子！
jì gěi wǒ de háizi! (11)

唉！你的孩子没跟你一块儿来吗？
12 – Ài! Nǐ de háizi méi gēn nǐ yíkuàir lái
ma? (12)

没有！我是一个人来的！
13 – Méi yǒu! Wǒ shì yí ge rén lái de! (13)

FĀYĪN 发音

10 suo i iou rön schuo ma … fei hao han **11** dji gei uo dö hai
dse **12** i koair lai.

LIÀNXÍ 练习

你学了多久了？
1 – Nǐ xué le duō jiǔ le?

上海，我还没去过！
2 – Shànghǎi, wǒ hái méi qù guo!

10 – Deshalb sagen manche Leute: "Der, der nicht an
     der Großen Mauer gewesen ist, ist nicht mu-
     tig"!"
     *(deshalb / haben / Leute / sagen / Partikel: nicht /
     nach / Große Mauer / nicht / mutig)*
11 – Prima! Dort werde ich Fotos machen, um sie an
     meine Kinder zu schicken!
     *(gut! sich befinden / dort / fotografieren / einige /
     ZEW / Fotos, schicken / für [an] / meine / Kinder)*
12 – Ach! Sind deine Kinder nicht mit dir gekommen?
     *(ach! deine / Kinder / nicht / mit / dir / zusam-
     men / kommen / Fragepartikel)*
13 – Nein! Ich bin alleine gekommen!
     *(nein! ich / **shi** / eine / ZEW / Person / kommen / **de**)*

ANMERKUNGEN (Fortsetzung)

(9) *fēi* ist klassisches Chinesisch und bedeutet "nicht sein".
     In modernem Chinesisch würde man *bù* sagen.
(10) Zähleinheitswort für flache Gegenstände, beispielsweise
     Papier, Tisch, Foto usw. ist *zhāng*. *Liǎng zhāng zhǐ*
     "zwei Blätter Papier".
(11) *jì* "senden, schicken". *jì gěi* "an jdn. schicken". *jì gěi wǒ
     fùqin* "an meinen Vater schicken". *Nǐ jì gěi shéi ne?* "An
     wen schickst du es?" Siehe auch Lektion 45, Anm. 10.
(12) *yíkuàir* ist Synonym zu *yìqǐ* "zusammen". **Achten Sie
     hier auf die Wortstellung!** *Wǒ méi gēn nǐ shuō ma?*
     "Habe ich nicht mit dir gesprochen?", *Tā méi gēn nǐ qù
     ma?* "Ist er nicht mit dir gegangen?", *Tā méi gěi wǒ xiě
     xìn* "Er hat mir nicht geschrieben", *Tā hái méi gěi nǐ dǎ
     diànhuà ma?* "Hat er dich noch nicht angerufen?"
(13) Verneinende Antworten auf Fragen, die sich auf die Ver-
     gangenheit beziehen, werden mit *méi yǒu* gebildet. *yí ge
     rén* "alleine" ("eine Person"): *Tā yí ge rén zǒu le* "Er ist
     alleine gegangen", *Wǒ yí ge rén zuò de* "Ich habe das
     alleine gemacht", *Ò! Nǐ yí ge rén zài zhèr!* "Oh! Du bist
     alleine hier!". In anderen Kontexten heißt *yí ge rén* na-
     türlich "ein Mensch, eine Person": *Yí ge rén, liǎng ge cài,
     gòu ma?* "Sind zwei Gerichte für eine Person genug?"

ÜBUNGEN

1 Wie lange studierst du schon?
2 Ich bin noch nicht in Shanghai gewesen!

他是不是一个人来的？

3 – Tā shì bú shì yí ge rén lái de?

你去过中国吗？

4 – Nǐ qù guó Zhōngguó ma?

WÁNCHÉNG JÙZI

1 *Wie lange studiert er schon?*

Tā xué le   . . .   . . .   le ?

2 *Seit etwas über zwei Monaten!*

Liǎng ge   . . .   yuè le !

3 *Es geht nicht, daß du ihm nicht Bescheid sagst!*

Nǐ fēi gàosu tā . . . . . !

第六十九课
DÌ LIÙ SHÍ JIǓ (69) KÈ

先生还是同志？
Xiānsheng háishi tóngzhì?

中国人很少叫"先生"

1 – Zhōngguórén hěn shǎo (1) jiào "Xiānsheng",

是不是？

shì bú shì?

FĀYĪN 发音

chiän schöng hai sche tung dsche.

3 Ist er alleine gekommen?
4 Bist du schon in China gewesen?

4 *An wen schickst du diesen Brief?*

Zhè fēng xìn . .   . . . shéi ne?

5 *Ich bin noch nicht in Shanghai gewesen.*

Wo hái méi yǒu . .   . . . Shànghǎi.

Lösungen zum Lückentext

1 duō jiǔ. **2** duō. **3** bù kě. **4** jì gěi. **5** qù guo.

* * *

Zweite Welle: *dì shí jiǔ kè* **(Neunzehnte Lektion)**

NEUNUNDSECHZIGSTE LEKTION

"Herr" oder "Kamerad"?

1 – Die Chinesen sprechen sich sehr selten mit "Herr"
   an, nicht wahr?
   *(Chinesen / sehr / wenig / nennen / "Herr", sein /
   nicht / sein)*

ANMERKUNGEN

(1) *shǎo* kann nicht nur "wenig" (Lektion 51), sondern vor
   einem Verb auch "selten" heißen. *Wǒ hěn shǎo qù kàn
   diànyǐng* "Ich gehe sehr selten ins Kino". *Tā hěn shǎo
   dào zhèr lái* "Er kommt sehr selten hierher". Aber: *Wǒ de
   dōngxi hěn shǎo* "Ich habe wenig Sachen". Für "viele,
   eine ganze Menge" benutzt man häufig *bù shǎo: Nǐ de*

是啊！在香港或者在台湾
2 – Shì a! Zài Xiānggǎng huòzhě zài Tàiwān (2)

还叫 "先生"。
hái jiào "Xiānsheng".

那，中国人之间是不是叫
3 – Nà, zhōngguórén zhījiān (3) shì bu shì jiào

"老什么"，"小什么"的？
"Lǎo shénme", "Xiǎo shénme" de?

是！比较熟悉的人，叫
4 – Shì! Bǐjiào shúxi de rén, jiào

"老什么"，"小什么"！
"Lǎo shénme", "Xiǎo shénme"!

比方说 "老李" 或者 "小张"！
5 – Bǐfang shuō "Lǎo Lǐ" huòzhě "Xiǎo Zhāng"!

小孩子有时候叫我们 "叔叔"，
6 – Xiǎo háizi yǒu shíhou (4) jiào wǒmen "shūshu",

"阿姨"！
"āyí"!

FĀYĪN 发音

3 dsche djiän. 6 iou sche hou.

2 – Stimmt! In Hongkong oder auf Taiwan sagt man
noch "Herr"!
*(sein / Ausruf! in / Hongkong / oder / in / Taiwan /
noch / nennen / "Herr")*

3 – Und die Chinesen reden sich untereinander mit
"Alter Sowieso" oder "Kleiner Sowieso" an,
nicht wahr?
*(dann, Chinesen / untereinander / sein / nicht /
sein / nennen / "alt / Sowieso", "klein / Sowieso" / Attributpartikel)*

4 – Richtig! Leute, die sich relativ gut kennen, nennen sich "Alter Sowieso", "Kleiner Sowieso"!
*(ja! relativ / vertraut / Attributpartikel / Person,
nennen / "alt / sowieso", "klein / sowieso")*

5 – Beispielsweise "Alter Li" oder "Kleiner Zhang"!

6 – Kleine Kinder nennen uns manchmal "Onkel"
oder "Tante"!
*(klein / Kind / manchmal / nennen / uns / "On-
kel", "Tante")*

ANMERKUNGEN (Fortsetzung)

péngyǒu zhēn bù shǎo "Du hast wirklich viele Freunde".
Jīntiān rén bù shǎo "Heute sind eine Menge Leute da".
Siehe auch Lektion 64.

(2) *huòzhě* heißt "oder", kann jedoch im Gegensatz zu *háishi*
niemals in Fragesätzen verwendet werden. *Jiào wǒ
Zhāng Míng huòzhě Lǎo Zhāng, dōu kěyǐ!* "Nenn mich
Zhang Ming oder Alter Zhang, ganz wie du willst!".
Jīntiān qù huòzhě míngtiān qù, wǒ wúsuǒwèi "Mir ist es
egal, ob wir heute oder morgen gehen".

(3) *zhījiān* bedeutet "unter, untereinander" oder "zwischen"
und steht **hinter dem Bezugswort:** *nǐmen zhījiān* "unter
euch", *wǒmen liǎng guó zhījiān* "zwischen unseren beiden Ländern".

(4) *yǒu shíhou* "manchmal". *Wǒmen zhèr yǒu shíhou hěn
lěng* "Hier bei uns ist es manchmal sehr kalt". *Yǒu shíhou
tā bú zài* "Manchmal ist er nicht da". *Wǒmen yǒu shíhou
yě qù* "Manchmal gehen wir auch hin". **Verwechseln Sie
dies nicht mit** *de shíhou*, das "wenn, als" bedeutet und
stets **hinter einer Zeitangabe oder Umstandsbestimmung**
steht: *Xià yǔ de shíhou wǒ bù chūqu* "Wenn es regnet,
gehe ich nicht raus". *Xiàtiān de shíhou, wǒmen qù yóuyǒng* "Im Sommer/Wenn es Sommer ist, gehen wir
schwimmen". Vgl. auch Anmerkung 7.

叫老年人，他们说"爷爷"或者

7 – Jiào lǎoniánrén, tāmen shuō "yéye" huòzhě

"奶奶"！

"nǎinai"! **(5)**

对！…同志呢？

8 – Duì! . . . Tóngzhì ne?

在中国，用"同志"是最普遍的。

9 – Zài Zhōngguó, yòng "tóngzhì" shì zuì
pǔbiàn de.

可以说"王同志"，"李同志"，

10 – Kěyǐ shuō "Wáng Tóngzhì", "Lǐ Tóngzhì",

是不是？

shì bú shì?

是啊！也可以说"工人同志"，

11 – Shì a! Yě kěyǐ shuō "gōngrén tóngzhì",

或者"老赵同志"！都可以！

huòzhě "Lǎo Zhào Tóngzhì"! Dōu kěyǐ!
(6)

跟外国人说话的时候呢？

12 – Gēn wàiguórén shuō huà de shíhou ne?
(7)

FĀYĪN 发音

7 lao niän rön … iä iä huo dschö nai nai. 9 dsuei pu biän dö.
11 köi.

7 – Um ältere Personen anzusprechen, sagen sie
   "Opa" oder "Oma"!
   *(nennen / ältere Person, sie / sagen / "Opa" /
   oder / "Oma")*
8 – Richtig! . . . Und was ist mit "Kamerad"?
9 – In China ist es am üblichsten, "Kamerad" zu
   benutzen!
   (in / China, benutzen / "Kamerad" / **shi** */ am
   meisten / üblich /* **de***)*
10 – Man kann "Kamerad Wang", "Kamerad Li"
   sagen, nicht wahr?
   *(können / sagen / "Wang / Kamerad", "Li / Ka-
   merad", sein / nicht / sein)*
11 – Ja! Man kann auch "Arbeiterkamerad" oder "Alter Kamerad Zhao" sagen! Das ist egal!
   *(ja! auch / können / sagen / "Arbeiter / Kame-
   rad", oder "Alter / Zhao / Kamerad"! alles / können)*
12 – Und wie verhält es sich, wenn man mit Ausländern spricht?
   *(mit / Ausländer / sprechen / Sprache / wenn /
   Partikel)*

ANMERKUNGEN (Fortsetzung)

(5) Wiederholung: *bàba* "Vater", *māma* "Mutter", *gēge* "älte-
rer Bruder", *dìdi* "jüngerer Bruder", *jiějie* "ältere
Schwester", *mèimei* "jüngere Schwester", *yéye* "Opa",
nǎinai "Oma". Ältere Verwandte werden von Kindern oft
mit *shūshu* "Onkel" oder *āyí* "Tante" angeredet.

(6) *dōu kěyǐ* "das geht alles, das ist egal" usw. *Jīntiān
huòzhě míngtiān, dōu kěyǐ* "Heute oder morgen, das ist
egal". *Shuō zhōngwén, shuō déwén, dōu kěyǐ* "Wir können Chinesisch oder Deutsch sprechen, das ist egal". *Nǐ
diǎn ba! Guǎngdōng cài huòzhě Sìchuān cài, dōu kěyǐ!*
"Bestell du! Mir ist es egal, ob wir kantonesische oder
Sichuan-Küche essen!" Merken Sie sich auch das Synonym *dōu xíng*.

(7) "wenn, als" steht **immer hinter der damit verbundenen
Zeitangabe**: *Wǒmen chī fàn de shíhou* "Als wir aßen/
Wenn wir essen", *Tā kāi chē de shíhou* "Wenn er fährt",
Nǐ xiě zì de shíhou "Wenn du (Zeichen) schreibst", *Tā bú
zài de shíhou* "Wenn er nicht da ist" (S.a. L. 41, Anm.
5). "Sprechen mit" heißt *gēn ... shuō huà*: *Wǒ gēn Wáng
xiānsheng shuō huà* "Ich spreche mit Herrn Wang". Mit
Ergänzung: *shuō guǎngdōng huà* "Kantonesisch sprechen".

那，不行！应该说 "先生"

13 – Nà, bù xíng! Yīnggāi shuō "Xiānsheng",

"夫人"、或者 "小姐" ！

"Fūren" huòzhě "Xiǎojiě"!

啊呀！真复杂！

14 – Āya! Zhēn fùzá!

FĀYĪN 发音

13 fu rön … chiao djiä. **14** dschön fu dsa.

HINWEIS: *Die Bezeichnung "Kamerad" bzw. "Arbeiter-kamerad" war in den 80er Jahren üblich, als dieser Kurs entstand; mittlerweile haben sich "Herr" und "Frau" eingebürgert.*

LIÀNXÍ 练习

我很少到那儿去。

1 – Wǒ hěn shǎo dào nàr qù.

只有在日本才说日文吗？

2 – Zhǐ yǒu zài Rìběn cái shuō rìwén ma?

吃饭的时候能不能说话？

3 – Chī fàn de shíhou néng bù néng shuō huà?

有时候儿他很有意思。

4 – Yǒu shíhour tā hěn yǒu yìsi.

13 – Da geht das nicht! Da muß man "Herr", "Frau"
oder "Fräulein" sagen!
*(dann, nicht / gehen! müssen / sagen / "Herr",
"Frau" oder "Fräulein")*
14 – Oje! Das ist aber wirklich kompliziert!

ÜBUNGEN

1 Ich gehe dort sehr selten hin.
2 Spricht man nur in Japan Japanisch?
3 Kann/Darf man beim Essen sprechen?
4 Manchmal ist er sehr interessant.

---

*In dieser Lektion wird nicht viel neues Vokabular ein-
geführt. Dafür enthält sie eine Reihe wichtiger Redewendungen. Hören und lesen Sie den Dialog ruhig erst
mehrmals, bevor Sie fortfahren. Verwechseln Sie insbesondere nicht das Fragepronomen* 什么时候？*Shénme shíhou?* *"Wann?" mit der Konjunktion* 的时候 *de
shíhou "wenn, als", die stets **hinter der mit ihr verbundenen Zeit- oder Umstandsbestimmung** steht.*

WÁNCHÉNG JÙZI

1 *Warum hörst du nicht zu, wenn er spricht?*

   Tā shuō huà . . . . , nǐ wèi shénme bù tīng?

2 *Kann man nur in Beijing Jiaozi essen?*

   Zhǐ yǒu zài Běijīng cái néng chī jiǎozi . . ?

3 *Manchmal ist der alte Li sehr eigenartig.*

   . . . . Lǎo Lǐ hěn qíguài.

第七十课
DÌ QĪ SHÍ (70) KÈ

WIEDERHOLUNG UND ANMERKUNGEN

Lesen Sie noch einmal die folgenden Anmerkungen:
64. Lekt.: (1), (2), (6), (11); 65. Lekt.: (2), (3), (4), (6);
66. Lekt.: (1), (3); 67. Lekt.: (2), (4), (6); 68. Lekt.:
(1), (2), (5), (7); 69. Lekt.: (1), (2), (4), (7).

1 的时候 *de shíhou* "wenn, als" - 什么时候？*shénme shíhou?* "wann?" - 有时候 *yǒu shíhou* "manchmal".
Achten Sie darauf, daß Sie diese sich ähnelnden Ausdrücke nicht verwechseln. 的时候 *de shíhou* dient zur Einleitung zeitlicher Bedingungssätze mit "wenn, als". Es steht **nach** der Zeitangabe. 什么时候？*shénme shíhou?* ist ein Fragewort und bedeutet "wann?". 有时候 *yǒu shíhou* hat die Bedeutung "manchmal".
Vergleichen Sie dazu die folgenden Beispiele: 他在这儿的时候我很高兴 *Tā zài zhèr de shíhou wǒ hěn gāoxing*

4 *Mit wem spricht er?*

Tā . . . shéi shuō huà?

Lösungen zum Lückentext

1 de shíhou. **2** ma. **3** yǒu shíhou. **4** gēn.

* * *

Zweite Welle: *dì èr shí kè* **(Zwanzigste Lektion)**

SIEBZIGSTE LEKTION

"Wenn er hier ist, bin ich sehr froh". 说 汉语 的时候要
注意发音 *Shuō Hànyǔ de shíhou yào zhùyì fāyīn* "Wenn
man Chinesisch spricht, muß man auf die Aussprache
achten". 你什么时候有空？ *Nǐ shénme shíhou yǒu*
kòng? "Wann hast du Zeit?", 他是什么时候走的？ *Tā*
shì shénme shíhou zǒu de? "Wann ist er gegangen?".
他们有时候也到这儿来 *Tāmen yǒu shíhou yě dào*
zhèr lái "Manchmal kommen sie auch hierher".

Mit Hilfe des **Wortschatzverzeichnisses** können Sie
herausfinden, in welchen Lektionen die oben beschriebenen Redewendungen und Ausdrücke vorkommen.
Sie können diese Lektionen dann noch einmal aufschlagen, falls Sie noch nicht ganz verstanden haben,
wie die Wendungen gebraucht werden. Lesen Sie in
den entsprechenden Lektionen noch einmal die jeweiligen **Anmerkungen.**

2 Ausdrucksmöglichkeiten für den Plural. Für die chinesischen Substantive gibt es keine Pluralendungen, und die Verben werden nicht konjugiert. Daher muß der Plural im Chinesischen mit Hilfe von **Adverbien** ausgedrückt werden, z.B. 都 *dōu* "alle, alles" oder 些 *xiē* "einige". *dōu* wird bei **Verben** verwendet, *xiē* bei **Substantiven**. Der Satz 都来了！*Dōu lái le!* würde z.B. mit "**Alle** sind gekommen!" übersetzt, während 来了！*Lái le!* lediglich "Er/Sie/Es ist gekommen!" oder "Sie sind gekommen!" heißen würde. Durch *dōu* wird die Satzaussage in jedem Fall zusätzlich verstärkt. Wenn der Kontext fehlt, ist es bei einem Satz wie 来了！*Lái le!* schwierig, herauszufinden, um welche Person es sich handelt. Das Subjekt könnte 我 *wǒ*, 你 *nǐ*, 他 *tā*, 她 *tā*, 我们 *wǒmen*, 你们 *nǐmen*, 他们 *tāmen* oder 她们 *tāmen* lauten. Wir haben an verschiedenen Stellen gesehen, daß die Personalpronomen im Chinesischen weggelassen werden, wenn der Kontext klar ist.

Der Satz 在法国书都很贵 *Zài Fǎguó shū dōu hěn guì* müßte, um den durch 都 *dōu* ausgedrückten Sinn wiederzugeben, mit "In Frankreich sind **alle** Bücher sehr teuer" übersetzt werden. Oft wird auch zusätzlich das Adverb 些 *xiē* "einige, mehrere" benutzt, um zu unterstreichen, daß sich die Satzaussage auf eine **größere Menge von Objekten oder Personen** bezieht: 这些人都是谁？ *Zhè xiē rén dōu shì shéi?* "Wer sind all diese (diese ganzen) Leute?". 这些书是谁买的？ *Zhè xiē shū shì shéi mǎi de?* "Wer hat all diese (diese ganzen) Bücher gekauft?". Merken Sie sich weiterhin, daß Wörter wie 中国人 *zhōngguórén* "Chinesen", 书 *shū* "Bücher", 笔 *bǐ* "Stifte", 人 *rén* "Personen", wenn sie in einem Satz nicht weiter präzisiert werden und keine Aussage über ihre Menge gemacht wird, in der Regel **Pluralbedeutung** haben: 学中文的人 *xué zhōngwén de rén* "die Leute, die Chinesisch lernen", 我买的书 *wǒ mǎi de shū* "die Bücher, die ich kaufe",... Ein Singular wird in den meisten Fällen durch ein **Demonstrativpronomen**, eine **Zahl** oder ein **Zähleinheitswort (ZEW)** verdeutlicht: 一本书 *yī běn shū* "ein Buch", 那个人 *nèi ge rén* "diese Person dort", 那个中国人 *nèi ge zhōngguórén* "dieser Chinese dort",...

3 **"manche...", "einige...", "bestimmte...", "es gibt Leute/Dinge, die..."** Auf Chinesisch wird dies mit den Wendungen 有的 *yǒu de* "manche, einige", 有人 *yǒu rén* "es gibt Leute" oder 有的人 *yǒu de rén* "manche Leute" umschrieben. **Diesen wird unmittelbar das Verb nachgestellt.** Das Wörtchen "die" in "Es gibt Leute/ Dinge, die..." wird **nicht mitübersetzt!** 有的不错！ *Yǒu de búcuò!* "Einige sind nicht schlecht!". 有人不喜欢抽烟 *Yǒu rén bù xǐhuan chōuyān* "Es gibt Leute, die Rauchen nicht mögen". 有的人不喜欢吃肉 *Yǒu de rén bù xǐhuan chī ròu* "Einige Leute essen nicht gerne Fleisch". 这些书里边儿有的很有名。 *Zhè xiē shū lǐbiānr yǒu de hěn yǒumíng* "Unter diesen Büchern gibt es einige, die sehr berühmt sind".

4 "nichts", "überhaupt nichts", "alles". Wir haben gesehen, daß "alles" im Chinesischen mit 都 *dōu* ausgedrückt werden kann: 我都懂 *Wǒ dōu dǒng* "Ich verstehe alles". Es existiert jedoch noch eine weitere Wendung, mit der betont werden kann, daß die beschriebene Handlung keine Ausnahme zuläßt: 什么都 *shénme dōu*, was im Deutschen auch "alles" im Sinne von "gänzlich, völlig, überhaupt" entspricht. Beispiel: 我什么都喜欢吃 *Wǒ shénme dōu xǐhuan chī* "Ich esse (einfach) alles gerne" (Was es auch sei, ich esse es). In der **verneinten Form** dient diese Wendung dazu, "überhaupt nicht(s), gar nicht(s)" auszudrücken: 什么都不 *shénme dōu bù ...* oder das Synonym 什么也不 *shénme yě bù ...* Beispiele: 我什么都不要 *Wǒ shénme dōu bú yào* "Ich will überhaupt nichts". 我什么也不喜欢 *Wǒ shénme yě bù xǐhuan* "Ich mag gar nichts". Es gibt noch einen verwandten Ausdruck, der in etwa die gleiche Bedeutung hat: 一点儿也不… *yìdiǎnr yě bù ...* Sehen Sie sich hierzu einmal den Satz 2 der Lektion 67 an (*Yìdiǎnr fēng dōu méi yǒu!* "Es ist gar nicht windig!").

5 别 *bié* **Verneinung, Ablehnung, Verbot.** Die **verneinte Befehlsform** kann mit dem Wörtchen 别 *bié* vor der Verbgruppe oder, falls vorhanden, vor der Präposition gebildet werden. Beispielsätze: 你别去！ *Nǐ bié qù!*

"Geh nicht (dort hin)!". 你别说这个！*Nǐ bié shuō zhèi ge!* "Sag das nicht!". 别走！*Bié zǒu!* "Geh nicht!/Geht nicht!".

6 Prägen Sie sich die folgenden Redewendungen und Ausdrücke ein:

待会儿见！
– *Dàihuìr jiàn!* Bis später!/Bis gleich!

我不记得
– *Wǒ bú jìde!* Ich erinnere mich nicht mehr (daran)!

还要什么？
– *Hái yào shénme?* Was möchtest du/möchtet ihr/möchten Sie noch?

天气很好！
– *Tiānqì hěn hǎo!* Das Wetter ist sehr schön!

我是一个人来的
– *Wǒ shì yí ge rén lái de.* Ich bin alleine gekommen.

四个多月了！

– *Sì ge duō yuè le.* Schon mehr als vier Monate/seit über vier Monaten.

我很少去

– *Wǒ hěn shǎo qù.* Ich gehe sehr selten (hin).

7 Übersetzen Sie die folgenden Sätze schriftlich ins Chinesische:

1 Er ist von der Chinesischabteilung.
2 Ich gehe sofort!
3 Nicht nötig! Ich habe keinen Hunger!
4 Beim Rudern/Wenn man rudert, muß man aufpassen!
5 Warte mal! Ich gehe ihm Bescheid sagen!
6 Ich bin noch nicht dort gewesen. (1. Alternative)
7 Ich bin noch nicht dort gewesen. (2. Alternative)

9 Übersetzung:

他是中文系的
1 Tā shì zhōngwén xì de.

我现在就走！
2 Wǒ xiànzài jiù zǒu!

不用了！我不饿！
3 Bú yòng le! Wǒ bú è!

划船的时候要小心！

4 Huáchuán de shíhou yào xiǎoxīn!

等一下！我去告诉他！

5 Děng yíxià! Wǒ qù gàosu tā!

我还没去过

6 Wǒ hái méi qù guo.

我还没有去过

7 Wǒ hái méi yǒu qù guo.

第七十一课
DÌ QĪ SHÍ YĪ (71) KÈ

开会
Kāi huì

今天谁来参加我们的会？

1 – Jīntiān shéi lái cānjiā wǒmen de huì?
    (1)

FĀYĪN 发音

kai hoei. 1 tsan djia.

Vernachlässigen Sie nicht die "zweite Welle"! Sie bietet Ihnen die Gelegenheit, die Kenntnisse aufzufrischen, die Sie sich am Anfang angeeignet haben und die vielleicht schon wieder etwas in Vergessenheit geraten sind. Sie sollten sich dabei besonders auf die in den ersten Dialogen vorkommenden Redewendungen konzentrieren. In den Übersetzungsübungen sollen Sie die Wendungen und Wörter üben, die Sie noch nicht richtig assimiliert haben. Wenn Sie das Gefühl haben, etwas "verloren" zu sein, arbeiten Sie ruhig noch einmal die letzten Wiederholungslektionen durch. In ihnen werden alle wichtigen grammatikalischen Punkte noch einmal vertieft. Verlieren Sie nicht die Geduld. Es ist nicht schlimm, wenn Sie einige Lektionen mehrmals durcharbeiten - im Gegenteil: Sie haben damit die Sicherheit, sich auf solider Basis die Grundlagen der gesprochenen Sprache anzueignen.

* * *

Zweite Welle: *dì èr shí yí kè* (Einundzwanzigste Lektion)

EINUNDSIEBZIGSTE LEKTION

Eine Versammlung abhalten

1 – Wer wird heute an unserer Versammlung teilnehmen?
(heute / wer / kommen / teilnehmen an / unserer / Versammlung)

ANMERKUNGEN

(1) *cānjiā* "teilnehmen an", nicht zu verwechseln mit *cānguān* "besichtigen". *huì* "Versammlung", *kāi huì* "eine Versammlung abhalten". *Nǐmen kāi shénme huì?* "Was für eine Versammlung haltet ihr ab?", *Jīntiān de huì bù néng kāi* "Die heutige Versammlung kann nicht stattfinden". Merken Sie sich auch: *yàn huì* "Bankett", *zhāodàihuì* "Empfang", *jìzhě zhāodàihuì* "Pressekonferenz", *wǎnhuì* "Abendveranstaltung, Soirée".

今天王先生肯定要来！

2 – Jīntiān Wáng xiānsheng kěndìng yào lái! (2)

还有谁？

3 – Hái yǒu shéi?

还有李先生！

4 – Hái yǒu Lǐ xiānsheng!

李先生？

5 – Lǐ xiānsheng?

他是经理！

6 – Tā shì jīnglǐ!

不！他是副经理！

7 – Bù! Tā shì fù jīnglǐ! (3)

王先生才是经理！
Wáng xiānsheng cái shì (4) jīnglǐ!

还有两个工程师。

8 – Hái yǒu liǎng ge gōngchéngshī.

另外还有陈先生！

9 – ... Lìngwài hái yǒu (5) Chén xiānsheng!

他负责什么？

10 – Tā fùzé shénme?

他是计划委员会的！

11 – Tā shì Jìhuà Wěiyuánhuì de! (6)

FĀYĪN 发音
6 djing li. 7 fu djing li ... tsai. 8 gong tschöng sche. 10 fu dsö schö mö.

2 – Heute wird Herr Wang bestimmt kommen!
(heute / Wang / Herr / bestimmt / werden / kommen)

3 – Und wer noch?
(noch / haben / wer)

4 – Herr Li wird noch kommen!
(noch / haben / Li / Herr)

5 – Herr Li?

6 – Ja, er ist der Direktor!
(er / sein / Direktor)

7 – Nein! Er ist der stellvertretende Direktor! Der Direktor, das ist doch Herr Wang!
(nein! er / sein / stellvertretend / Direktor! Wang / Herr / doch / sein / Direktor)

8 – Es kommen noch zwei Ingenieure!
(noch / haben / zwei / ZEW / Ingenieur)

9 – . . . Außerdem ist da noch Herr Chen!
(außerdem / noch / haben / Chen / Herr)

10 – Wofür ist er verantwortlich?
(er / verantwortlich sein / wofür)

11 – Er ist vom Planungskomitee!
(er / sein / Planung / Komitee / Attributpartikel)

ANMERKUNGEN (Fortsetzung)

(2) Erinnern Sie sich noch? Der Name einer Person steht immer **vor der Anrede bzw. dem Titel**: *Lǐ lǎoshī* "Professor Li", *Mǎ xiānsheng* "Herr Ma", *Liú Dàifu* "Dr. Liu", *Wěi xiǎojiě* "Fräulein Wei" usw.

(3) *fù* vor einem Titel bedeutet "stellvertretend; Vize-": *fù bùzhǎng* "stellvertretender Minister", *fù zǒnglǐ* "Vizepremierminister", *fù zhǔxí* "Vizepräsident".

(4) Hier haben wir das Adverb *cái*, das wir bisher als zeitliche Begrenzung ("erst") kannten, in einer anderen Bedeutung. Im vorliegenden Satz kommt *cái* unserem deutschen "doch" am nächsten, wobei es in etwa ausschliessenden Charakter hat: *Tā cái shì Lǎo Zhāng!* "Das ist doch Lao Zhang!" (und niemand anders), *Tā de fùqin cái shì zhōngguórén!* "Sein Vater ist doch Chinese!" (und nichts anderes). Vergleichen Sie *cái* in L. 60, Anm. 6.

(5) *lìngwài* "außerdem, darüber hinaus". *Lìngwài, zài Běijīng, yě kěyǐ qù kàn xì* "Außerdem kann man in Beijing ins Theater gehen", *Lìngwài hái yǒu liǎng ge měiguórén* "Darüber hinaus sind da noch zwei Amerikaner". Verwechseln Sie dies nicht mit *biéde* (Lektion 44), das "anderer, -e, -es" bedeutet, wobei jedoch im allgemeinen ein Substantiv folgt: *biéde rén* "andere Leute", *biéde cài* "andere Gerichte".

(6) *jìhuà wěiyuánhuì* wird gelegentlich mit *Jìwěi* abgekürzt.

哦！…好极了！

12 – Ò!... Hǎo jí le!

有翻译吗？

13 – Yǒu fānyì ma?

当然！我们每次开会都有

14 – Dāngrán! Wǒmen měi cì kāi huì **(7)** dōu yǒu

两个翻译！

liǎng ge fānyì!

要不然没法儿讨论！

15 – Yàoburán méi fǎr tǎolùn! **(8)**

FĀYĪN 发音

14 mei tse kai huei. **15** iao bu ran mei far tao lun.

Vergessen Sie nicht, daß die Pinyin-Umschrift eine **Schreibregel** *ist, und* **keine Phonetik***, und machen Sie nicht den Fehler, diese Umschrift wie deutsche Wörter zu lesen. Schlagen Sie im Zweifelsfall immer die "Einführung in die Phonetik" am Anfang von BAND 1 auf. Dort finden Sie Beispiele für die Aussprache der chinesischen Laute. Denken Sie daran, daß* **shi** *wie sche und* **ci** *wie tse gesprochen wird (beide zwischen einem geschlossenen e und einem geschlossenen ö),* **huí** *wie huei und* **nian** *wie niän. Wenn Sie mit den Cassetten arbeiten, hören Sie sich die ersten Dialoge ruhig ein Dutzend mal an, denn das häufige und regelmäßige Hören versetzt Sie in die Lage, die Laute des modernen Chinesisch ohne große Schwierigkeiten nachzusprechen.*

12 – Oh! . . . Ausgezeichnet!
13 – Haben wir Übersetzer?
14 – Natürlich! Bei all unseren Versammlungen gibt es immer zwei Übersetzer!
(natürlich! wir / jedes / Mal / abhalten / Versammlung / alle / haben / zwei / ZEW / Übersetzer)
15 – Andernfalls können wir nicht diskutieren!
(andernfalls / nicht haben / Möglichkeit / diskutieren)

ANMERKUNGEN (Fortsetzung)

(7) *cì* "Mal" benötigt kein zusätzliches Zähleinheitswort: *liǎng cì* "zweimal", *xià cì* "das nächste Mal", *shàng cì* "das letzte Mal", *dì èr cì* "das zweite Mal".
měi "jeder, -e, -es". Gelegentlich findet man in Sätzen mit *měi* auch das Adverb *dōu* "alle", das den Plural verstärkt: *Wǒ měi cì lái dōu qù kàn tā* "Jedesmal, wenn ich komme, gehe ich ihn besuchen", *Měi cì dōu yíyàng* "Es ist jedesmal das Gleiche", *Měi cì dōu shì zhèyàng de ma?* "Ist es jedesmal so?"

(8) Für *yàoburán* "andernfalls, sonst" gibt es noch die Synonyme *bùrán* oder *bùrán de huà. Wǒ xíwàng nǐ yě néng lái; yàoburán zěnme bàn ne?* "Ich hoffe, daß du auch kommen kannst; was sollen wir sonst tun?", *Wǒ děi zǒu, yàoburán jiù gǎnbushàng huǒchē le!* "Ich muß gehen, sonst verpasse ich den Zug!"
méi fǎr "unmöglich, keine Möglichkeit haben". *Méi fǎr gēn tā shuō huà!* "Es ist unmöglich, mit ihm zu reden!", *Méi fǎr guò qù* "Es gibt keine Möglichkeit, hinüberzugehen". *Méi fǎr shuō* "Man kann nichts sagen".

LIÀNXÍ 练习

他是负责什么的？
1 – Tā shì fùzé shénme de?

他是翻译吗？
2 – Tā shì fānyì ma?

不然的话我不去。
3 – Bùrán de hua wǒ bú qù.

我每次都去。
4 – Wǒ měi cì dōu qù.

WÁNCHÉNG JÙZI (Lückentext)

1 *Er wird bestimmt kommen!*

Tā . . . . yào lái!

第七十二课
DÌ QĪ SHÍ ÈR (72) KÈ

还是不够理想！
Hái shì búgòu lǐxiǎng!

喝茶吗？
1 – Hē chá ma?

不喝！谢谢！
2 – Bù hē! Xièxie!

ÜBUNGEN

1 Wofür ist er verantwortlich? (Was ist seine Funktion?)
2 Ist er Übersetzer?
3 Andernfalls gehe ich nicht.
4 Ich gehe jedesmal hin.

———————

2 *Bist du auch Ingenieur?*

Nǐ .. shì gōngchéngshī ma?

3 *Er kommt jedesmal.*

Tā . . . cì dōu lái.

4 *Er ist auch gestern gekommen.*

Tā yě shì zuótiān . . . de.

Lösungen zum Lückentext

1 kěndìng. **2** yě. **3** měi. **4** lái.

* * *

Zweite Welle: *dì èr shí èr kè*

———————

ZWEIUNDSIEBZIGSTE LEKTION

Das ist noch nicht ganz ideal!

1 – Möchtest du Tee trinken?
    (trinken / Tee / Fragepartikel)
2 – Nein! Danke!
    (nicht / trinken! danke!)

Lektion 72

好！我们继续讨论吧！

3 – Hǎo! Wǒmen jìxù tǎolùn ba!

你说，这个工厂，工人的

4 – Nǐ shuō, zhèi ge gōngcháng, gōngrén de

一般工资是多少？

yìbān gōngzī shì duōshǎo? **(1)**

现在是每个月五十多块。

5 – Xiànzài shì měi ge yuè wǔ shí duō kuài. **(2)**

工程师呢？

6 – Gōngchéngshī ne?

工程师的工资是一百多块。

7 – Gōngchéngshī de gōngzī shì yì bǎi duō kuài.

全国都是这样吗？

8 – Quánguó dōu shì zhèyàng ma?

我想，全国都差不多。

9 – Wǒ xiǎng, quánguó dōu chàbùduō. **(3)**

FĀYĪN 发音

3 dji chü tao lun ba. **4** i ban gung dse. **5** u sche duo koai.

3 – Gut! Dann diskutieren wir jetzt weiter!
    (gut! wir / fortsetzen / diskutieren / Partikel)
4 – Sag mal, wie hoch ist in dieser Fabrik im allge-
    meinen der Lohn der Arbeiter?
    (du / sagen, diese / ZEW / Fabrik, Arbeiter / At-
    tributpartikel / im allgemeinen / Lohn / sein /
    wieviel)
5 – Gegenwärtig sind es pro Monat etwas mehr als
    50 Yuan.
    (gegenwärtig / sein / jeden / ZEW / Monat / 50 /
    mehr / Yuan)
6 – Und bei den Ingenieuren?
7 – Der Lohn der Ingenieure liegt bei etwas über
    100 Yuan.
    (Ingenieur / Attributpartikel / Lohn / sein / ein /
    hundert / mehr / Yuan)
8 – Ist das im ganzen Land so?
    (landesweit / alles / sein / so / Fragepartikel)
9 – Ich glaube, das ist überall ähnlich.
    (ich / denken, landesweit / alles / ähnlich)

ANMERKUNGEN

(1) Einige ähnliche Wörter, die Sie nicht verwechseln sollten:
    gōngrén "Arbeiter", *gōngchǎng* "Fabrik", *gōngzī* "Lohn",
    gōngzuò "arbeiten". - *duōshǎo?* "wieviel?", *Duōshǎo*
    qián? "Was kostet das?", *Nǐ yào duōshǎo?* "Wieviel
    willst du?".
(2) *duō* nach einer Zahl bedeutet "mehr als, über". *Wǒmen*
    jīntiān wǔ shí duō ge rén "Wir sind heute mehr als 50
    Personen", *sì bǎi duō kuài qián* "über 400 Yuan". Erin-
    nern Sie sich: *kuài* ist der umgangssprachliche Ausdruck
    für *yuán*.
(3) Wir haben *chàbùduō* als Adverb in der Bedeutung "un-
    gefähr" kennengelernt (Lektion 54, Anmerkung 5). Hier
    hat es eine andere Bedeutung: "ähnlich, gleich". *Nǐmen*
    liǎng ge rén dōu chàbùduō "Ihr beiden seid ganz ähn-
    lich", *Zhèi ge huòzhě nèi ge, fǎnzhèng dōu chàbùduō!*
    "Dies oder das, das ist sowieso alles das Gleiche!"

那，北京的猪肉多少钱一斤呢？
10 – Nà, Běijīng de zhūròu duōshǎo qián yì jīn ne? **(4)**

大概一块钱一斤。
11 – Dàgài yí kuài qián yì jīn. **(5)**

不便宜！
12 – Bù piányi!

是不便宜！
13 – Shì bù piányi!

那，还是不够理想！
14 – Nà, hái shì búgòu lǐxiǎng!

FĀYĪN 发音

11 i djin. **12** bu pjän i. **14** hai sche bu gou li chiang.

LIÀNXÍ 练习

你每天都去吗？
1 – Nǐ měi tiān dōu qù ma?

他每个星期都来一次。
2 – Tā měi ge xīngqī dōu lái yí cì.

一块钱一斤，便宜不便宜？
3 – Yí kuài qián yì jīn, piányi bù piányi?

你说！哪个最好？
4 – Nǐ shuō! Něi* ge zuì hǎo?
(* kann auch **nǎ** gesprochen werden)

10 – Und was kostet in Beijing ein Pfund Schweine-
       fleisch?
       *(dann, Beijing / Attributpartikel / Schweine-
       fleisch / wieviel / Geld / ein / Pfund / Partikel)*
11 – Ungefähr einen Yuan pro Pfund.
       (ungefähr / ein / Yuan / Geld / ein / Pfund)
12 – Das ist nicht billig!
       (nicht / billig)
13 – Das ist in der Tat nicht billig!
       (sein / nicht / billig)
14 – Das ist also noch nicht ganz ideal!
       (dann, noch / sein / nicht genug / ideal)

ANMERKUNGEN (Fortsetzung)

(4) Auf den chinesischen Märkten ist es üblich, den Preis pro
     Pfund und nicht pro Kilo *(gōngjīn)* anzugeben. Früher
     entsprach ein Pfund 596 Gramm und setzte sich aus 16
     Unzen *(liǎng)* zusammen. Heute entspricht ein Pfund
     (500 Gramm) zehn Unzen zu je 50 Gramm. Im Restaurant
     hört man oft die Frage *Nǐ chī jǐ liǎng?* "Wieviele Unzen
     essen Sie?", um die benötigte Menge an Reis, Nudeln
     usw. besser bestimmen zu können. Vorsicht: Für "zwei
     Unzen" sagt man ausnahmsweise *èr liǎng.*
(5) Das chinesische Geld teilt sich auf in *yuán* (auch: *kuài*),
     jiǎo (auch: *máo*, 1/10 Yuan) und *fēn* (1/10 Mao). Lesen
     Sie dazu auch die Anmerkung 2 der Lektion 44. In Hong-
     kong bedeutet *liǎng kuài qián* "2 HK$", in Amerika "2
     US$".

ÜBUNGEN

1 Gehst du jeden Tag dort hin?
2 Er kommt jede Woche einmal./Er kommt einmal pro Woche.
3 Ist ein Yuan pro Pfund preiswert?
4 Sag mal! Welcher/-e,/-es ist der/die/das Beste?

Lektion 72

WÁNCHÉNG JÙZI

1 *Sprich weiter!*

Nǐ . . . .   shuō ba!

2 *Alle sind so!*

Dàjiā dōu shì . . . . !

3 *Das ist noch zu teuer!*

. . .   . . .   tài guì le!

4 *Ich denke, morgen geht es auch.*

Wǒ . . . . .   míngtiān yě kěyǐ.

第七十三课
DÌ QĪ SHÍ SĀN (73) KÈ

非常重要！
Fēicháng zhòngyào!

明天下午我们几点开会？

1 – Míngtiān xiàwǔ wǒmen jǐ diǎn kāi huì?
(1)

两点！
2 – Liǎng diǎn!

FĀYĪN 发音

fei tschang dschung iao. **1** dji diän kai huei. **2** liang diän.

Lösungen zum Lückentext

1 jìxù. **2** zhèyàng (oder zhèiyàng). **3** hái shì. **4** xiǎng.

* * *

Zweite Welle: *dì èr shí sān kè*

DREIUNDSIEBZIGSTE LEKTION

Das ist sehr wichtig!

1 – Um wieviel Uhr findet morgen nachmittag unsere Versammlung statt?
*(morgen / nachmittag / wir / um wieviel Uhr /
abhalten / Versammlung)*
2 – Um zwei Uhr!

ANMERKUNGEN

(1) Denken Sie daran: **Zeitangaben stehen immer vor dem
Verb!** *Nǐ shénme shíhou qù?* "Wann gehst du?", *Wǒ
kěnéng míngnián qù* "Ich gehe möglicherweise nächstes
Jahr". Zu den Uhrzeiten lesen Sie ggf. noch einmal die
Lektionen 16 und 48.

在什么地方？

3 – Zài shénme dìfang?

和平饭店！六楼！

4 – Hépíng Fàndiàn! Liù lóu! (2)

谁的办公室？

5 – Shéi de bàngōngshì?

中国公司的！

6 – Zhōngguó gōngsī de!

在这儿开不行吗？

7 – Zài zhèr kāi bù xíng ma? (3)

明天可能人很多！怕坐不下！

8 – Míngtiān kěnéng rén hěn duō! Pà zuò
bu xià! (4)

明天美国公司要派代表吗？

9 – Míngtiān Měiguó gōngsī yào pài dàibiǎo ma?

当然！他们一共六个代表！

10 – Dāngrán! Tāmen yígòng liù ge dàibiǎo!

我们呢？

11 – Wǒmen ne?

FĀYĪN 发音

5 ban gung sche. 6 gung se.

3 – Und wo?
      (in / welchem / Ort)
4 – Im Friedenshotel! "Sechste" Etage!
      (Frieden / Hotel! sechs / Etage)
5 – In wessen Büro?
6 – In dem der chinesischen Gesellschaft!
7 – Könnte man sie nicht hier abhalten?
      *(in / hier / abhalten / nicht / gehen / Fragepar-
      tikel)*
8 – Morgen werden wahrscheinlich viele Leute hier
      sein! Ich fürchte, es werden nicht alle Platz haben!
      *(morgen / möglicherweise / Leute / sehr / zahl-
      reich! fürchten / sitzen / nicht / hinunter)*
9 – Wird die amerikanische Firma morgen Vertreter
      entsenden?
      *(morgen / Amerika / Firma / werden / senden /
      Vertreter / Fragepartikel)*
10 – Natürlich! Sie werden insgesamt sechs Vertreter
       sein!
       *(selbstverständlich! sie / insgesamt / sechs /
       ZEW / Vertreter)*
11 – Und wir?

ANMERKUNGEN (Fortsetzung)

(2) Achtung: In China werden die Stockwerke anders gezählt
     als bei uns. Unser "Parterre" heißt dort "1. Etage" *yī lóu.*
     Unsere 1. Etage ist in China die "2.Etage" *èr lóu* usw.
     Daher in der Übersetzung die Anführungszeichen. Es han-
     delt sich hier eigentlich um die europäische "5. Etage".
     Und noch etwas: In den Aufzügen moderner chinesischer
     Hotelhochhäuser gibt es manchmal keinen Knopf für die
     13. Etage. Wenn Sie dort den Knopf für die 14. Etage
     drücken, gelangen Sie in die (europäische) 12. Etage.
(3) Das Konditional ist hier impliziert. *Zài zhèr chī bù xíng
     ma?* "Könnte man nicht hier essen?", *Zài nàr zhù bù xíng
     ma?* "Könnte man nicht dort wohnen?", *Wǒ de piào, zài
     Shànghǎi mǎi bù xíng ma?* "Könnte ich meine Fahrkarte
     nicht in Shanghai kaufen?"
(4) *zuò bú xià* ist das bereits früher erwähnte **Komplement
     der Fähigkeit**, hier verneint: "es werden sich nicht alle
     setzen können". Verb 1 + *de/bù* + Verb 2: Die Hand-
     lung kann/kann nicht ausgeführt werden. Bejaht: *zuò de
     xià.* Andere Beispiele: *chī bù wán* "nicht aufessen kön-
     nen", *kàn bù dǒng/tīng bù dǒng* "nicht verstehen kön-
     nen", *zhǎo bù dào* "nicht finden können".

Lektion 73

我们的四个人明天都去！

12 – Wǒmen de sì ge rén míngtiān dōu qù!

好象明天的会非常重要！

13 – Hǎoxiàng míngtiān de huì fēicháng zhòngyào! **(5)**

对！比较重要！

14 – Duì! Bǐjiào zhòngyào!

FĀYĪN 发音

13 ming tiän de huei.

LIÀNXÍ 练习

几点吃饭？

1 – Jǐ diǎn chī fàn?

是谁的？

2 – Shì shéi de? (Oder: Shì **shuí** de?)

我们一共六个人！

3 – Wǒmen yígòng liù ge rén!

今天的会很重要！

4 – Jīntiān de huì hěn zhòngyào!

12 – Wir vier gehen morgen alle hin!
    *(wir / Attributpartikel / vier / ZEW / Personen /
    morgen / alle / gehen)*
13 – Anscheinend ist die morgige Versammlung be-
    sonders wichtig!
    *(anscheinend / morgen / Attributpartikel / Ver-
    sammlung / äußerst / wichtig)*
14 – Stimmt! Sie wird ziemlich wichtig sein!

ANMERKUNGEN (Fortsetzung)

(5) Zur Erinnerung: **Das Bestimmungwort steht immer vor
dem Bezugswort**: *míngtiān de huì* "die morgige Versammlung", *Shànghǎi de jiāoqū* "der Vorort Shanghais", *Déguó
de dàibiǎo* "der Vertreter Deutschlands" usw.

ÜBUNGEN

1 Um wieviel Uhr essen wir?
2 Wem gehört das?
3 Wir sind insgesamt sechs Personen!
4 Die heutige Versammlung ist sehr wichtig!

---

*Wir wollen noch ein weiteres Mal betonen, wie wichtig
es ist, daß Sie die **Töne** sauber sprechen. Versuchen
Sie, die allgemeine Intonation eines Satzes im Gedächtnis zu behalten und merken Sie sich vor allem Redewendungen anstelle einzelner Wörter oder Silben.
Wenn Sie die Töne nicht sauber sprechen, erwecken
Sie den (vielleicht falschen) Eindruck, daß Sie es mit
dem Chinesischlernen nicht so genau nehmen, und,
was noch ärgerlicher ist, Sie werden vom chinesischen
Zuhörer oft nicht richtig verstanden. Nehmen Sie so oft
wie möglich die Cassetten zu Hilfe und machen Sie die
Aussspracheübungen immer laut.*

WÁNCHÉNG JÙZI

1 *An welchem Ort?*

Zài . . . . . dìfang?

2 *Wieviele Personen sind sie insgesamt?*

Tāmen . . . . . . jǐ ge rén?

3 *Wo halten wir die Versammlung ab?*

Wǒmen zài nǎr . . . . . . ?

4 *Anscheinend ist es äußerst wichtig!*

. . . . fēicháng zhòngyào!

第七十四课
DÌ QĪ SHÍ SÌ (74) **KÈ**

你是翻译吗？
1 – Nǐ shì fānyì ma?

是！我是这个公司的翻译！
2 – Shì! Wǒ shì zhèi ge gōngsī de fānyì!

请你给王先生讲一下：我们
3 – Qǐng nǐ gěi Wáng xiānsheng jiǎng
yíxià **(1)**: Wǒmen

不同意这一条！
bù tóngyì zhèi yì tiáo!

FĀYĪN 发音
1 ni sche fan i ma.

Lösungen zum Lückentext

1 shénme. **2** yígòng. **3** kāi huì. **4** hǎoxiàng.

* * *

Zweite Welle: *dì èr shí sì kè*

VIERUNDSIEBZIGSTE LEKTION

1 – Sind Sie Übersetzer (Dolmetscher)?
2 – Ja! Ich bin der Übersetzer dieser Firma!
3 – Dann sagen Sie bitte Herrn Wang, daß wir mit
dieser Klausel nicht einverstanden sind!
*(bitte / Sie / für / Wang / Herr / erklären / ein-
mal: wir / nicht / einverstanden / diese / eine /
Klausel)*

ANMERKUNGEN

(1) "jdm. etwas sagen" nach dem folgenden Muster: [Spre-
cher + *gěi* ("für, zu") oder *duì* ("zu") Angesprochener]:
Tā gěi wǒ shuō "Er sagt zu mir", *Wǒ gěi nǐ shuō* "Ich
sage zu dir", ...

Lektion 74

哪一条？
4 – Nǎ yì tiáo? **(2)**

第三页，第二行！
5 – Dì sān yè, dì èr háng! **(3)**

你们为什么不同意呢？
6 – Nǐmen wèi shénme bù tóngyì ne?

因为四个月的时间，不够！
7 – Yīnwèi sì ge yuè de shíjiān, búgòu!

工作肯定作不完！
Gōngzuò kěndìng zuò bù wán! **(4)**

六个月呢？
8 – Liù ge yuè ne?

恐怕还是不够！
9 – Kǒngpà hái shì bú gòu! **(5)**

那，你们建议要多少时间呢？
10 – Nà, nǐmen jiànyì yào duōshǎo shíjiān ne?

FĀYĪN 发音

5 di ar hang. **7** gung dsuo kön ding dsuo bu oan. **10** djiän i.

4 – Welche Klausel?
      (welche / eine / Klausel)
5 – Dritte Seite, zweite Zeile!
6 – Und warum sind Sie nicht einverstanden?
7 – Weil vier Monate (Zeit) nicht genug sind! Wir
      werden mit der Arbeit bestimmt nicht fertig
      sein!
      *(weil / vier / ZEW / Monat / Attributpartikel /
      Zeit, nicht / genug! Arbeit / bestimmt / machen /
      nicht / fertig)*
8 – Und sechs Monate?
9 – Ich fürchte, das ist auch nicht genug!
      (fürchten / noch / sein / nicht / genug)
10 – Dann schlagen Sie vor, wieviel Zeit Sie benöti-
      gen!
      *(dann, ihr (Sie) / vorschlagen / benötigen / wie-
      viel / Zeit / Partikel)*

ANMERKUNGEN (Fortsetzung)

(2) Das Fragepronomen "welcher, -e, -es" kann *nǎ* oder *něi*
     gesprochen werden. (*nǎr?* "wo?" wird jedoch immer *nǎr*
     gesprochen!) *Nǐ yào něi/nǎ ge?* "Welches willst du?",
     Nǐ yào něi/nǎ yì běn "Welches (Buch) willst du?". *yī*
     kann auch weggelassen werden. *tiáo* heißt nicht nur
     "Klausel", sondern ist auch das ZEW für das gleich-
     namige Substantiv.
(3) Sie wissen bereits, daß mit *dì* Ordinalzahlen gebildet
     werden: *dì yí kè* "1. Lektion". Achtung bei *háng* "Zeile".
     Sie kennen dieses Ideogramm bereits mit der Aussprache
     xíng ("gehen, möglich sein")! Dies ist eines der zahl-
     reichen Zeichen, die auf zwei Arten gelesen werden
     können. Sehen Sie sich einmal den 4. Satz der ersten
     Übung dieser Lektion an.
(4) Wie in Lektion 73, Anmerkung 4, haben wir es hier mit
     einem **Komplement der Fähigkeit** zu tun: *zuò bù wán*
     "nicht fertigmachen können". Ähnlich: *Wǒ chī bù wán*
     "Ich kann (es) nicht aufessen", *Tā zuò bú xià* "Er kann
     sich nicht hinsetzen".
(5) *pà* oder *kǒngpà* "(be)fürchten, daß..." (s.a. Lektion 50,
     Anmerkung 14). *hái shì* "immer noch...", *Hái shì bú gòu*
     "Das reicht immer noch nicht", *Wǒ de zhōngwén hái shì
     bù xíng* "Mit meinem Chinesisch geht es immer noch
     nicht so gut".

Lektion 74

我们的意思是至少须要一年！
11 – Wǒmen de yìsi shì **(6)** zhìshǎo xūyào
yì nián! **(7)**

我不知道领导同意不同意！
12 – Wǒ bù zhīdao lǐngdǎo tóngyì bù tóngyì!

你能不能去请示一下？
13 – Nǐ néng bù néng qù qǐngshì yíxià?

我下午就去！明天给你们回答！
14 – Wǒ xiàwǔ jiù qù! Míngtiān gěi nǐmen
huídá!

好！还是在这儿吗？
15 – Hǎo! Hái shì zài zhèr ma?

对！
16 – Duì!

FĀYĪN 发音

11 i se sche dsche schao chü iao i niän. **14** chia u djiou tchü.

LIÀNXÍ 练习

谁是翻译？
1 – Shéi shì fānyì?

他也不同意！
2 – Tā yě bù tóngyì!

11 – Unserer Meinung nach benötigen wir mindestens ein Jahr!
*(wir / Attributpartikel / Meinung / sein / minde-
stens / benötigen / ein / Jahr)*

12 – Ich weiß nicht, ob die Direktion einverstanden
sein wird!
*(ich / nicht / wissen / Führung / einverstanden /
nicht / einverstanden)*

13 – Können Sie dort einmal um Anweisungen bitten?
*(Sie / können / nicht / können / gehen / um An-
weisungen bitten / einmal)*

14 – Ich gehe heute nachmittag! Morgen gebe ich
Ihnen Antwort!
*(ich / nachmittag / dann / gehen! morgen / zu /
Ihnen / antworten)*

15 – Gut! Treffen wir uns wieder hier?
(gut! noch / sein / in / hier / Fragepartikel)

16 – Ja!

ANMERKUNGEN (Fortsetzung)

(6) Eine gebräuchliche Redewendung: "Unserer Meinung
nach". *Wǒ de yìsi shì...* "Meiner Meinung nach...", *Nǐ de
yìsi shì shénme?* "Was denkst du darüber?", *Wǒ xiǎng
tāmen de yìsi shì...* "Ich glaube, sie meinen, daß..."

(7) *zhìshǎo* "mindestens, wenigstens". *Wǒ zhìshǎo liǎng ge
yuè cái néng huílái* "Ich kann frühestens in zwei Monaten
zurückkommen" ("Es werden mindestens zwei Monate
vergehen, bevor..."), *Wǒ měi ge yuè zhìshǎo qù liǎng cì*
"Ich gehe jeden Monat mindestens zweimal hin".

ÜBUNGEN

1 Wer ist der Übersetzer/Dolmetscher?
2 Er ist auch nicht einverstanden!

六个月够不够？

3 – Liù ge yuè gòu bú gòu?

第一行不行；第二行也不对；你看！

4 – Dì yì háng bù xíng; dì èr háng yě bú duì; nǐ kàn!

WÁNCHÉNG JÙZI

1 *Ich habe es ihm (schon) zweimal erzählt.*

Wǒ . . . tā jiǎng le . . . . . cì.

2 *Ich fürchte, das ist immer noch nicht richtig!*

. . . . . . hái shì bú duì!

3 *Kannst du heute nachmittag dorthin gehen?*

Nǐ . . . . xiàwǔ néng bù néng qù?

4 *Warum? Weil es nicht ausreicht! (Weil es nicht genug ist!)*

Wèi shénme? . . . . . . bú gòu!

3 Sind sechs Monate genug?
4 Die erste Zeile geht so nicht; die zweite Zeile ist auch nicht richtig; sehen Sie mal!

Lösungen zum Lückentext

1 gěi - liǎng. **2** kǒngpà. **3** jīntiān. **4** yīnwèi.

Sie haben gesehen, daß die Negation 不 *bù, wenn ihr eine Silbe im 4. Ton folgt, im 2. Ton gesprochen wird. Man sagt:* 我不去 *Wǒ bú qù "Ich gehe nicht (hin)", aber* 我不懂 *Wǒ bù dǒng "Ich verstehe nicht".*
Auch die Zahl 一 *yī "eins" verändert je nach darauffolgender Silbe ihren Ton. Vor einer Silbe im 4. Ton wird* **yī** *im 2. Ton gesprochen (***yí***), vor einer Silbe im 1., 2. oder 3. Ton wird die Silbe im 4. Ton gesprochen:* **yì**. *Vor dem Zähleinheitswort* 个 *ge (das eigentlich den 4. Ton hat), wird* **yī** *im 2. Ton gesprochen:* 一个人 *yí ge rén "eine Person".*

* * *

Zweite Welle: *dì èr shí wǔ kè*

第七十五课
DÌ QĪ SHÍ WǓ (75) KÈ

说中国话
Shuō zhōngguó huà

你也是这个代表团的吗？

1 – Nǐ yě shì zhèi ge dàibiǎotuán de ma? **(1)**

是！我们六个人都是！

2 – Shì! Wǒmen liù ge rén dōu shì!

那位呢？跟王同志说话的那位！

3 – Nèi wèi ne? **(2)** Gēn Wáng tóngzhì
shuō huà de nèi wèi? **(3)**

他是我们的商务参赞！

4 – Tā shì wǒmen de shāngwù cānzàn! **(4)**

他说中国话说得非常流利！

5 – Tā shuō zhōngguó huà shuō de
fēicháng liúlì! **(5)**

FĀYĪN 发音

1 dai biao toan. 4 schang u tsan dsan. 5 liou li.

FÜNFUNDSIEBZIGSTE LEKTION

Chinesisch sprechen

1 – Gehören Sie auch zu dieser Delegation?
  (Sie / auch / sein / diese / ZEW / Delegation / Attributpartikel / Fragepartikel)
2 – Ja! Wir gehören alle sechs dazu!
  (sein! wir / sechs / ZEW / Person / alle / sein)
3 – Und dieser Herr dort? Der, der mit dem Kameraden Wang spricht?
  (jener / ZEW / Partikel? mit / Wang / Kamerad / sprechen / Attributpartikel / jener / ZEW)
4 – Das ist unser Handelsrat!
  (er / sein / unser / Handel / Rat)
5 – Er spricht sehr fließend Chinesisch!
  *(er / sprechen / Chinesisch / sprechen / **de** / äußerst / fließend)*

ANMERKUNGEN

(1) *shì...de* heißt hier "von...sein, zu...gehören". Ähnliche Beispiele: *Tā shì zhèi ge gōngcháng de* "Er gehört zu dieser Fabrik", *Nǐ yě shì zhèi ge gōngsī de ma?* "Gehören Sie auch zu dieser Firma?", *Shì wǒ de!* "Das gehört mir!/Das ist meins!", *Nǐ shì něi ge dānwèi de?* "Zu welcher Einheit gehörst du?", *Nǐ shì něi ge xuéxiào de?* "Von welcher Schule bist du?"

(2) *wèi* ist ein ZEW für Personen, das besondere Höflichkeit ausdrückt. Siehe Lektion 38.

(3) Hier sehen Sie wieder, daß die nähere Bestimmung vor dem Bezugswort steht: "der mit Wang spricht" - "der Herr". Ebenso steht die **Präposition vor dem Verb**: *gēn Wáng tóngzhì shuō huà*. Weitere Beispiele: *Kàn bào de nèi wèi* "Der, der die Zeitung liest", *Dài yǎnjìng de nèi ge* "Der, der die Brille trägt".

(4) Merken Sie sich auch: *wénhuà cānzàn* "Kulturrat", *shāngwù zhuānyuán* "Handelsattaché", *wénhuà zhuānyuán* "Kulturattaché".

(5) Das **Komplement des Grades** wird immer mit der Partikel *de* gebildet. Davor steht immer ein Verb. Daher wird, wenn der Satz ein direktes Objekt enthält, das **Verb** danach noch einmal **wiederholt**. Lesen Sie dazu noch einmal die Lektionen 27, 30, 35 und 43.

对！他在北京已经住了四年了！
6 – Duì! Tā zài Běijīng yǐjīng zhù le sì nián
     le! **(6)**

你讲得也不错呀！
7 – Nǐ jiǎng de yě bú cuò ya!

哪里！哪里！
8 – Nǎli! Nǎli! **(7)**

我只能随便说几句！
Wǒ zhī néng suíbiàn shuō jǐ jù! **(8)**

不要谦虚！你的发音很好！
9 – Bú yào **(9)** qiānxū! Nǐ de fāyīn hěn hǎo!

FĀYĪN 发音

6 dschu lö se niän lö. 8 suei biän schuo dji djü.

6 – Das stimmt! Er lebt schon seit vier Jahren in
    Beijing!
    (richtig! er / in / Beijing / schon / wohnen / As-
    pektpartikel / vier / Jahr / Satzpartikel)
7 – Aber du sprichst auch nicht schlecht!
    *(du / sprechen / **de** / auch / nicht schlecht /*
    Ausruf)
8 – Ach nein! Ich spreche nicht gut! Ich kann nur so
    ein paar Sätze sagen!
    (aber nein! ich / nur / können / beiläufig / sagen /
    einige / Sätze)
9 – Sei nicht so bescheiden! Deine Aussprache ist
    sehr gut!
    (nicht / sollen / bescheiden! deine / Aussprache /
    sehr / gut)

ANMERKUNGEN (Fortsetzung)

(6) **Ortsbestimmung vor dem Verb, Zeitdauer nach dem
Verb**. Das erste *le* ist die Aspektpartikel, die eine abgeschlossene Handlung kennzeichnet (die vier Jahre sind
abgelaufen), das zweite *le* soll hier noch einmal nach-
drücklich unterstreichen, daß die Handlung noch im Gang
ist (er wohnt weiterhin in Beijing). Anders im Satz *Wǒ zài
nàr dāi le liǎng tiān le* "Ich bin zwei Tage dort geblieben",
wo die Satzpartikel *le* am Satzende auf den Eintritt einer
neuen Situation hinweist (der Sprecher ist nun nicht mehr
dort).

(7) Ein wichtiger idiomatischer Ausdruck, da die Chinesen
stets zum Understatement neigen. Er dient in erster Linie
dazu, ein Kompliment abzuwerten: "Nein, Nein!", "Ach
was!", "Nicht der Rede wert!". Synonyme dafür sind *Bù
gǎn dāng!* bzw. *Guò Jiǎng* "Zuviel der Ehre!".

(8) Die genaue Bedeutung von *suíbiàn* ist schwer wiederzugeben. Sein Sinn, etwa "ungezwungen, einfach" bzw.
"sich keinen Zwang antun", wird anhand der folgenden
Idiome deutlich: *Nǐ suíbiàn shuō jǐ jù ba!* "Sag einfach
einige Sätze!", *Suíbiàn chī ba!* "Bedien dich! Iß was du
magst!", *Suíbiàn zuò ba!* "Setz dich! Fühl dich wie zu
Hause!", *Suíbiàn nǐ!* oder *Suí nǐ de biàn!* "Wie du
willst!", "Es ist deine Sache", "Wie es dir beliebt".

(9) Die verneinte Befehlsform bzw. das Verbot (vgl. *bié*,
Lektion 67, Anmerkung 4). *Bú yào tài duō* "Nicht so
viel!", *Bú yào zhèyàng shuō!* "So etwas darf man nicht
sagen!", *Bú yào mà rén!* "Du darfst die Leute nicht beschimpfen!".

我只会几句常用的话！
10 – Wǒ zhǐ huì jǐ jù chángyòng de huà!

好了！好了！快开会了！
11 – Hǎo le! Hǎo le! Kuài kāi huì le!

我们坐下吧！
Wǒmen zuòxia ba!

好！我坐这儿！请你那边儿坐！
12 – Hǎo! Wǒ zuò zhèr! Qǐng nǐ nèibiānr
zuò! (10)

好！
13 – Hǎo!

FĀYĪN 发音   10 dsche huei - tschang iong de hoa.

LIÀNXÍ 练习

你是哪个国家的？
1 – Nǐ shì něi ge guójiā de?

你也是这个公司的吗？
2 – Nǐ yě shì zhèi ge gōngsī de ma?

他说汉语说得不错！
3 – Tā shuō hànyǔ shuō de búcuò!

他们讲得太快！
4 – Tāmen jiǎng de tài kuài!

你坐哪儿？
5 – Nǐ zuò nǎr?

10 – Ich kann nur einige häufig gebrauchte Ausdrücke sagen!
*(ich / nur / können / einige / ZEW / häufig be-
nutzt / Attributpartikel / Ausdruck)*

11 – Gut! Das reicht! Die Versammlung geht gleich
los! Setzen wir uns!
*(gut / Satzpartikel! gut / Satzpartikel! bald / ab-
halten / Versammlung / Satzpartikel! wir / setzen / Partikel)*

12 – Gut! Ich setze mich hier hin! Bitte setzen Sie
sich dort hin!
*(gut! ich / setzen / hier! bitte / Sie / dort / set-
zen)*

13 – In Ordnung!

ANMERKUNGEN (Fortsetzung)

(10) Mit dieser gebräuchlichen Wendung wird eine Person
zum Setzen aufgefordert. Sie können *Qǐng nǐ zuò nèibiānr* oder *Qǐng nǐ nèibiānr zuò* sagen. In diesem Fall
wird die Stellung der Ortsangabe etwas flexibler gehandhabt. Dies sollten Sie aber nicht verallgemeinern; es gilt
nur für diesen idiomatischen Ausdruck. "sich setzen"
kann *zuò* oder *zuòxia* heißen (siehe Sätze 11 und 12).

ÜBUNGEN

1 Aus welchem Land kommen Sie?
2 Gehören Sie auch zu dieser Firma?
3 Er spricht nicht schlecht Chinesisch!
4 Sie sprechen zu schnell!
5 Wo sitzt du?/Wo setzt du dich hin?

---

*Einige umgangssprachliche Redewendungen richten
sich nicht immer streng nach den offiziellen Grammatikregeln, z.B. in* 你坐这儿吧 *! Nǐ zuò zhèr ba! "Setz
dich hier hin!", wo die Ortsangabe (zhèr) ausnahms-
weise nach dem Verb steht. Wie in allen Sprachen gibt
es auch im Chinesischen Ausnahmen, und wir bemü-
hen uns, Sie an der jeweiligen Stelle immer darauf hin-
zuweisen.*

WÁNCHÉNG JÙZI

1 *Gehört dies hier auch ihm?*

Zhèi ge yě shì . .   . .   ma?

2 *Man sollte nicht gehen! Das Wetter ist nicht gut!*

Bú . . .   qù! Tiānqì bù hǎo!

3 *Geh nicht! Das Wetter ist schlecht!*

. . .   qù! Tiānqì bù hǎo!

4 *Wir werden gleich die Versammlung abhalten!*

Wǒmen . . . .   kāi huì le!

5 *Ich lebe dort schon seit drei Monaten!*

Wǒ . . . . . .   zhù le sān ge yuè . . !

第七十六课
DÌ QĪ SHÍ LIÙ (76) KÈ

回国
Huíguó

你什么时候回国？
1 – Nǐ shénme shíhou huíguó?

FĀYĪN 发音

hoei guo.

Lösungen zum Lückentext

1 ta de. **2** yào. **3** bié. **4** kuài. **5** yǐjīng - le.

In der Zeichenschrift werden die Silben mehrsilbiger Wörter nicht miteinander verbunden; alle Zeichen haben den gleichen Abstand zueinander. Anders in der Pinyin-Umschrift: Dort werden zusammengehörige Silben zusammengeschrieben. Z.B. ist das Adverb 不错 ***búcuò*** *"nicht schlecht, ganz passabel"* **ein** *Wort, obwohl natürlich beide Silben auch separat existieren;* 错 ***cuò*** *alleine heißt "schlecht, falsch". Da* ***cuò*** *den 4. Ton hat, muß* 不 ***bù*** *im 2. Ton (****bú****) gesprochen (und geschrieben!) werden.*

* * *

Zweite Welle: *dì èr shí liù kè*

SECHSUNDSIEBZIGSTE LEKTION

Ins Heimatland zurückkehren

1 – Wann kehrst du nach Hause (in deine Heimat) zurück?
(du / wann / ins Heimatland zurückkehren)

Machen Sie von Zeit zu Zeit die folgende Übung: Überprüfen Sie anhand der Wortschatzverzeichnisse von Band 1 und 2 die Ihnen bekannten Vokabeln und die Vokabeln, die Sie vergessen haben: Decken Sie das Deutsche und die Pinyin-Umschrift zu und versuchen Sie, die Zeichen zu lesen, zu sprechen und zu übersetzen. Wiederholen Sie dies alle paar Tage, und zwar so lange, bis Sie alle Zeichen wiedererkennen.

还不知道！
2 – Hái bù zhīdao!

这一次访问满意不满意？
3 – Zhèi yí cì fǎngwèn mǎnyì bù mǎnyì?

很满意！你们公司对我们很热情！
4 – Hěn mǎnyì! Nǐmen gōngsī duì wǒmen
hěn rèqíng! (1)

不！我们招待得不够好！
5 – Bù! Wǒmen zhāodài de búgòu hǎo! (2)

哪里！这两个月过得很好！
6 – Nǎli! Zhèi liǎng ge yuè guò de hěn hǎo!
(3)

FĀYĪN 发音

3 fang uön.

____

*Vergessen Sie nicht, die am Ende jeder Lektion angege-
bene Lektion für die "zweite Welle" durchzuarbeiten!
Sie festigen so die im Laufe des 1. Bandes gewonne-
nen Basiskenntnisse und können üben, diese unter Ein-
beziehung der in den letzten Wochen erlernten, neuen
Vokabeln anzuwenden!
Sie kennen mittlerweile alle grammatikalischen Grundregeln. Anstatt in langen Erklärungen auf diese Regeln
einzugehen, ziehen wir es vor, Ihnen diese und vor
allem die wichtigen Redewendungen durch ständiges
Wiederholen vertraut zu machen, indem wir sie im Laufe der Dialoge immer und immer wieder anführen. Je
öfter Sie die Wendungen lesen - und laut sprechen! -
desto größer ist Ihr Lernerfolg!*

2 – Ich weiß es noch nicht!
(noch / nicht / wissen)
3 – Bist du mit diesem Besuch zufrieden?
(dieses / eine / Mal / Besuch / zufrieden / nicht / zufrieden)
4 – Ich bin sehr zufrieden! Eure Firma war uns gegenüber sehr freundlich!
(sehr / zufrieden! ihr / Firma / gegenüber / uns / sehr / herzlich)
5 – Nein, nein! Wir haben euch nicht gut genug aufgenommen! (Wir hätten es noch besser machen sollen!)
(nein! wir / empfangen / de / nicht genug / gut)
6 – Aber nein! Diese beiden Monate sind sehr angenehm verlaufen!
(aber nein! diese / zwei / ZEW / Monat / vergehen / de / sehr / gut)

ANMERKUNGEN

(1) *nǐmen gōngsī* "eure Firma", "die Mitarbeiter eurer Firma". Hier wurde, was durchaus zulässig ist, die Attributpartikel *de* weggelassen. *gōngsī* "Gesellschaft, Firma", *(gǔfèn) yǒuxiàn gōngsī* "Gesellschaft mit beschränkter Haftung", *gǔfèn gōngsī* "Aktiengesellschaft". *duì wǒ hěn hǎo* "sehr nett zu mir", *duì wǒ bú tài rèqíng* "nicht sehr freundlich zu mir". Der **Dativ** steht immer **vor** dem Verb: *Wǒ gěi nǐ mǎi le liǎng bāo yān* "Ich habe dir zwei Päckchen Zigaretten gekauft".

(2) Die Konstruktion *de* + Adverb ist das bereits erwähnte **Komplement des Grades** (siehe Lektion 73, Anmerkung 4). *búgòu* "nicht genügend". *Jīntiān rén búgòu* "Heute sind nicht genügend Leute da", *Yǐzi búgòu* "Es gibt nicht genug Stühle", *Jīntiān búgòu rè* "Heute ist es nicht warm genug", *Búgòu piàoliang!* "Das ist nicht hübsch genug!".

(3) Wir kennen die Silbe *guo* als Verbalsuffix für eine Handlung, die in der Vergangenheit stattgefunden hat. Hier handelt es sich um das Verb "vergehen, ablaufen". *Rìzi guò de hěn kuài ya!* "Wie schnell doch die Tage vergehen!", *Zhèr guò de hěn hǎo!* "Hier läuft alles sehr gut!", *Shíjiān yǐjīng guò qù le!* "Die Zeit ist schon abgelaufen!", *Nǐ zhèr guò de zěnmeyàng?* "Wie läuft es hier für dich?".

现在考查完了！要写报告！

7 – Xiànzài kǎochá wán le! Yào xiě bàogào!

是不是？
Shì bú shì?

是啊！写报告，还要写一个

8 – Shì a! Xiě bàogào, hái yào xiě yí ge

会谈纪要！
huìtán jìyào!

这个，要双方来签字，对不对？

9 – Zhèi ge, yào shuāngfāng (4) lái qiānzì,
duì bú duì?

对！

10 – Duì!

那，你打算什么时候离开北京呢？

11 – Nà, nǐ dǎsuàn shénme shíhou líkāi Běijīng ne?

我的任务完成了才可以离开中国！

12 – Wǒ de rènwu wánchéng le cái (5)
kěyǐ líkāi Zhōngguó!

FĀYĪN 发音

7 kao tscha uan lö. 8 chiä bao gao - huei tan dji iao.
9 tchiän dse. 11 li kai 12 rön u.

7 – Jetzt ist deine Untersuchung fertig! Du mußt jetzt den Bericht schreiben! Nicht wahr?
(jetzt / untersuchen / beendet / Satzpartikel! müssen / schreiben / Bericht! richtig / nicht / richtig)

8 – Stimmt! Ich schreibe den Bericht, und dann muß ich noch ein Gesprächsprotokoll schreiben!
(sein / Partikel! schreiben / Bericht, noch / müssen / schreiben / ein / ZEW / Gesprächsprotokoll)

9 – Das muß noch von beiden Seiten unterzeichnet werden, nicht wahr?
(dieses / ZEW, müssen / beide Seiten / kommen / unterzeichnen, richtig / nicht / richtig)

10 – Ja!

11 – Wann planst du dann, Beijing zu verlassen?
(dann, du / planen / wann / verlassen / Beijing / Partikel)

11 – Erst wenn meine Aufgabe beendet ist, kann ich China verlassen!
(meine / Aufgabe / beenden / Partikel / erst / können / verlassen / China)

ANMERKUNGEN (Fortsetzung)

(4) *shuāngfāng* "beide Seiten, beide Parteien". *guìfāng* "Ihre Partei" (höflich), *wǒfāng* "unsere Seite", *wǒguó* "mein Land", *guìguó* "Ihr Land" (höflich). *guì* "teuer, hoch, wert, vornehm" ist ein Synonym für *nǐ de* und wird verwendet, wenn man besonders höflich sein will.

(5) *cái* "erst, wenn". Die Handlung wird erst vollzogen, wenn die zuvor genannte Bedingung eintritt. *Zhǐyǒu zhèyàng zuò cái néng chénggōng!* "Erst wenn man es so macht, kann es gelingen!", *Nǐ yí ge rén qù cái yǒu yìsi* "Nur (Erst) wenn du alleine gehst, hat es Sinn", *Mǎi piào yǐhòu cái néng jìnqù* "Du kannst erst reingehen, wenn du eine Eintrittskarte gekauft hast".

这样我们可能还有机会见面！

13 – Zhèyàng wǒmen kěněng hái yǒu jīhuì jiànmiàn! (6)

一定有机会！

14 – Yídìng yǒu jīhuì!

FĀYĪN 发音

13 iou dji huei djiän miän.

LIÀNXÍ 练习

他对你怎么样？

1 – Tā duì nǐ zěnmeyàng?

现在工作快完了！要回国了！

2 – Xiànzài gōngzuò kuài wán le! Yào huíguó le!

我们的任务还没有完成呢！

3 – Wǒmen de rènwu hái méi yǒu wánchéng ne!

这个星期过得很快！

4 – Zhèi ge xīngqī guò de hěn kuài!

WÁNCHÉNG JÙZI

1 *Diese beiden Tage sind sehr schnell vergangen!*

Zhèi liǎng tiān ... de hěn kuài!

13 – Auf diese Weise werden wir vielleicht noch die
Gelegenheit haben, uns zu treffen!
*(so / wir / vielleicht / noch / haben / Gelegenheit /
treffen)*
14 – Dazu haben wir bestimmt Gelegenheit!
(bestimmt / haben / Gelegenheit)

ANMERKUNGEN (Fortsetzung)

(6) *jiàn/jiànmiàn* "sich treffen, sich sehen". *Wǒmen hǎoxiàng
yǐjīng jiànguo miàn* "Mit scheint, wir haben uns schon
einmal gesehen", *Míngtiān jiàn!* "Bis morgen!", *Zàijiàn!*
"Auf Wiedersehen!".
hái yǒu "es gibt noch". *Hái yǒu liǎng ge xiǎoshi* "Es
bleiben noch zwei Stunden", *Hái yǒu liǎng ge wèizi* "Dort
sind noch zwei freie Plätze", *Hái yǒu rén ma?* "Sind noch
Leute da?", *Hái yǒu shéi méi lái?* "Wer sonst ist nicht gekommen?", *Hái yǒu yí ge wèntí!* "Es gibt noch ein Pro-
blem/eine Frage!"

ÜBUNGEN

1 Wie ist er zu dir?/Wie verhält er sich zu dir?
2 Jetzt ist die Arbeit bald fertig! Ich muß zurück nach
Hause!
3 Unsere Aufgabe ist noch nicht abgeschlossen!
4 Diese Woche ist sehr schnell vergangen!

2 *Wann planst du zurückzukommen?*

Nǐ dǎsuàn . . . . huílái?

3 *Er schreibt nicht gut.*

Tā xiě . . bù hǎo.

4 *Er schreibt die chinesischen Zeichen schlecht.*

Tā xiě zhōngguó zì . . .   . . bù hǎo.

第七十七课
DÌ QĪ SHÍ QĪ (77) KÈ

WIEDERHOLUNG UND ANMERKUNGEN

Lesen Sie noch einmal die folgenden Anmerkungen:
71. Lekt.: (1), (7); 73. Lekt.: (1), (3), (4), (5); 74.
Lekt.: (1), (6); 75. Lekt.: (1), (3), (5), (6), (9); 76.
Lekt.: (2), (5), (6).

1 Das Verb 要 *yào*. Das Verb 要 *yào* kann mehrere Bedeutungen haben. Es ist wichtig, daß Sie diese verschiedenen Bedeutungen und Verwendungsweisen kennen. Seine Hauptbedeutung lautet "wollen, mögen". Es
kann dann ein Objekt oder eine Verbkonstruktion
folgen: 我要面包 *Wǒ yào miànbāo* "Ich möchte Brot",
我要去北京 *Wǒ yào qù Běijīng* "Ich möchte nach Beijing fahren", 你要不要吃饭? *Nǐ yào bú yào chī fàn?*
"Möchtest du essen?".
Eine zweite Bedeutung von 要 *yào* lautet "müssen": 要
走了！*Yào zǒu le!* "Ich muß gehen!",现在要告诉他！
Xiànzài yào gàosu tā "Jetzt mußt du ihm Bescheid
sagen". Die Verneinung, also *bú yào*, bedeutet "nicht
dürfen, nicht sollen": 不要出去！*Bú yào chūqu!* "Du
darfst nicht rausgehen!",不要吃这个！*Bú yào chī zhèi
ge!* "Du darfst das nicht essen!". *bù* hat hier den 2.
Ton, da *yào* im 4. Ton gesprochen wird! (**Hinweis**: Für
die letzten Beispiele haben wir in der Übersetzung der

Lösungen zum Lückentext

1 guò. **2** shénme shíhou. **3** de. **4** xiě de.

* * *

Zweite Welle: *dì èr shí qī kè*

SIEBENUNDSIEBZIGSTE LEKTION

Einfachheit halber die 1. und 2. Person Singular ge-wählt; selbstverständlich können auch andere Personal-pronomen verwendet werden.)
In einer dritten Bedeutung weist 要 *yào* auf das **Futur** ("werden") hin, d.h. es ist Hilfsverb, wenn eine Hand-lung in der Zukunft stattfindet. In diesem Fall finden wir oft am Satzende die Satzpartikel *le*, die auf das Ein-treten einer neuen Situation hinweist: 要下雨了！*Yào xià yǔ le!* "Es wird regnen!". In Sätzen, in denen 要 *yào* auf das Futur hinweist, wird oft zur Verstärkung und um Verwechslungen mit den anderen Bedeutungen von *yào* zu vermeiden, eine Zeitbestimmung eingefügt, z.B. "morgen, bald, nächstes Jahr", usw.
Da chinesische Verben nicht konjugiert werden, wird das Futur in vielen Fällen mit Hilfe von Adverbien und Zeitbestimmungen ausgedrückt:他马上要来！*Tā mǎ-shàng yào lái* "Er wird sofort kommen", 我明天就要走 *Wǒ míngtiān jiù yào zǒu* "Ich werde (schon) morgen gehen",他快要结婚了！*Tā kuàiyào jiéhūn le* "Er wird bald heiraten", 我下午就要去！*Wǒ xiàwǔ jiù yào qù* "Ich werde (schon) heute nachmittag gehen".

Versuchen Sie nun, in den letzten Lektionen Sätze zu finden, in denen das Futur vorkommt und machen Sie sich noch einmal die Bedeutung der Adverbien und Zeitbestimmungen klar.

2   Die Adverbien des "Ausmaßes". Wiederholen wir nun die Adverbien, die vor einem Verb des Zustands stehen und sein "Ausmaß" verdeutlichen, z.B. 很 *hěn* "sehr": 很重要 *hěn zhòngyào* "sehr wichtig"; 非常 *fēicháng* "extrem": 这个东西非常贵！*Zhèi ge dōngxi fēicháng guì!* "Das ist extrem teuer!"; 特别 *tèbié* "besonders": 学中文特别难！*Xué zhōngwén tèbié nán* "Chinesisch zu lernen, ist besonders schwierig"; 比较 *bǐjiào* "relativ": 他比较老 *Tā bǐjiào lǎo* "Er ist relativ alt", 比较贵 *bǐjiào guì* "relativ teuer"; 有点儿 *yǒudiǎnr* "ein bißchen": 有点儿冷 *Yǒudiǎnr lěng* "Es ist ein bißchen kalt", 我有点儿冷 *Wǒ yǒudiǎnr lěng* "Ich friere ein bißchen", 这个有点儿贵 *Zhèi ge yǒudiǎnr guì* "Das hier ist ein bißchen teuer", 我有点儿累！*Wǒ yǒudiǎnr lèi* "Ich bin ein bißchen müde".
Lassen Sie sich nicht davon irreleiten, daß die beiden Silben, einzeln betrachtet, "haben" und "ein bißchen" bedeuten. 有点儿 *yǒudiǎnr* heißt nicht nur "ein bißchen ...haben", sondern auch "ein bißchen...**sein**". Beispiel: 渴 *kě* heißt "Durst **haben**", 累 *lèi* "müde **sein**". Beiden Verben kann 有点儿 *yǒudiǎnr* vorangestellt werden ("ein bißchen Durst **haben**", "ein bißchen müde **sein**"). 太 *tài* "zu (sehr)": 你太谦虚 *Nǐ tài qiānxū* "Du bist zu bescheiden"; 真 *zhēn* "wirklich": 他真有意思 *Tā zhēn yǒu yìsi* "Er ist wirklich interessant".

3 Zeitbestimmung immer vor der Verbgruppe. Eine **Zeitdauer** steht dagegen **hinter der Verbgruppe**. Sehen Sie sich dazu die folgenden Beispielsätze an:

我学了两年
Wǒ xué le liǎng nián "Ich habe zwei Jahre lang studiert". (Zeitdauer)

他待了两天
Wǒ dāi le liǎng tiān "Ich bin zwei Tage geblieben".
(Zeitdauer)

我等了四个小时
Wǒ děng le sì ge xiǎoshí "Ich habe vier Stunden gewartet". (Zeitdauer)

我昨天去了
Wǒ zuótiān qù le "Ich bin gestern gegangen". (Zeitpunkt)

他中午不能来
Tā zhōngwǔ bù néng lái "Er kann am Mittag nicht kommen". (Zeitpunkt)

Bei einer Zeitdauer muß, wenn im Deutschen ein Objekt folgt, das **Verb wiederholt** oder das **Objekt an den
Anfang des Satzes** gestellt werden. Als Beispiel soll
hier der Satz "Ich habe schon vier Jahre lang Chinesisch studiert!" dienen. Sie können sagen:

我学中文学了四年了！
Wǒ xué zhōngwén xué le sì nián le! **oder:**

中文，我学了四年了！
Zhōngwén, wǒ xué le sì nián le! **oder:**

我中文学了四年了！
Wǒ zhōngwén xué le sì nián le!

Gelegentlich findet man sogar das Objekt am Ende des Satzes:

我学了四年中文
Wǒ xué le sì nián zhōngwén!

4 Das Komplement des Grades. Diese Konstruktion, die das Ausmaß oder den Grad einer Handlung beschreibt, wird immer von der Partikel 得 *de* eingeleitet. Diese Partikel steht zwischen dem Verb und dem Adverb: 他吃得太快 *Tā chī de tài kuài* "Er ißt zu schnell", 她说得很好 *Tā shuō de hěn hǎo* "Er spricht sehr gut", 你写得特别好 *Nǐ xiě de tèbié hǎo* "Du schreibst besonders gut", 我走得很慢 *Wǒ zǒu de hěn màn* "Ich gehe sehr langsam".
Enthält die durch das Verb ausgedrückte Handlung ein direktes Objekt, so muß das Verb wiederholt werden, so daß die Syntax folgendermaßen lautet: [Subjekt / Verb / Objekt / Verb / 得 **de** / Adverb]: 她做中国饭做得很好 *Tā zuò zhōngguó fàn **zuò** de hěn hǎo* "Sie kocht gut chinesisch". 他写中文写得很好 *Tā xiě zhōngwén **xiě** de hěn hǎo* "Er schreibt gut Chinesisch". 我说话说得很慢 *Wǒ shuō huà **shuō** de hěn màn* "Ich spreche sehr langsam". 他吃饭吃得很快 *Tā chī fàn chī de hěn kuài* "Er ißt sehr schnell".

5 Prägen Sie sich die folgenden Redewendungen und Ausdrücke ein:

好极了！
– *Hǎo jí le!* Ausgezeichnet!/Hervorragend!

还有谁？
– *Hái yǒu shéi?* Wer ist noch da?

哪里！哪里！
– *Nǎli! Nǎli!* Aber nein! Zuviel der Ehre! Nicht der Rede wert!

明天见！
– *Míngtiān jiàn!* Bis morgen!

在什么地方？
– *Zài shénme dìfang?* Wo?

都差不多！
– *Dōu chàbùduō!* Das ist alles ähnlich!

6 Übersetzen Sie die folgenden Sätze schriftlich ins Chinesische:

1 Er wird heute bestimmt kommen.
2 Was werden wir andernfalls machen?
3 Etwas über 50 Yuan!
4 Etwas mehr als 50 Yuan!
5 Die dritte Zeile!/In der dritten Zeile!
6 Setz dich nicht hier hin!

7 Übersetzung:

他今天肯定要来。
1 Tā jīntiān kěndìng yào lái.

不然的话怎么办呢？
2 Bùrán de hua zěnme bàn ne?

五十多块！
3 Wǔ shí duō kuài!

五十多块钱！
4 Wǔ shí duō kuài qián!

第三行！

5 Dì sān háng!

你别坐这儿！

6 Nǐ bié zuò zhèr!

In gewisser Hinsicht ist die chinesische Sprache leicht zu lernen, bedenkt man z.B., daß Verben nicht konjugiert und Substantive nicht dekliniert werden. Sie wissen aber auch, daß es einige entscheidende Regeln gibt, die genauestens beachtet werden müssen, wenn es nicht zu Mißverständnissen kommen soll, und die es verdienen, noch einmal kurz wiederholt zu werden: Fügen Sie zwischen einem Demonstrativpronomen oder einem Zahlwort und einem Substantiv immer das passende Zähleinheitswort (ZEW) ein! Diese Partikel wird nicht ins Deutsche übersetzt, muß jedoch im chinesischen Satz unbedingt enthalten sein. "drei Personen" heißt also 三个人 *sān ge rén* (个 *ge* ist das häufigste ZEW, aber es gibt noch viele andere!), "drei Länder" 三个国家 *sān ge guójiā*. "zwei Firmen" heißt 两个公司 *liǎng ge gōngsī* und "zwei Schüsseln Reis" 两碗饭 *liǎng wǎn fàn* (*wǎn* "Schüssel" gehört zu den Wörtern, die neben ihrer eigentlichen Bedeutung noch die Funktion eines Zähleinheitwortes haben.) Vergessen Sie außerdem nicht, daß "zwei" in Verbindung mit einem ZEW immer 两 *liǎng*, nicht 二 *èr* heißt. **Ausnahme:** *dì èr ge* "der/die/das zweite...".

* * *

Zweite Welle: *dì èr shí bā kè*

第七十八课
DÌ QĪ SHÍ BĀ (78) KÈ

扎针
Zhāzhēn

你好象不太舒服！
1 – Nǐ hǎoxiàng bú tài shūfu!

是！我头疼！
2 – Shì! Wǒ tóuténg! **(1)**

你应该去扎针！
3 – Nǐ yīnggāi qù zhāzhēn!

扎针可以止疼吗？
4 – Zhāzhēn kěyǐ zhǐténg ma?

当然了！中国的针灸很有名！
5 – Dāngrán le! Zhōngguó de zhēnjiǔ hěn yǒumíng! **(2)**

有名是有名，可是有没有效？
6 – Yǒumíng shì yǒumíng, kěshì yǒu méi yǒuxiào? **(3)**

当然有效！…你试一试吧！
7 – Dāngrán yǒuxiào! . . . Nǐ shì yí shì ba! **(4)**

FĀYĪN 发音

dscha dschön **1** bu tai schu fu. **4** dsche töng. **5** dschön djiou … iou ming **6** iou mei iou chiao. **7** ni sche i sche ba.

ACHTUNDSIEBZIGSTE LEKTION

Akupunkturbehandlung

1 – Mir scheint, du fühlst dich nicht so wohl!
   (du / anscheinend / nicht / zu / wohl)
2 – Ja! Ich habe Kopfschmerzen!
3 – Du solltest zur Akupunktur gehen!
   (du / sollen / gehen / Akupunkturnadel einste-
   chen)
4 – Kann eine Akupunkturbehandlung die Schmerzen lindern?
   (Akupunkturnadel einstechen / können / lindern /
   Schmerzen / Fragepartikel)
5 – Natürlich! Die chinesische Akupunktur- und Moxenbehandlung ist sehr berühmt!
6 – Sie mag berühmt sein, aber ist sie auch effektiv?
   (berühmt / sein / berühmt, aber / haben / nicht /
   haben Wirkung)
7 – Natürlich! . . . Probier´s doch mal!
   (selbstverständlich / haben Wirkung! du / pro-
   bieren / eins / probieren / Partikel)

ANMERKUNGEN

(1) "Schmerzen haben; wehtun" heißt *téng* oder *tòng*. Der betroffene Körperteil wird davor genannt: *Wǒ jiǎo téng* "Ich habe Schmerzen im Fuß", *Nǐ nǎr téng?* "Wo tut es weh?", *Téng bù téng?* "Tut das weh?".

(2) *zhēnjiǔ* ist die "Akupunktur- und Moxenbehandlung", die "Betäubung durch Akupunktur" heißt *zhēnjiǔ mázuì*. *zhāzhēn* bedeutet im Grunde "Akupunkturnadel einste- chen", nicht zu verwechseln mit einer Injektion: *zhùshè*.

(3) Dies ist ein Wortspiel mit *yǒumíng* und *yǒuxiào*. Solche Wendungen, in denen der im ersten Teil ausgedrückte Sachverhalt im zweiten Teil in Frage gestellt wird, sind relativ häufig: *Hǎo shì hǎo, kěshì hěn guì!* "Es mag gut sein, aber es ist sehr teuer!", *Guí shì guì, kěshì hěn piàoliang!* "Sicher ist es teuer, aber es ist auch sehr hübsch!"

(4) *shì* "versuchen, ausprobieren". Die Aufforderung *Shì yí shì ba!* "Versuch´s doch mal!" ist recht gebräuchlich. Ein Synonym lautet *Shì shì ba!*.

好！那，你说！这儿，
8 – Hǎo! Nà, nǐ shuō! Zhèr,

谁能扎针？
shéi néng zhāzhēn?

王大伯是个老中医！
9 – Wáng Dàbó shì ge lǎo zhōngyī! **(5)**

他住几楼？
10 – Tā zhù jǐ lóu?

住四楼！
11 – Zhù sì lóu!

中国的"四楼"吗？
12 – Zhōngguó de "sì lóu" ma?

是！中国的"四楼"！
13 – Shì! Zhōngguó de "sì lóu"!

等于你们的"三楼"！
Děngyú nǐmen de "sān lóu"!

对！很有意思！中国，
14 – Duì! Hěn yǒu yìsi! Zhōngguó,

楼下叫作"一楼"！
lóuxià jiàozuò "yī lóu"!

FĀYĪN 发音

10 ta dschu dji lou. **14** hön iou i se.

8 – Gut! Dann sag mal! Wer kann hier Akupunktur
machen?
*(gut! dann, du / sagen! hier, wer / können / Aku-
punkturnadel einstechen)*
9 – Onkel Wang ist ein alter Arzt der traditionellen
chinesischen Medizin!
10 – In welcher Etage wohnt er?
(er / wohnen / wievielte / Etage)
11 – In der 4. Etage!
12 – In der chinesischen "4. Etage"?
13 – Ja! In der chinesischen "4. Etage"! Das entspricht eurem "3. Obergeschoß"!
*(sein! China / Attributpartikel / "vier / Etage"!
entsprechen / ihr / Attributpartikel / "drei / Etage")*
14 – Stimmt! Das ist interessant! In China heißt das
Parterre "1. Etage"!
*(richtig! sehr / interessant! China, Parterre / be-
zeichnen als / "eins / Etage")*

ANMERKUNGEN (Fortsetzung)

(5) *zhōngyī* bezeichnet die traditionelle chinesische Medizin,
aber auch den Arzt, der diese Medizin anwendet. Das Gegenteil ist *xīyī* "westliche Medizin".
An diesem Satz sehen Sie, daß *yī* in *yí ge* weggelassen
werden kann: *Tā shì ge dàifu* "Er ist Arzt", *Zhè shì ge
hǎo bànfǎ!* "Das ist eine gute Lösung!"

---

*Bei zweisilbigen Verben in der Form Verb-Objekt kön-
nen die Silben voneinander getrennt werden, um dazwischen z.B. eine adverbiale Bestimmung einzufügen.
"essen" heißt z.B.* 吃 **chī** *oder* 吃饭 **chīfàn**. *Will man
jedoch "chinesisch essen" sagen, so muß es* 吃中国饭
chī zhōngguó fàn *heißen. "lesen" heißt* 看书 **kàn shū**,
"ein chinesisches Buch lesen" 看中文书 **kàn zhōngwén
shū**. *Zwischen den beiden Silben* 有效 **yǒuxiào** *"wirksam" (haben/Wirkung) kann die Alternativfragekon-
struktion eingefügt werden: "Ist das wirksam?" heißt* 有
没有效 ? **Yǒu méi yǒu xiào?** *Ein anderes Beispiel mit* 有
yǒu : 有意思 **yǒu yìsi** *"interessant";* 有意思吗 ? **Yǒu
yìsi ma?** *oder* 有没有意思 ? **Yǒu méi yǒu yìsi?** *"Ist das
interessant?".*

LIÀNXÍ 练习

他好象老了！

1 – Tā hǎoxiàng lǎo le!

我这几天有点儿头疼！

2 – Wǒ zhè jǐ tiān yǒudiǎnr tóuténg!

贵是贵，可是很好吃！

3 – Guì shi guì, kěshì hěn hǎochī!

难是难，可是很有意思！

4 – Nán shì nán, kěshì hěn yǒu yìsi!

WÁNCHÉNG JÙZI

1 *Du solltest zum Arzt gehen!*

Nǐ . . . . qù kànbìng!

2 *Er ist Ingenieur. Das ist ein Ingenieur.*

Tā . . . gōngchéngshī. Tā shì . . gōngchéngshī.

3 *Es ist weit, das stimmt, aber ich habe ein Auto!*

Yuǎn . . . yuǎn, ... wǒ yǒu chē!

ÜBUNGEN

1 Mir scheint, daß er gealtert ist!
2 Ich habe in den letzten Tagen etwas Kopfschmerzen!
3 Es mag teuer sein, aber es schmeckt sehr gut!
4 Na gut, es ist schwer, aber es ist interessant!

4 *Er wohnt in der 4. Etage. Ich wohne in der 6. Etage.*

Tā . . . sì lóu. Wǒ zhù liù . . . .

5 *Er ist sehr berühmt. Kennst du ihn nicht?*

Tā hěn . . . . Nǐ bú . . . . . . tā ma?

Lösungen zum Lückentext

1 yīnggāi. **2** shì - ge. **3** shì - kěshì. **4** zhù - lóu. **5** yǒumíng - rènshi.

* * *

Zweite Welle: *dì èr shí jiǔ kè*

Lektion 78

第七十九课
DÌ QĪ SHÍ JIǓ (79) KÈ

复习
Fùxí

哪儿可以休息？
1 – Nǎr kěyǐ xiūxi?

在哪儿买明信片 ？
2 – Zài nǎr mǎi míngxìnpiàn? **(1)**

你有没有火柴？
3 – Nǐ yǒu méi yǒu huǒchái?

这儿有没有录音带？
4 – Zhèr yǒu méi yǒu lùyīndài?

你们这儿卖不卖电视机？
5 – Nǐmen zhèr mài bú mài diànshìjī? **(2)**

他们用不用拖拉机？
6 – Tāmen yòng bú yòng tuōlājī?

中国有没有打字机？
7 – Zhōngguó yǒu méi yǒu dǎzìjī? **(3)**

你们的公司卖不卖收音机？
8 – Nǐmen de gōngsī mài bú mài shōuyīn-
jī?

FĀYĪN 发音
fu chi **1** chiu chi. **4** lu jin dai. **7** da dse dji.

NEUNUNDSIEBZIGSTE LEKTION

Wiederholung

1 – Wo kann man sich ausruhen?
2 – Wo kann man Ansichtskarten kaufen? (Wo kauft
   man Ansichtskarten?)
3 – Hast du Streichhölzer?
4 – Gibt es hier Tonbänder?
5 – Verkaufen Sie hier Fernseher?
6 – Benutzen sie Traktoren?
7 – Gibt es in China Schreibmaschinen?
8 – Verkauft Ihre Firma Radios?

ANMERKUNGEN

(1) Das Fragewort "wo?" kann mit *nǎr?*, *nǎlǐ?* oder *zài nǎr?*
    wiedergegeben werden. "hier" heißt *zhèr* oder *zhèlǐ*,
    "dort" *nàr* oder *nàlǐ*.
    Relativsätze werden im Chinesischen mit der Attribut-
    partikel *de* gebildet: *wǒ qù de dìfang* "der Ort, zu dem
    ich gehe"; *tā zhù de dìfang* "dort, wo er wohnt"; *mài shū
    de rén* "die Leute, die Bücher verkaufen"; *wǒ mǎi de chē*
    "das Auto, das ich kaufe".
(2) *nǐmen zhèr* "ihr hier; hier bei euch". In Unterhaltungen
    wird eine Ortsbestimmung häufig durch ein Personal-
    pronomen für eine Person präzisiert: *tāmen nàr* "dort bei
    ihnen"; *wǒmen zhèi ge xuéxiào* "bei uns in der Schule";
    wǒmen zhèi ge gōngsī "bei uns in der Firma".
(3) "in China" kann *zài Zhōngguó* oder einfach *Zhōngguó*
    (am Satzanfang!) heißen.

你家里有没有照相机？
9 – Nǐ jiāli yǒu méi yǒu zhàoxiàngjī?

你要不要我的录音机？
10 – Nǐ yào bú yào wǒ de lùyīnjī?

他去过没有？
11 – Tā qù guo méi yǒu? **(4)**

你吃过没有？
12 – Nǐ chī guo méi yǒu? **(4)**

他们来过没有？
13 – Tāmen lái guo méi yǒu? **(4)**

我还没有去过。
14 – Wǒ hái méi yǒu qù guo. **(4)**

FĀYĪN 发音

10 lu jin dji. 11 tchü guo mei iou.

LIÀNXÍ 练习

北京在哪儿？
1 – Běijīng zài nǎr?

哪儿有饭馆儿？
2 – Nǎr yǒu fànguǎnr?

9 – Hast du bei dir zu Hause einen Fotoapparat?
10 – Möchtest du mein Tonbandgerät?
11 – Ist er schon dort gewesen?
12 – Hast du (das) schon einmal gegessen?
13 – Sind sie schon einmal hierher gekommen?
14 – Ich bin noch nicht dort gewesen.

ANMERKUNGEN (Fortsetzung)

(4) Das Suffix *guo* bezieht sich auf eine Aktion, die bereits abgeschlossen (oder, wenn das Verb verneint ist, nicht abgeschlossen) wurde. In der Regel wird im deutschen Satz "schon einmal" (oder bei der Verneinung "noch nie") eingefügt. Erinnern Sie sich an die verneinte Form? Sie lautet *méi yǒu* + *Verb* + *guo* (abgekürzt *méi ... guo*). *Wǒ méi chī guo zhōngguó cài* "Ich habe noch nie chinesisch gegessen"; *Tā hái méi lái guo* "Er ist noch nie hierher gekommen". Beachten Sie noch, daß *qù guo* **nicht** "schon dorthin gegangen", **sondern** "schon dort gewesen" heißt (siehe Sätze 11 und 14).

ÜBUNGEN

1 Wo liegt Beijing?
2 Wo gibt es ein Restaurant?

Es gibt zwei Möglichkeiten, Fragen zu stellen, die sich auf einen Ort beziehen: Bei der ersten wird nach einem Ort gefragt, von dem der Fragende weiß, daß er existiert. Dazu wird das Verb 在 *zài* "sich befinden" *nach dem Schema* "Subjekt - 在 *zài* - Ort" *bzw.* "Subjekt - 在 *zài* - wo?" *verwendet. Bei der 2. Alternative möchte der Fragende wissen, ob der betreffende Ort überhaupt existiert. Hier wird* 是 *shì* *bzw.* 有 *yǒu* *nach dem Schema* "*nǎr - shì/yǒu - Ort*" *verwendet. Beispiel:* 哪儿有饭馆儿？ *Nǎr yǒu fànguǎnr?* "Wo gibt es ein Restaurant?". *Beispiel für die 1. Alternative:* 饭馆儿在哪儿？ *Fànguǎnr zài nǎr?* "Wo ist das Restaurant?".*

饭馆儿在哪儿？

3 – Fànguǎnr zài nǎr?

大学在哪儿？

4 – Dàxué zài nǎr?

WÁNCHÉNG JÙZI

1 *Wo liegt Shanghai?*

Shànghǎi . . . nǎr?

2 *Gibt es hier Ausländer?*

. . . . , yǒu méi yǒu wàiguórén?

3 *Bist du schon in Kanton gewesen?*

Guǎngzhōu, nǐ . . . . ?

4 *Anscheinend verkaufen sie hier keine Bücher.*

Tāmen . . . . hǎoxiàng bú mài shū.

第八十课
DÌ BĀ SHÍ (80) KÈ

天气好！
Tiānqì hǎo!

北京，冬天比较冷；是不是？

1 – Běijīng, dōngtiān bǐjiào lěng, shì bú shì?

FĀYĪN 发音

tiän tchi hao 1 sche bu sche.

3 Wo ist das Restaurant?
4 Wo ist die Universität?

Lösungen zum Lückentext

1 zài. **2** zhèr. **3** qù guo méi yǒu. **4** zhèr.

* * *

Zweite Welle: *dì sān shí kè*

ACHTZIGSTE LEKTION

Das Wetter ist schön!

1 – In Beijing ist der Winter relativ kalt, nicht wahr?

是！去年常常到零下十度呢！

2 – Shì! Qùnián chángcháng dào língxià shí
dù ne! **(1)**

啊呀！我肯定会受不了！

3 – Aya! Wǒ kěndìng huì shòu bù liǎo! **(2)**

夏天也很热！

4 – Xiàtiān yě hěn rè!

对啊！听说又热又闷！

5 – Duì a! Tīngshuō yòu rè yòu mēn! **(3)**

可是北京没有广州那么潮湿！

6 – Kěshì Běijīng méi yǒu Guǎngzhōu nàme
cháoshī! **(4)**

那，你说，什么时候去北京

7 – Nà, nǐ shuō, shénme shíhou qù Běijīng

最好呢？
zuì hǎo ne?

最好是秋天！

8 – Zuì hǎo shì qiūtiān!

秋天天气很好，是不是？

9 – Qiūtiān tiānqì hěn hǎo, shì bú shì?

FĀYĪN 发音

2 ling chia sche du. **5** iou rö iou mön. **6** tschao sche. **8** tchiu
tiän.

2 – Ja! Letztes Jahr hatten wir sehr oft 10 Grad unter Null!
*(sein! letztes Jahr / sehr oft / erreichen / unter
Null / zehn / Grad / Partikel)*
3 – Oje! Das könnte ich bestimmt nicht vertragen!
*(oje! ich / bestimmt / können / ertragen / nicht /
schaffen)*
4 – Und im Sommer ist es sehr heiß!
(Sommer / auch / sehr / heiß)
5 – Das stimmt! Ich habe gehört, daß es sowohl
heiß als auch schwül ist!
*(richtig / Partikel! hören sagen / sowohl / heiß / als
auch / schwül)*
6 – Aber in Beijing ist es nicht so feucht wie in Kanton!
(aber / Beijing / nicht haben / Kanton / so / feucht)
7 – Na, dann sag mal, welche Zeit ist die beste, um
nach Beijing zu fahren?
*(na, du / sagen, welche / Zeit / gehen / Beijing /
am besten / Partikel)*
8 – Am besten ist der Herbst!
9 – Im Herbst ist das Wetter gut, nicht wahr?

ANMERKUNGEN

(1) Die Temperatur wird mit *dù* (Grad) ausgedrückt. *Jīntiān
shí wǔ dù* "Heute sind es 15 Grad". Für Temperaturen
unter Null stellt man der Gradzahl *língxià* ("Null / unter")
voran.

(2) Dies ist ein **Komplement der Fähigkeit** in der verneinten
Form (s.a. Lektion 74, Anmerkung 4): Es ist der Person
nicht möglich, die durch das erste Verb (*shòu* "aushalten,
ertragen") ausgedrückte Handlung auszuführen. Andere
Beispiele: *Wǒ chī bù liǎo* "Ich kann nicht aufessen", *Tā
qù bù liǎo* "Er schafft es nicht, hinzugehen". Ein Beispiel
für ein bejahtes Komplement der Fähigkeit: *Nǐ shòu de
liǎo ma?* "Kannst du das ertragen?".

(3) *yòu...yòu...* heißt hier "sowohl ... als auch ...". *Yòu
hǎochī yòu bú guì* "Das schmeckt und ist nicht teuer".

(4) **Vergleiche** (vorwiegend verneint oder in Fragen) werden
nach dem Muster "A" *(méi) yǒu* "B" *nàme/zhème* + **Ver-
gleichsadjektiv** gebildet: *Tā méi yǒu nǐ nàme kuài* "Er ist
nicht so schnell wie du"; *Wǒ méi yǒu tā nàme lǎo* "Ich
bin nicht so alt wie er".

Lektion 80

哎！又不冷，又不热！

10 – Āi! Yòu bù lěng, yòu bú rè! **(5)**

风景也很美！
Fēngjǐng yě hěn měi!

好！那，我下一次，秋天 来

11 – Hǎo! Nà, wǒ xià yí cì, qiūtiān **(6)** lái

北京吧！
Běijīng ba!

FĀYĪN 发音

11 chia i tse.

LIÀNXÍ 练习

秋天没有冬天那么冷；是不是？

1 – Qiūtiān méi yǒu dōngtiān nàme lěng, shì bú shì?

他没有你那么高兴。

2 – Tā méi yǒu nǐ nàme gāoxìng.

又好吃，又不好吃！

3 – Yòu hǎochī yòu bù hǎochī!

哪个最好？

4 – Něi ge zuì hǎo?

10 – Weder zu kalt noch zu warm! Und die Landschaft ist sehr hübsch!
(Ausruf! weder / kalt, noch / warm! Landschaft / auch / sehr / hübsch)

11 – Gut! Dann komme ich nächstes Mal im Herbst nach Beijing!
(gut! dann, ich / nächstes / ein / Mal, Herbst / kommen / Beijing / Partikel)

ANMERKUNGEN (Fortsetzung)

(5) Die Verneinung der in Anmerkung 3 erläuterten Konstruktion heißt auf Deutsch "weder...noch". *Yòu bù hǎochī, yòu bù hǎokàn* "Weder schmeckt es gut, noch sieht es gut aus". *Wǒ yòu bú shì zhōngguórén, yòu bú shì déguórén* "Ich bin weder Chinese noch Deutscher".

(6) *xià yí cì* "nächstes Mal", *zhèi yí cì* "dieses Mal", *shàng yí cì* "letztes Mal". "das letzte Mal" im Sinne von "das allerletzte Mal" heißt *zuì hòu yí cì*.
Die vier Jahreszeiten lauten *chūntiān* "Frühling", *xiàtiān* "Sommer", *qiūtiān* "Herbst", *dōngtiān* "Winter".

ÜBUNGEN

1 Der Herbst ist nicht so kalt wie der Winter, stimmt´s?
2 Er ist nicht so fröhlich wie du.
3 Mal schmeckt es gut und mal nicht!
4 Welcher (-e,-es) ist der (die, das) Beste?

WÁNCHÉNG JÙZI

1 *Welcher (-e, -es) ist der (die, das) Teuerste?*

Něi ge . . . guì?

2 *Es ist sowohl zu groß als auch zu teuer!*

. . . tài dà, . . . tài guì!

3 *Kanton ist nicht so groß wie Shanghai.*

Guǎngzhōu . . . . . . Shànghǎi . . . dà.

4 *Es schmeckt gut und außerdem ist es nicht teuer!*

Yòu . . . . , . . . bú guì!

5 *Er ist weder Student noch Lehrer!*

Tā . . . bú shì xuésheng, ... lǎoshī!

第八十一课
DÌ BĀ SHÍ YĪ (81) KÈ

下棋
Xiàqí

你今天几点钟下班儿？
1 – Nǐ jīntiān jǐ diǎn zhōng xià bānr? **(1)**

FĀYĪN 发音

chia tchi. **1** chia bar.

Lösungen zum Lückentext

1 zuì. **2** yòu - yòu. **3** méi yǒu - nàme. **4** hǎochī - yòu. **5** yòu - yòu bú shì.

---

*Achten Sie nach wie vor darauf, daß Sie die **Töne** richtig sprechen? Hier eine kurze Wiederholung: der 1. Ton ▬ wird wie ein lange Silbe auf relativ hoher Stimmhöhe gesprochen (die Stimme bleibt die ganze Zeit auf der gleichen Höhe). Beim 2. Ton ◢ wird die Stimme von der mittleren auf die hohe Stimmhöhe angehoben, beim 3. Ton ▼ fällt die Stimme ab und steigt dann wieder an, beim 4. Ton ◣ fällt sie abrupt auf die niedrigste Stimmhöhe ab. Wenn Sie mit den Aufnahmen arbeiten, hören Sie sich ruhig von Zeit zu Zeit noch einmal die Laute aus der "Einführung in die Phonetik" an.*

* * *

Zweite Welle: *dì sān shí yī kè*

EINUNDACHTZIGSTE LEKTION

Schach spielen

1 – Um wieviel Uhr hast du heute Feierabend?
(du / heute / wieviel / Uhr / Feierabend haben)

ANMERKUNGEN

(1) *shàng bānr* "zur Arbeit gehen, mit der Arbeit beginnen" (oder *qù gōngzuò*). *xià bānr* "Feierabend, Dienstschluß haben".

六点！
2 – Liù diǎn!

晚上有空吗？
3 – Wǎnshàng yǒu kòng ma?

有啊！…什么事儿？
4 – Yǒu a! . . . Shénme shìr? **(2)**

到我家里来！
5 – Dào wǒ jiāli lái!

干什么？
6 – Gàn shénme?

下几盘棋！
7 – Xià jǐ pán qí! **(3)**

下什么棋？
8 – Xià shénme qí?

围棋！
9 – Wéiqí!

我不会下围棋；我只会下象棋！
10 – Wǒ bú huì xià wéiqí; wǒ zhǐ huì xià xiàngqí! **(4)**

没关系！我教你！
11 – Méi guānxi! Wǒ jiāo nǐ!

好！……难不难？
12 – Hǎo! . . . Nán bù nán?

FĀYĪN 发音

2 liou diän. 4 schö mö scher. 9 oei tchi.

2 – Um sechs Uhr!
3 – Und hast du abends Zeit?
4 – Ja! . . . Was gibt es?
   (haben / Partikel! welche / Sache)
5 – Komm doch zu mir nach Hause!
6 – Was willst du machen?
   (machen / was)
7 – Ein paar Partien (Schach, Go, ...) spielen!
   (spielen / einige / Partie / Schach)
8 – Was für ein Schach möchtest du spielen?
   (spielen / welches / Schach)
9 – Go!
10 – Ich kann nicht Go spielen; ich kann nur chinesisches Schach!
   *(ich / nicht / können / spielen / Go; ich / nur /
   können / spielen / chinesisches Schach)*
11 – Das macht nichts! Ich bringe es dir bei!
12 – Prima! . . . Ist es schwer?

ANMERKUNGEN (Fortsetzung)

(2) *shénme shìr?* "Was ist los?", "Was gibt es?", "Worum handelt es sich?".

(3) *pán* ist nicht nur das Spielbrett, auf dem Schach usw. gespielt wird, sondern auch ZEW für die "Partie" (Schach, Go, ...). Der Oberbegriff für diese Brettspiele lautet *qí*; auf die einzelnen Arten gehen wir in der nächsten Anmerkung ein.

(4) *wéiqí* "Go". Das Spielbrett zeigt 19 horizontale und 19 vertikale Linien; es ergeben sich 361 Schnittpunkte. Auf diesen werden schwarze bzw. weiße Spielsteine ausgelegt, und zwar so, daß Ketten gebildet und vom Gegner besetzte Punkte eingeschlossen werden.
xiàngqí "chinesisches Schach" besteht für jede Seite aus einem General, zwei Reitern, zwei Ministern, zwei Wagen, zwei Pferden, zwei Kanonen und fünf Soldaten. Die Regeln für das Aufstellen und das Ziehen unterscheiden sich von denen des internationalen Schachs (*guójì xiàngqí*). *qí* kann jedes dieser Spiele bezeichnen, wenn es nicht genauer beschrieben wird. *xiàqí* bedeutet je nach Kontext "Schach spielen" oder "Go spielen".

不太难！很有意思！
13 – Bú tài nán! Hěn yǒu yìsi!

可是要有耐心！
Kěshì yào yǒu nàixīn!

你放心！我最有耐性了！
14 – Nǐ fàngxīn! Wǒ zuì yǒu nàixìng le! (5)

FĀYĪN 发音

13 iou i se … nai chin. 14 dsuei iou nai ching lö.

LIÀNXÍ 练习

你会不会下围棋？
1 – Nǐ huì bú huì xià wéiqí?

没关系！我明天有空！
2 – Méi guānxi! Wǒ míngtiān yǒu kòng!

你要不要到他家里去吃饭？
3 – Nǐ yào bú yào dào tā jiāli qù chī fàn?

我只喜欢喝茶。
4 – Wǒ zhǐ xǐhuan hē chá.

13 – Es ist nicht allzu schwer! Es ist sehr interessant!
Aber man muß viel Geduld haben!
*(nicht / allzu / schwer! sehr / interessant! aber /
müssen / haben / Geduld)*
14 – Keine Sorge! Ich bin sehr geduldig!
*(du / beruhigen! ich / besonders / haben / Ge-
duld / Satzpartikel)*

ANMERKUNGEN (Fortsetzung)

(5) *nàixīn* "Geduld; geduldig". *yǒu nàixīn* "Geduld haben".
nàixìng "ein geduldiger Mensch/Typ sein". Hier hat *zuì*,
gefolgt von einem Verb, die Bedeutung "extrem, besonders". *Tā zuì xǐhuan kāiwánxiào* "Er mag es besonders,
Witze zu machen".

ÜBUNGEN

1 Kannst du Go spielen?
2 Das macht nichts! Ich habe morgen Zeit!
3 Möchtest du zu ihm zum Essen gehen?
4 Ich mag nur Tee (trinken).

WÁNCHÉNG JÙZI

1 *Er ist nur für zwei Tage gekommen.*

Tā . . . lái le liǎng tiān.

2 *Kannst du die chinesische Sprache sprechen?*

Nǐ . . . . shuō zhōngguó huà?

3 *Kehrst du abends nicht nach Hause zurück?*

Nǐ . . . . bù huí jiā ma?

第八十二课
DÌ BĀ SHÍ ÈR (82) KÈ

买邮票
Mǎi yóupiào

你们这儿有没有航空邮简？

1 – Nǐmen zhèr yǒu méi yǒu hángkōng yóujiǎn?

没有！到邮局去买吧！

2 – Méi yǒu! Dào yóujú qù mǎi ba!

你们有信封儿吗？

3 – Nǐmen yǒu xìnfēngr ma?

有！信封，邮票，都有！

4 – Yǒu! Xìnfēng, yóupiào, dōu yǒu!

FĀYĪN 发音

1 hang kong iou djiän.

4 *Wir gehen zusammen! Einverstanden?*

Wǒmen . . . . qù! Hǎo bù hǎo?

Lösungen zum Lückentext

1 zhǐ. **2** huì bú huì. **3** wǎnshàng. **4** yìqǐ.

* * *

Zweite Welle: *dì sān shí èr kè*

ZWEIUNDACHTZIGSTE LEKTION

Briefmarken kaufen

1 – Haben Sie hier Aerogramme?
  (ihr / hier / haben / nicht / haben / Aerogramm)
2 – Nein! Die müssen Sie bei der Post kaufen!
  (nicht / haben! zur / Post / gehen / kaufen / Partikel)
3 – Und haben Sie Umschläge?
4 – Ja! Umschläge und Briefmarken haben wir!

好极了！寄到广州的信，
5 – Hǎo jí le! Jì dào **(1)** Guǎngzhōu de xìn,

要贴多少邮票？
yào tiē duōshao yóupiào?

看你的信有多重了！
6 – Kàn nǐ de xìn yǒu duō zhòng le! **(2)**

平信！
7 – Píng xìn!

寄平信，也得看分量！
8 – Jì píng xìn, yě děi kàn fènliang! **(3)**

好！请你给我十张邮票！
9 – Hǎo! Qǐng nǐ gěi wǒ shí zhāng yóupiào!
(4)

要多少的？
10 – Yào duōshao de?

给我一毛的！
11 – Gěi wǒ yì máo de!

一毛的邮票！你要哪种？
12 – Yì máo de yóupiào! Nǐ yào něi zhǒng?

FĀYĪN 发音

7 ping chin.

5 – Prima! Was für Briefmarken kommen auf einen
Brief nach Kanton?
*(prima! schicken / nach / Kanton / Attributparti-
kel / Brief, müssen / kleben / wieviel / Briefmarken)*

6 – Das hängt davon ab, wie schwer er ist!
*(sehen / deinen / Brief / haben / wie / schwer /
Satzpartikel)*

7 – Es ist ein Standardbrief!

8 – Auch ein Standardbrief muß gewogen werden!
*(schicken / Standardbrief, auch / müssen / se-
hen / Gewicht)*

9 – Gut! Bitte geben Sie mir zehn Briefmarken!
*(gut! bitte / Sie / geben / mir / zehn / ZEW /
Briefmarken)*

10 – Zu wieviel?
(möchten / wieviel / Attributpartikel)

11 – Geben Sie mir [Briefmarken] zu einem Mao!

12 – Briefmarken zu einem Mao! Welche Sorte möchten Sie?

ANMERKUNGEN

(1) *jì dào* "schicken nach". Diese Verb-Präposition-Konstruk-
tion kennen wir schon: *sòng gěi* "jdm. (etwas) schenken"
(L. 50), *zhù zài* "wohnen in". Danach folgt direkt das
Objekt: *jì dào Bōlán* "nach Polen schicken", *sòng gěi tuán
zhǎng* "dem Delegationsleiter schenken", *zhù zài guó wài*
"im Ausland leben".

(2) *kàn* hat hier die Bedeutung "das hängt davon ab", "man
muß zuerst sehen,...". *Kàn tā zài bú zài* "Das hängt
davon ab, ob er da ist", *Kàn xià yǔ bú xià yǔ* "Man muß
erst sehen, ob es regnet".
duō "wie" ist ein Fragepronomen. *duō zhòng?* "wie
schwer?", *Nǐ yào duō cháng de?* "Wie lang soll es
sein?", *Tā yǒu duō gāo?* "Wie hoch ist er?". Sie kennen
bereits *duōshǎo?* "wieviel?".

(3) Der Sinn von *yě děi* am Beginn der zweiten Satzhälfte ist
in etwa "selbst für", "auch wenn", d.h. es wirkt ein-
schränkend auf das zuvor Gesagte. *Suíbiàn kànkan, yě
děi mǎi piào* "Auch wenn du einfach nur so gucken
willst, mußt du eine Karte kaufen". *Jiè bàn ge xiǎoshí, yě
děi gěi qián* "Auch wenn Sie es nur für eine halbe Stunde
leihen, müssen Sie bezahlen".

(4) *zhāng* ist das Zähleinheitswort für flache Gegenstände
(Papier, Tisch, Briefmarke, Zeitung usw.).

随便！要这个"熊猫"的！

13 – Suíbiàn! **(5)** Yào zhèi ge "Xióngmāo" de!

可这是一套的！

14 – Kě zhèi shì yí tào de! **(6)**

好吧！没关系！那就买一套吧！

15 – Hǎo ba! Méi guānxi! Nà jiù mǎi yí tào ba!

一共两块钱！

16 – Yígòng liǎng kuài qián!

FĀYĪN 发音

13 suei biän. **14** kö dschei sche i tao dö.

LIÀNXÍ   练习

到广州去的人多不多？

1 – Dào Guǎngzhōu qù de rén duō bù duō?

你要多少邮票？

2 – Nǐ yào duōshao yóupiào?

随便哪个！都差不多！

3 – Suíbiàn něi ge! Dōu chàbùduō!

我要一毛的，也要两毛的！

4 – Wǒ yào yì máo de, yě yào liǎng máo de!

一共多少钱？

5 – Yígòng duōshao qián?

13 – Egal! Ich möchte von diesen "Panda"-Briefmarken!
(egal! wollen / diese / ZEW / "Panda" / Attri-butpartikel)
14 – Aber das ist eine ganze Serie!
(aber / dies / sein / eine / Serie / Attributpartikel)
15 – Gut! Das macht nichts! Dann kaufe ich eben die ganze Serie!
(gut! das macht nichts! dann / also / kaufen / eine / Serie / Partikel)
16 – Das macht zusammen zwei Kuai!
(zusammen / zwei / Kuai / Geld)

ANMERKUNGEN (Fortsetzung)

(5) Merken Sie sich diesen wichtigen Ausdruck: "(Das ist) egal!"

(6) Sie haben gemerkt, daß das Wort "Briefmarke" am Ende der Sätze 10, 11, 13 und 14 durch die Attributpartikel *de* impliziert wird. Satz 10: *Yào duōshao de?* "**Zu wieviel** wollen Sie (Briefmarken)?", **nicht zu verwechseln mit** *Yào duōshao?* "**Wieviele** wollen Sie?". Andere Beispiele: *Bú yào dà de, yào xiǎo de* "Ich möchte keine großen, ich möchte kleine"; *Yào liǎng máo de* "Ich möchte **die zu** zwei Mao"; *Gěi wǒ wǔ fēn de* "Geben Sie mir **die zu** fünf Fen".

ÜBUNGEN

1 Fahren viele Leute nach Kanton? (Sind die Leute, die nach Kanton fahren, zahlreich?)
2 Wieviele Briefmarken willst du?
3 Egal welche! Sie sehen alle fast gleich aus!
4 Ich möchte welche zu einem Mao, und welche zu zwei!
5 Wieviel macht das zusammen?

WÁNCHÉNG JÙZI

1 *Chinesisch und Englisch, ich verstehe beides!*

   Zhōngwén, Yīngwén, wǒ   . . .   dǒng!

2 *Wie schwer ist dein Gepäck?*

   Nǐ de xíngli   . . .   .   ?

3 *Geben Sie mir welche zu zwei Mao!*

   Gěi wǒ liǎng máo   . .   !

4 *Bitte geben Sie mir welche zu zwei Mao!*

   . . . .   nǐ gěi wǒ liǎng   . . .   de!

5 *Ganz wie du willst! Heute geht es, morgen geht es auch!*

   . . . .   nǐ! Jīntiān kěyǐ, míngtiān yě   . . . .   !

第八十三课
DÌ BĀ SHÍ SĀN (83) KÈ

翻译
Fānyì

她是谁？你认识她吗？

1 – Tā shì shéi? Nǐ rènshi tā ma?

FĀYĪN 发音

fan i.

Lösungen zum Lückentext

1 dōu. **2** duō zhòng. **3** de. **4** qǐng - máo. **5** suíbiàn - kěyǐ.

Vergessen Sie nicht, zwischen einem Zahlwort oder einem Demonstrativpronomen und einem Substantiv das passende **Zähleinheitswort (ZEW)** *einzufügen:* 两个 儿子 **liǎng ge érzi** *"zwei Söhne",* 三张纸 *sān zhāng zhǐ "drei Blatt Papier",* 一个人 *yí ge rén "eine Person". Legen Sie mit der Zeit eine Liste mit allen Zähleinheitswörtern an und notieren Sie jeweils, mit welcher Art von Substantiven diese angewandt werden.*

* * *

Zweite Welle: *dì sān shí sān kè*

DREIUNDACHTZIGSTE LEKTION

Übersetzen/Dolmetschen

1 – Wer ist das? Kennst du sie?

我当然认识她！她是李明！
2 – Wǒ dāngrán rènshi tā! Tā shì Lǐ Míng!

我们是邻居！
Wǒmen shì línjū!

她是作什么工作的？
3 – Tā shì zuò shénme gōngzuò de?

她是翻译，在外交部当了两年
4 – Tā shì fānyì, zài Wàijiāobù dāng le
liǎng nián

翻译，会英语！
fānyì, (1) huì yīngyǔ!

还会别的语言吗？
5 – Hái huì biéde yǔyán ma? (2)

她也会法文，可是说得不好！
6 – Tā yě huì fǎwén, kěshì shuō de bù hǎo!
(3)

她常常出国！是不是？
7 – Tā chángcháng chūguó! Shì bú shì?

不一定！有时候整天
8 – Bù yídìng! Yǒu shíhou zhěngtiān

在办公室里工作！
zài bàngōngshì lǐ gōngzuò!

在办公室里作什么？
9 – Zài bàngōngshì lǐ zuò shénme? (4)

FĀYĪN 发音
2 lin djü. 4 ta sche fan i. 5 biä dö ü iän ma. 7 sche bu sche.
8 bu i ding ... iou sche hou.

2 – Natürlich kenne ich sie! Das ist Li Ming! Wir sind Nachbarn!

3 – Was macht sie für eine Arbeit?

4 – Sie ist Übersetzerin und seit zwei Jahren als Übersetzerin beim Außenministerium tätig, sie kann Englisch!
(sie / sein / Übersetzer, im / Außenministerium / tätig sein als / Aspektpartikel / zwei / Jahr / Übersetzer, können / Englisch)

5 – Kann sie noch andere Fremdsprachen?
(noch / können / andere / Fremdsprache / Fragepartikel)

6 – Sie kann auch Französisch, aber sie spricht es nicht gut!

7 – Sie fährt bestimmt sehr oft ins Ausland, oder?
(sie / sehr oft / das Land verlassen! sein / nicht / sein)

8 – Nicht unbedingt! Manchmal arbeitet sie den ganzen Tag im Büro!
(nicht / sicher! manchmal / den ganzen Tag / im / Büro / drin / arbeiten)

9 – Was macht sie im Büro?

ANMERKUNGEN

(1) **Die Zeitdauer steht immer hinter dem Verb.** *Tā xué le sān nián zhōngwén* "Er hat drei Jahre lang Chinesisch gelernt", *Tā zài Niǔyuē zhù le sì nián* "Er hat vier Jahre lang in New York gelebt".

(2) *biéde* "anderer, -e, -es". *Hái yào biéde ma?* "Wollen Sie noch andere/etwas anderes?"; *Biéde guójiā ne?* "Und die anderen Länder?"; *Méi biéde bànfǎ* "Es gibt keine andere Lösung".

(3) Mit der Partikel *de* zwischen dem Verb und dem Adverb wird das **Komplement des Grades** gebildet: *Nǐ shuō de tèbié hǎo* "Du sprichst ausgezeichnet"; *Tā zuò de hěn hǎo* "Er macht es sehr gut".

(4) Das Suffix *lǐ* kann auch weggelassen werden: *zài Zhōngguó* "in China". Es muß jedoch *zài jiāli* "zu Hause" und *zài diànshì lǐ* "im Fernsehen" heißen. Die Bedeutung von *lǐbiānr* "innen, drin, innerhalb", das man auch manchmal antrifft (Lektion 55, Anmerkung 3), ist dagegen relativ stark: *zài bāo lǐbiānr* "im Paket"; *zài chōuti lǐbiānr* "in der Schublade".

翻译东西呗！
10 – Fānyì dōngxi bei!

哦？ 她不只是搞口译！
11 – Ó! Tā bú zhǐ shì gǎo kǒuyì! **(5)**

唉！
12 – Āi! **(6)**

她结婚了吗？
13 – Tā jiéhūn le ma?

你去问她吧！可能还有希望！
14 – Nǐ qù wèn tā ba! Kěnéng hái yǒu
xīwàng! **(7)**

FĀYĪN 发音

13 djiä hun lö. 14 kö nöng hai iou chi oang.

LIÀNXÍ 练习

他在那儿住了两年。
1 – Tā zài nàr zhù le liǎng nián.

你也会说英语吗？
2 – Nǐ yě huì shuō yīngyǔ ma?

我也会说英语，他也会说英语。
3 – Wǒ yě huì shuō yīngyǔ, tā yě huì shuō yīngyǔ.

你也会说英语吗？
4 – Nǐ yě huì shuō yīngyǔ ma?

10 — Na, sie übersetzt halt!
(übersetzen / Ding / halt)
11 — Oh! Sie dolmetscht also nicht nur?
*(oh! sie / nicht / nur / sein / machen / dolmet-
schen)*
12 — Stimmt!
(ja)
13 — Ist sie verheiratet?
14 — Geh sie doch fragen! Vielleicht kannst du dir
noch Hoffnungen machen!
*(du / gehen / fragen / sie / Partikel! vielleicht /
noch / haben / Hoffnung)*

ANMERKUNGEN (Fortsetzung)

(5) Ohne Kontext kann man *fānyì* mit "Übersetzer" oder
"Dolmetscher" wiedergeben. Es gibt auch die Ausdrücke
kǒuyì "der mit dem Mund übersetzt = Dolmetscher" und
bǐyì "der mit dem Stift übersetzt = Übersetzer". Merken
Sie sich für "dolmetschen" auch *kǒutóu fānyì* und *tóng-
shēng fānyì* (simultandolmetschen).
(6) Beachten Sie die Ausrufe *āi* "Ja!", "Gut!" bzw. *ài* "Ach!"
sowie *bei* "halt, eben", *ó* "Oh?", "Ach ja?" und *ò* "Oh!".
(7) Merken Sie sich auch *Méi yǒu xīwàng le!* "Es gibt keine
Hoffnung mehr!".

ÜBUNGEN

1 Er hat dort zwei Jahre lang gelebt.
2 Sprichst Du auch Englisch?
3 Ich spreche auch Englisch und er spricht auch Englisch!
4 Sprichst auch du Englisch?

也会！我会说汉语，也会说英语。

5 – Yě huì! Wǒ huì shuō hànyǔ, yě huì shuō yīngyǔ.

不一定是他！可能是你！

6 – Bù yídìng shì tā! Kěnéng shì nǐ!

有时候我很累。

7 – Yǒu shíhou wǒ hěn lèi.

WÁNCHÉNG JÙZI

1 *Wo sind die anderen Sachen?*

. . . . . dōngxi zài nǎr?

2 *Er arbeitet zu Hause.*

Tā zài . . . . . gōngzuò.

3 *Er hat hier zwei Jahre lang gearbeitet.*

Tā . . . . . . gōngzuò le . . . .

第八十四课
DÌ BĀ SHÍ SÌ (84) KÈ

WIEDERHOLUNG UND ANMERKUNGEN

Lesen Sie noch einmal die folgenden Anmerkungen:
78. Lekt.: (4); 79. Lekt.: (1), (4); 80. Lekt.: (2), (4), (5); 82. Lekt.: (1), (6); 83. Lekt.: (1), (3).

1 Komparativ und Superlativ. Vergleiche werden mit 比 *bǐ* "verglichen mit" oder 更 *gèng* "mehr als", der Super-

5 Ich kann noch Chinesisch und auch Englisch.
6 Es ist nicht unbedingt er! Möglicherweise bist du es!
7 Manchmal bin ich sehr müde.

---

4 *Kennst du auch diese Person?*

Nǐ . . rènshi zhèi ge rén ma?

Lösungen zum Lückentext

1 Biéde. **2** jiāli. **3** zài zhèr - liǎng nián. **4** yě.

Morgen endet die zwölfte Woche Ihres Chinesisch-studiums. Sicher war es für Sie von Nutzen, wenn Sie hin und wieder mehr als einen Tag für eine Lektion aufgewendet haben. Sie merken nun auch, daß Sie nun schon viele Dinge auf Chinesisch ausdrücken können. Arbeiten Sie weiterhin mit den Aufnahmen und wiederholen Sie ruhig mehrmals täglich laut die Dialoge. Vernachlässigen Sie nicht die "zweite Welle" und die Übungen! Sie sind ein hervorragendes Mittel, Ihre bisherigen Kenntnisse zu vertiefen.

* * *

Zweite Welle: *dì sān shí sì kè*

VIERUNDACHTZIGSTE LEKTION

lativ, die höchste Steigerungsform, mit 最 *zuì* "am meisten" ausgedrückt. Beispiele für *bǐ*: 他比我好 *Tā bǐ wǒ hǎo* "Er ist besser als ich" (wörtlich: er / verglichen mit / mir / gut = besser).
这个比那个贵 *Zhèi ge bǐ nèi ge guì* "Dies ist teurer als jenes". **Achten Sie auf die Wortstellung!** Sie lautet: **A** 比 *bǐ* **B** + **Adjektiv.**

Eine weitere Möglichkeit der Steigerung ist 更 *gèng* "mehr als". Ihm folgt ein Adjektiv. 这儿更贵！ *Zhèr gèng guì!* "Hier ist es noch teurer!"; 那儿更便宜！ *Nàr gèng piányi!* "Dort ist es noch billiger!"

Mit 最 *zuì* wird der Superlativ gebildet: 最好 *zuì hǎo* "am besten"; 最远 *zuì yuǎn* "am weitesten"; 最有意思 *zuì yǒu yìsi* "am interessantesten".
Für einen verneinten Vergleich benutzen Sie die Formel **A** *méi yǒu* **B** *nàme/zhème* + **Adjektiv**: 他没有我那么老 *Tā méi yǒu wǒ nàme lǎo* "Er ist nicht so alt wie ich". 那么 *nàme* kann gelegentlich auch wegfallen: 这儿没有那儿好 *Zhèr méi yǒu nàr hǎo* "Hier ist es nicht so gut wie dort".

2   Das Komplement der Fähigkeit. Es drückt eine **Möglichkeit** oder eine **Fähigkeit** (in der verneinten Form eine **Unmöglichkeit** bzw. **Unfähigkeit**) aus, eine Handlung auszuführen. Diese Konstruktion besteht aus einem ersten Verb, der Partikel 得 *de* bzw. der Partikel 不 *bù* für die Verneinung und einem zweiten Verb für den Zustand, der durch die im ersten Verb ausgedrückte Handlung erreicht (oder eben nicht erreicht) werden kann: 作得完 *zuò de wán* "etwas fertigmachen bzw. vollenden können", 作不完 *zuò bù wán* "etwas nicht fertigmachen bzw. vollenden können", 吃得了 *chī de liǎo* "aufessen können", 吃不了 *chī bù liǎo* "nicht aufessen können", 看得懂 *kàn de dǒng* "etwas (was man liest) verstehen können", 看不懂 *kàn bù dǒng* "etwas (was man liest) nicht verstehen können", 听得懂 *tīng de dǒng* "etwas (was man hört) verstehen können", 听不懂 *tīng bù dǒng* "etwas (was man hört) nicht verstehen können".
Legen Sie sich eine Liste der Komplemente der Fähigkeit an und ergänzen Sie diese jedesmal, wenn Sie ein neues Komplement kennenlernen. Vergleichen Sie ihre Anwendungsmöglichkeiten in neuen und Ihnen bereits bekannten Sätzen.

3   Die Zähleinheitswörter. Dieses grammatikalische Element, das zwischen einem Demonstrativpronomen oder einem Zahlwort und einem Substantiv eingesetzt werden muß, richtet sich stets nach der Art dieses Substantivs. Das häufigste ZEW ist 个 *ge*. Sie können es zur Not immer anwenden, wenn Sie das richtige ZEW nicht kennen. Zwar werden die Zähleinheitswörter in China relativ streng gehandhabt, jedoch würde ein Chinese Sie auch verstehen, wenn Sie *ge* verwenden. Für flache Gegenstände wie Tisch, Papier, Briefmarke usw. verwenden Sie 张 *zhāng*, für Bücher 本 *běn*. Streichen Sie sich am besten alle Zähleinheitswörter mit einem farbigen Stift an. Bestimmte Gegenstände, die selbst eine Menge bzw. ein Maß darstellen, können ebenso als Zähleinheitswort benutzt werden, z.B. 碗 *wǎn* "Schüssel". So heißt z.B. "eine Schüssel" 一个碗 *yí ge wǎn*, aber "eine Schüssel Reis" (hier ist "Schüssel" sozusagen die Mengenangabe) heißt 一碗饭 *yì wǎn fàn*. Desgleichen: "zwei Schüsseln Suppe" heißt 两碗汤 *liǎng wǎn tāng*.

4 Die Aussprache. Zögern Sie nicht, auch jetzt noch, obwohl Sie ja schon "fortgeschritten" sind, von Zeit zu Zeit noch einmal "Die Laute im gesprochenen Chinesisch" (Band 1) durchzuarbeiten. Mittlerweile wissen Sie, wie wichtig die Töne sind, und daß ein "falscher" Ton beim Gesprächspartner nicht nur das Verständnis erschwert, sondern auch zu schwerwiegenden Mißverständnissen führen kann. Sprechen Sie die folgenden Silben in den jeweils angegebenen Tönen - aber laut! (**Hinweis:** Die in Klammern angegebenen Silben gibt es in diesem Ton im Chinesischen nicht, wir haben sie nur zu Übungszwecken aufgeführt):

    Sān, (sán), sǎn, sàn;
    zhān, (zhán), zhǎn, zhàn;
    (luān), luán, luǎn, luàn;
    jī, jí, jǐ, jì;
    jīn, (jín), jǐn, jìn;
    jīng, jíng, jǐng, jìng;
    xiōng, xióng, (xiǒng), xiòng;

(kuāi), (kuái), kuǎi, kuài;
zuō, zuó, zuǒ, zuò;
cāi, cái, cǎi, cài. (Aussprache "ts" wie in "Zacharias"!)

5 Prägen Sie sich die folgenden Redewendungen und Ausdrücke ein:

随便！

– *Suíbiàn!* Egal!

好了！

– *Hǎo le!* Gut! Das reicht! Genug jetzt!

又不冷，又不热！

– *Yòu bù lěng, yòu bú rè!* Weder zu kalt noch zu warm!

天气好！

– *Tiānqì hǎo!* Das Wetter ist gut!

放心！

– *Fàngxīn!* Sei beruhigt! Keine Sorge!

一共多少钱？

– *Yígòng duōshǎo qián?* Was macht das zusammen?

6 Übersetzen Sie die folgenden Sätze schriftlich ins Chinesische:

1 In welcher Etage wohnst du?
2 In welcher Etage wohnst du?
3 Ist jemand dort?
4 Ist dort jemand?
5 Bist du auch dort gewesen?
6 Es ist lecker und (gleichzeitig) billig!
7 Es schmeckt gut und ist (gleichzeitig) nicht teuer!
8 Keine Sorge! Morgen werde ich bestimmt hier sein können!
9 Beruhige dich! Morgen werde ich bestimmt da sein!

7 Übersetzung:

你住几楼？
1 Nǐ zhù jǐ lóu?

你住在几楼？
2 Nǐ zhù zài jǐ lóu?

那儿有人吗？
3 Nàr yǒu rén ma?

那边儿有没有人？
4 Nèibiānr yǒu méi yǒu rén?

Lektion 84

你也去了吗？
5 Nǐ yě qù le ma?

又好吃又便宜！
6 Yòu hǎochī yòu piányi!

又好吃又不贵！
7 Yòu hǎochī yòu bú guì!

你放心吧！明天我一定会在这儿！
8 Nǐ fàngxīn ba! Míngtiān wǒ yídìng huì zài zhèr!

第八十五课
DÌ BĀ SHÍ WǓ (85) KÈ

放假
Fàngjià

你们是坐火车来的吗？
1 – Nǐmen shì zuò huǒchē lái de ma?

不是！我们是坐飞机来的。
2 – Bú shì! Wǒmen shì zuò fēijī lái de.

FĀYĪN 发音

1 dsuo huo tschö.

放心！明天我一定在！

9 Fàngxīn! Míngtiān wǒ yídìng zài!

Trainieren Sie auch gelegentlich Ihr Zahlengedächtnis! Zählen Sie von 1 bis 10, dann rückwärts von 10 bis 1. Hilfestellung leisten Ihnen die Seitenzahlen und die Nummern der Lektionen. Zählen Sie dann von 1 bis 20 und umgekehrt, dann von 1 bis 30 usw. - so lange, bis Sie es fast im Schlaf können.

* * *

Zweite Welle: *dì sān shí wǔ kè*

FÜNFUNDACHTZIGSTE LEKTION

Ferien machen

1 – Seid ihr im Zug zurückgekommen?
   *(ihr / **shì** / sitzen / Zug / kommen / **de** / Fragepar-tikel)*
2 – Nein! Wir haben das Flugzeug genommen.

ANMERKUNGEN

(1) Aus Lektion 50 kennen wir bereits *zuò* "fahren mit" + Verkehrsmittel: *zuò qìchē* "mit dem Auto fahren", *zuò chuán* "mit dem Boot fahren". **Achtung:** bei zweirädrigen Fahrzeugen und Reittieren sagt man *qí*: *Wǒ qí zìxíngchē qù...* "Ich fahre mit dem Fahrrad nach". Beachten Sie auch die Konstruktion *shì ... de*, mit der ein bestimmtes Satzelement betont wird (Sätze 1, 2, 5).

坐飞机很方便！对不对？

3 – Zuò fēijī hěn fāngbiàn! Duì bú duì?

对！很快！

4 – Duì! Hěn kuài!

你们是直接从香港来的吗？

5 – Nǐmen shì zhíjiē cóng Xiānggǎng lái de ma?

不！我们在上海停了两天。

6 – Bù! Wǒmen zài Shànghǎi tíng le liǎng tiān! **(2)**

在上海有朋友吗？

7 – Zài Shànghǎi yǒu péngyou ma?

我姐姐住在上海。

8 – Wǒ jiějie zhù zài Shànghǎi.

她不是在香港吗？

9 – Tā bú shì zài Xiānggǎng ma?

不！在香港的是我妹妹。

10 – Bù! Zài Xiānggǎng de shì wǒ mèimei.

你这一次去看他们，一共

11 – Nǐ zhèi yí cì qù kàn tāmen, yígòng

请了几天假？

qǐng le jǐ tiān jià? **(3)**

一共请了四天！

12 – Yígòng qǐng le sì tiān!

FĀ YĪN 发音
3 fang biän. 5 dsche djiä. 8 dschu dsai. 11 ni dschei i tse.

3 – Mit dem Flugzeug zu fliegen ist sehr bequem!
       Nicht wahr?
       (sitzen / Flugzeug / sehr / bequem! richtig / nicht /
       richtig)
4 – Stimmt! Und schnell!
5 – Seid ihr direkt von Hongkong zurückgekommen?
       *(ihr / **shì** / direkt / von / Hongkong / kommen /*
       ***de** / Fragepartikel)*
6 – Nein! Wir hatten 2 Tage Aufenthalt in Shanghai!
7 – Habt ihr Freunde in Shanghai?
8 – Meine ältere Schwester wohnt in Shanghai!
9 – Lebt sie nicht in Hongkong?
10 – Nein! Die in Hongkong ist meine jüngere Schwe-
       ster!
11 – Wieviele Tage Urlaub hast du insgesamt einge-
       reicht, um sie zu besuchen?
       (du / dieses / eine / Mal / gehen / sehen / sie,
       insgesamt / bitten um / Aspektpartikel / wieviele /
       Tage / Urlaub)
12 – Insgesamt vier Tage!

ANMERKUNGEN (Fortsetzung)

(2) Eine **Zeitdauer** steht immer **hinter** dem Verb, ein **Zeit-
       punkt** steht **vor** dem Verb: *Qùnián* (Zeitpunkt) *wǒ zhù le
       liǎng ge yuè* (Zeitdauer) "Letztes Jahr habe ich zwei
       Monate dort gewohnt"; *Nǐ xià ge yuè* (Zeitpunkt) *dǎsuàn
       dāi duō jiǔ?* (Zeitdauer) "Wie lange planst du nächsten
       Monat dort zu bleiben?"
(3) *qǐng jià* "sich beurlauben lassen, sich freinehmen". Die
       Zeitdauer wird zwischen Verb und Objekt eingefügt:
       qǐng liǎng tiān jià "sich zwei Tage freinehmen". Das
       gleiche gilt für *fàngjià* "Ferien haben": *fàng liǎng tiān jià*
       "zwei Tage Ferien haben".

上个星期是春节；对吗？

13 – Shàng ge xīngqī **(4)** shì Chūnjié **(5)**; duì ma?

那，也算放了三天假！

Nà, yě suàn **(6)** fàng le sān tiān jià!

对啊！那就一共是七天！

14 – Duì a! Nà jiù yígòng shì qī tiān!

正好是一个星期！

Zhènghǎo shì yí ge xīngqī!

FĀYĪN 发音

13 tschun djiä. ·

LIÀNXÍ 练习

他们也是坐飞机来的吗？

1 – Tāmen yě shì zuò fēijī lái de ma?

快放假了！你准备到哪儿去？

2 – Kuài fàngjià le! Nǐ zhǔnbèi dào nǎr qù?

这儿也算是不错的！

3 – Zhèr yě suàn shì búcuò de!

他也住在上海吗？

4 – Tā yě zhù zài Shànghǎi ma?

13 – Aber letzte Woche war Frühlingsfest, oder? Und
das zählt auch als drei Tage Urlaub!
14 – Das stimmt! Das sind also zusammen sieben Tage! Das macht genau eine Woche!

ANMERKUNGEN (Fortsetzung)

(4) *xià ge xīngqī* "nächste Woche", *zhèi ge xīngqī* "diese
Woche". Desgleichen für "Monat": *shàng ge yuè* "letzter
Monat".
(5) Das "Frühlingsfest" ist das chinesische Neujahrsfest. Da
der traditionelle chinesische Kalender nicht dem gregoria-
nischen Kalender folgt, liegt dieses Fest zwischen dem
21.1. und 19.2. unseres westlichen Kalenders. Die Häu-
ser werden mit roten Papierstreifen geschmückt, auf denen sich glücksbringende Aufschriften oder Abbildungen
von Glücks- und Reichtumsgöttern befinden. Man besucht Verwandte und Freunde, ißt üppig und brennt Feu-
erwerkskörper ab.
(6) *suàn* heißt in diesem Zusammenhang "zählen, gelten
als". Anwendungsbeispiele: *Zhèr bú suàn tài lěng* "Man
kann nicht gerade sagen, daß es hier kalt ist!", *Zhèi ge
bú suàn dà!* "Das gilt nicht als groß!".

ÜBUNGEN

1 Sind sie auch mit dem Flugzeug gekommen?
2 Bald sind Ferien! Wo wirst du hinfahren?
3 Man kann sagen, daß es hier auch nicht schlecht ist!
4 Lebt er auch in Shanghai?

WÁNCHÉNG JÙZI

1 *Fahrt ihr mit dem Zug oder mit dem Auto?*

Nǐmen . . . huǒchē qù . . . . . zuò qìchē qù?

2 *Woher kommt er? Wohin geht er?*

Tā . . . nǎr lái? Tā dào . . . qù?

3 *Das macht insgesamt 2,73 Yuan!*

Yígòng . . . . kuài . . máo . . . fēn!

4 *Wer ist der Übersetzer? Wer übersetzt?*

Fānyì shì . . . ? Shéi . . . . ?

第八十六课
DÌ BĀ SHÍ LIÙ (86) KÈ

搬家
Bānjiā

老王！好久不见了！
1 – Lǎo Wáng! Hǎo jiǔ bú jiàn le!

是啊！…你现在在哪儿啊？
2 – Shì a! Nǐ xiànzài zài nǎr a?

我上个月搬了家！
3 – Wǒ shàng ge yuè bān le jiā!

FĀYĪN 发音

1 hao djiou bu djiän lö.

Lösungen zum Lückentext

1 zuò - háishi. **2** cóng - nǎr. **3** liǎng - qī - sān. **4** shéi - fānyì.

Überprüfen Sie Ihr visuelles Gedächtnis einmal mit der folgenden Methode: Nehmen Sie ein Blatt Papier oder ein Stück dünne Pappe zur Hand und schneiden Sie daraus Streifen aus, und zwar so, daß, wenn Sie die Schablone auf den Lektionstext legen, nur noch die **chinesischen Zeichen** *zu sehen sind und die Pinyin-Umschrift verdeckt ist. Versuchen Sie nun, die ersten Dialoge des 1. Bandes* **nach Zeichen** *zu lesen!*

* * *

Zweite Welle: *dì sān shí liù kè*

SECHSUNDACHTZIGSTE LEKTION

Umziehen

1 – Alter Wang! Lange nicht gesehen!
2 – Stimmt! Wo wohnst du jetzt?
(ja / Ausruf! du / jetzt / sich befinden / wo / Ausruf)
3 – Ich bin letzten Monat umgezogen!
(ich / letzten / ZEW / Monat / wechseln / Aspektpartikel / Wohnsitz)

你们还在城里吗？

4 – Nǐmen hái zài chéng lǐ ma?

不！在郊区！就是离这儿

5 – Bù! Zài jiāoqū! Jiùshì lí zhèr **(1)**

远一些！在"双井"！
yuǎn yìxiē! **(2)** Zài "Shuāngjǐng"!

那儿不是"航空学院"吗？

6 – Nàr bú shì "Hángkōng Xuéyuàn" ma?
(3)

不！以前是"航空学院"！

7 – Bù! Yǐqián shì "Hángkōng Xuéyuàn"!

现在呢？

8 – Xiànzài ne?

现在是"石油学院"了！

9 – Xiànzài shì "Shíyóu Xuéyuàn" le!

哦！你们在那儿作什么工作？

10 – Ò! Nǐmen zài nàr zuò shénme gōngzuò?

我爱人是英文教员！

11 – Wǒ àiren shì yīngwén jiàoyuán!

你呢？跟从前一样吗？

12 – Nǐ ne? Gēn cóngqián yíyàng ma? **(4)**

唉！我还是搞管理工作！

13 – Āi! Wǒ hái shì gǎo guǎnlǐ gōngzuò!

FĀYĪN 发音

5 djiou sche li dschör. 9 sche iou chüe jüän. 11 djiao jüän.
12 tsong tchiän.

4 – Wohnt ihr noch in der Stadt?
5 – Nein! In einem Vorort! Es ist wirklich ein bißchen weit von hier! Es ist in Shuangjing!
*(nein! in / Vorort! wirklich / entfernt von / hier /
weit / ein bißchen! in / Shuangjing)*
6 – Ist dort nicht die "Hochschule für Flugzeugbau"?
7 – Nein! Früher war dort die "Hochschule für Flugzeugbau"!
8 – Und jetzt?
9 – Jetzt ist dort die "Hochschule für Erdöltechnik"!
10 – Oh! Und was für eine Arbeit macht ihr dort?
(oh! ihr / dort / machen / welche / Arbeit)
11 – Meine Frau ist Englischlehrerin!
12 – Und du? Das gleiche wie früher?
*(du / Partikel? mit / früher / gleich / Frageparti-
kel)*
13 – Ja! Ich arbeite immer noch in der Verwaltung!
*(ja! ich / noch / sein / machen / Verwaltung /
Arbeit)*

ANMERKUNGEN

(1) *jiùshì* dient hier zur Verstärkung des Gesagten ("wirklich"); es kann auch "wenn auch" heißen: *Jiùshì tiānqì bù
hǎo, wǒmen yě qù gōngyuán* "Auch wenn das Wetter
nicht gut ist, gehen wir in den Park". - Die Präposition *lí*
"(entfernt) von" wird benutzt, um eine Entfernung zu
einem bestimmten Punkt auszudrücken. Das Schema ist
[**A** *lí* **B** Entfernung bzw. Frage nach Entfernung]: *Nǐ jiā lí
zhèr yuǎn bù yuǎn?* "Ist dein Zuhause weit von hier?";
Tiānjīn lí Běijīng yì bǎi duō gōnglǐ "Tianjin ist von Beijing
mehr als 100 km entfernt"; *Lí zhèr hěn jìn* "Es ist sehr
nah"; *Lí fēijīchǎng yuǎn ma?* "Ist es weit vom Flughafen
entfernt?".
(2) *yìxiē* "ein bißchen, ein wenig" kann zur Relativierung
einer bestimmten Qualität an ein Adjektiv angehängt werden. Beispiele:. *Yuǎn yìxiē* "Es ist ein bißchen weit"; *Zhèi
ge guì yìxiē* "Es ist ein bißchen teuer".
(3) *hángkōng* "Luftfahrt, Flugverkehr". *hángkōng xiǎojiě*
"Stewardess"; *hángkōng yóujiǎn* "Aerogramm"; *hángkōng gōngsī* "Fluggesellschaft". In Abkürzungen: *Fǎ
Háng* "Air France", *Sū Háng* "Aeroflot" usw.
(4) *yíyàng* "gleich". Um "ist gleich, ist wie" auszudrücken,
wird *yíyàng* mit der Präposition *gēn* nach dem folgenden
Muster angewandt: [**A** *gēn* **B** *yíyàng*]. *Wǒ gén nǐ yíyàng*
"Ich bin wie du"; *Gēn yǐqián bù yíyàng* "Es ist nicht wie
früher"; *Gēn zuótiān wánquán yíyàng* "Es ist genau wie
gestern".

LIÀNXÍ　练习

你家里离这儿远不远？

1 – Nǐ jiā lí zhèr yuǎn bù yuǎn?

北京话跟广东话一样不一样？

2 – Běijīng huà gēn Guǎngdōng huà yíyàng bù yíyàng?

很好！…就是有点儿贵！

3 – Hěn hǎo! . . . Jiùshì yǒudiǎnr guì!

你还是工人吗？

4 – Nǐ hái shì gōngrén ma?

WÁNCHÉNG JÙZI

1　*Wir haben uns lange nicht gesehen!*

Wǒmen　. . .　. . .　bú jiàn le!

2　*Wir sind uns lange nicht begegnet! Richtig?*

Wǒmen hěn　. . .　méi yǒu jiànmiàn le! Duì　. .　duì?

3　*Hier war früher meine Schule!*

Zhèr,　. . . . . .　shì wǒ de xuéxiào!

4　*Was macht er in Shanghai?*

Tā　. . .　Shànghǎi　. . .　shénme?

5 *Früher war es sehr weit, aber jetzt geht es noch!*

   Yǐqián hěn . . . .   , kěshì . . . . hái kěyǐ!

ÜBUNGEN

1 Ist dein Zuhause (deine Familie) weit von hier?
2 Ist der Beijing-Dialekt wie der Kanton-Dialekt?
3 Das ist sehr gut! . . . Wenn auch ein bißchen teuer!
4 Bist du noch Arbeiter?

Lösungen zum Lückentext

1 hǎo jiǔ. 2 jiǔ - bú. 3 yǐqián. 4 zài - zuò. 5 yuǎn - xiànzài.

Legen Sie sich einen Zettel an, den Sie als Lesezeichen benutzen und auf dem Sie alle Verbzusammensetzungen notieren, die Sie im Laufe der Lektionen antreffen. Diese Verbzusammensetzungen unterteilen Sie mit Hilfe der Erläuterungen in den Anmerkungen in **Komplemente der Fähigkeit, des Resultats, des Grades** *usw. Vergessen Sie auch nicht die Partikel* 得 **de,** 了 **le** *und* 过 **guo** *- sie sind wichtige Grundelemente der chinesischen Grammatik! Arbeiten Sie auch ruhig von Zeit zu Zeit mal "rückwärts" durch das Buch! Und vernachlässigen Sie nicht die Übungen der "zweiten Welle": Wiederholen Sie mit jeder neuen Lektion eine der Lektionen aus Band 1, indem Sie den deutschen Lektionstext ins Chinesische übersetzen. Die Verständnisübungen sollten Sie immer schriftlich machen!*

* * *

Zweite Welle: *dì sān shí qī kè*

第八十七课
DÌ BĀ SHÍ QĪ (87) KÈ

换钱
Huàn qián

请问！银行在哪儿？
1 – Qǐng wèn! Yínháng zài nǎr?

银行就在那边！
2 – Yínháng jiù zài nèibiān(r)!

是 "中国银行" 吗？
3 – Shì "Zhōngguó Yínháng" ma?

不！是 "人民银行" ！
4 – Bù! Shì "Rénmín Yínháng"!

不过跟 "中国银行" 差不多！
Búguò **(1)** gēn "Zhōngguó Yínháng"
chàbùduō! **(2)**

在那儿可以换钱吗？
5 – Zài nàr kěyǐ huàn qián ma?

这个…这个…！我倒不清楚！
6 – Zhèi ge . . . zhèi ge . . . ! Wǒ dào bù
qīngchu! **(3)**

怎么办呢？
7 – Zěnme bàn ne?

FĀYĪN 发音

hoan tchiän. **2** djiou dsai. **4** bu guo gön - tscha bu duo.

SIEBENUNDACHTZIGSTE LEKTION

Geld wechseln

1 – Entschuldigen Sie bitte! Wo finde ich eine Bank?
2 – Dort drüben ist eine Bank!
   (Bank / genau / sich befinden / dort)
3 – Ist das die "Bank von China"?
4 – Nein! Das ist die "Volksbank"! Aber das ist fast
   das Gleiche wie die "Bank von China"!
   *(Nein! sein / "Volk / Bank"! aber / mit / "China /
   Bank" / fast gleich)*
5 – Kann ich dort Geld wechseln?
6 – Äh . . . Tja . . . Das weiß ich dagegen nicht so
   genau!
   (äh . . . tja . . . ! ich / dagegen / nicht / klar)
7 – Was soll ich nun machen?

ANMERKUNGEN

(1) Es gibt mehrere Wörter für "aber": *kěshì*, *dànshì* und
búguò.

(2) Sie wissen aus Lektion 86, Anm. 4, wie man "ist gleich,
ist wie" ausdrückt. In diesem Satz sehen Sie, wie man
"ist fast das Gleiche wie" ausdrückt: mit der Präposition
gēn ("mit") und *chàbùduō* ("fast gleich"), das Sie aus den
Lektionen 54 und 72 kennen. *Wǒ gēn nǐ chàbùduō* "Ich
bin fast wie du". Gelegentlich hört man auch *chàbùduō
yíyàng* + Adjektiv: "fast genauso ... wie". *Chàbùduō yíyàng guì* "Das ist fast genauso teuer"; *Zhèi liǎng ge
xiāngzi chàbùduō yíyàng zhòng* "Diese beiden Koffer sind
fast gleich schwer".

(3) So überbrücken die Chinesen in Unterhaltungen Unsi-
cherheiten oder Unklarheiten, so wie wir "Äh", "Hm",
"Tja" sagen. *dào* bedeutet "dagegen; wiederum" und
wirkt verstärkend auf eine Verneinung oder eine Aussage, die dem Erwarteten widerspricht: *Wǒ dào méi qù*
"Ich dagegen bin nicht gegangen"; *Zhè dào hěn hǎo*
"Das wiederum ist sehr gut"; *Wǒ dào bù zhīdao* "Das
weiß ich wiederum nicht".

你去打听打听吧！

8 – Nǐ qù dǎting dǎting ba!

他们不换钱怎么办呢？

9 – Tāmen bú huàn qián zěnme bàn ne? (4)

那，你就到王府井去！

10 – Nà, nǐ jiù dào Wángfǔjǐng qù!

那边儿有个"中国银行"！

Nèibiānr yǒu ge "Zhōngguó Yínháng"!

"中国银行"换钱吗？

11 – "Zhōngguó Yínháng" huàn qián ma?

当然换钱！他们不换钱，

12 – Dāngrán huàn qián! Tāmen bú huàn qián

谁换钱？

shéi huàn qián?

对！…这个有道理！

13 – Duì! . . . Zhèi ge yǒu dàoli! (5)

FĀYĪN 发音

8 da ting da ting. 13 iou dao li.

8 – Gehen Sie sich doch mal erkundigen!
(Sie / gehen / erkundigen / erkundigen / Partikel)
9 – Und wenn sie kein Geld wechseln, was mache ich dann?
(sie / nicht / wechseln / Geld / wie / machen / Partikel)
10 – Dann gehen Sie eben zur Wangfujing-Straße! Dort ist die "Bank von China"!
(eben, Sie / dann / nach / Wangfujing[-Straße] / gehen! dort / haben / ZEW / "China / Bank")
11 – Wechselt die "Bank von China" Geld?
("China / Bank" / wechseln / Geld / Frageparti-kel)
12 – Natürlich wechseln sie dort Geld! Wenn sie dort kein Geld wechseln können, wo dann?
13 – Stimmt! . . . Das leuchtet ein!

ANMERKUNGEN (Fortsetzung)

(4) Beachten Sie, daß in diesem Satz, wie auch in Satz 12, das Konditional ("Wenn, Falls...") nur durch die Gegenüberstellung der beiden Teilaussagen ausgedrückt wird. *Nǐ bú qù shéi qù ne?* "Wenn du nicht gehst, wer geht dann?"; *Xià yǔ, wǒ bú qù* "Wenn es regnet, gehe ich nicht"; *Nǐ bù mǎi, shéi mǎi?* "Wenn du es nicht kaufst, wer kauft es dann?".

(5) *Yǒu dàoli* "Das ist logisch", "Das macht Sinn", "Das ist einleuchtend". *Méi yǒu dàoli* "Das ist Unsinn", "Das ist unlogisch".

LIÀNXÍ 练习

请问！飞机场在哪儿？

1 – Qǐng wèn! Fēijīchǎng zài nǎr?

这儿能不能换钱？

2 – Zhèr, néng bù néng huàn qián?

为什么不能换钱？

3 – Wèi shénme bú huì huàn qián?

你去打听一下吧！　我不很清楚！

4 – Nǐ qù dǎting yíxià ba! Wǒ bù hěn qīngchu!

你不翻译谁翻译呢？

5 – Nǐ bù fānyì shéi fānyì ne?

你不作谁作呢？

6 – Nǐ bú zuò shéi zuò ne?

WÁNCHÉNG JÙZI

1 *Sie sind beide fast gleich!*

Tāmen liǎng ge rén dōu . . . . !

ÜBUNGEN

1 Entschuldigen Sie bitte! Wo befindet sich der Flughafen?
2 Kann man hier Geld wechseln?
3 Warum kann man kein Geld wechseln?
4 Geh dich mal erkundigen! Ich weiß es nicht so genau!
5 Wenn du es nicht übersetzt, wer wird es dann übersetzen?
6 Wenn du es nicht machst, wer wird es dann machen?

2 *Wenn du nicht gehst, dann gehe ich (auch) nicht!*

Nǐ bú qù, wǒ . . .   bú qù!

3 *Wenn du nicht gehst, gehe ich auch nicht!*

Nǐ bú qù, wǒ . . bú qù!

4 *Wenn du es nicht kaufst, wer kauft es dann?*

Nǐ bù mǎi . . . .   mǎi ne?

5 *Gehst du auch zur Wangfujing-Straße?*

Nǐ . .   dào Wángfǔjǐng qù . . ?

Lösungen zum Lückentext

1 chàbùduō. 2 jiù. 3 yě. 4 shéi. 5 yě - ma.

* * *

Zweite Welle: *dì sān shí bā kè*

第八十八课
DÌ BĀ SHÍ BĀ (88) KÈ

我很久没有看见他了！

1 – Wǒ hěn jiǔ méi yǒu kànjian tā le! **(1)**

他很早就走了！

2 – Tā hěn zǎo jiù zǒu le! **(2)**

他们去年就搬家了。

3 – Tāmen qùnián jiù bān jiā le. **(3)**

我们明天才能回答。

4 – Wǒmen míngtiān cái néng huídá. **(4)**

你下个星期才能去。

5 – Nǐ xià ge xīngqī cái néng qù.

他们明年才来。

6 – Tāmen míngnián cái lái.

FĀYĪN 发音

1 hön djiou mei iou kan djiän ta lö. **2** hön dsao djiou dsou lö.
3 tchü niän djiou ban djia lö. **4** ming niän tsai nöng hoei da.

---

*Machen Sie die Übungen für die "zweite Welle" mög-
lichst schriftlich. Zeichen und Pinyin-Umschrift prägen
sich so leichter ein.*

ACHTUNDACHTZIGSTE LEKTION

1 – Ich habe ihn sehr lange nicht gesehen!
(ich / sehr lange / nicht / haben / sehen / ihn / Satzpartikel)

2 – Er ist schon vor langer Zeit gegangen!
(er / sehr früh / schon / gehen / Satzpartikel)

3 – Sie sind schon letztes Jahr umgezogen.

4 – Wir können erst morgen antworten.
(wir / morgen / erst / können / antworten)

5 – Du kannst erst nächste Woche hingehen.
(du / nächste / ZEW / Woche / erst / können / gehen)

6 – Sie kommen erst nächstes Jahr.
(sie / nächstes Jahr / erst / kommen)

ANMERKUNGEN

(1) *hěn jiǔ* "schon lange" **steht immer vor dem Verb**: *Tā hěn-jiǔ méi yǒu lái* "Er ist schon sehr lange nicht mehr gekommen"; *Wǒ hěn jiǔ méi yǒu qù* "Ich bin schon sehr lange nicht mehr hingegangen".

(2) *hěnzǎo jiù* oder *zǎojiù*, gefolgt von einem Verb, ist ein umgangssprachlicher Ausdruck, der "schon vor langer Zeit" bedeutet (obwohl *zǎo* "früh" heißt). Am Satzende findet man oft die Partikel *le*. Beispiele: *Wǒ zǎo jiù zhīdao le* "Ich habe es schon lange gewußt"; *Tā hěn zǎo jiù shuō le* "Er hat es schon vor langer Zeit gesagt"; *Tā zǎo jiù bú zài zhèr le* "Er ist schon lange nicht mehr hier"; *Yàoshi tā zài nàr, wǒ zǎo jiù rènshi tā le* "Wenn er dort gewesen wäre, hätte ich ihn schon lange kennengelernt"; *Wǒ zǎo jiù bú qù le* "Ich bin schon lange nicht mehr hingegangen".

(3) *jiù* "schon" weist hier darauf hin, daß sich die Handlung früher als erwartet bzw. früher als erwünscht abspielt. Es bildet hier einen Gegensatz zu *cái*, das "erst" bedeutet. Siehe auch Lektion 26, Anmerkung 8 und Lektion 33, Anmerkung 2.

(4) *cái* "erst" weist hier darauf hin, daß sich die Handlung später als erwartet bzw. später als erwünscht abspielt. Siehe auch Lektion 23, Lektion 28, Anmerkung 6 und Lektion 43, Anmerkung 6.

你身体好吗？

7 – Nǐ shēntǐ hǎo ma?

很好！谢谢你！

8 – Hěn hǎo! Xièxie nǐ!

你家里人都好吗？

9 – Nǐ jiāli rén dōu hǎo ma?

他们都很好！谢谢！

10 – Tāmen dōu hěn hǎo! Xièxie!

请向他们问好！

11 – Qǐng xiàng tāmen wènhǎo! **(5)**

祝你新年好！

12 – Zhù nǐ xīn nián hǎo! **(6)**

新年快乐！

13 – Xīn nián kuàilè!

明天见吧！

14 – Míngtiān jiàn ba!

FĀYĪN 发音

12 dschu ni. **13** koai lö.

LIÀNXÍ 练习

他早就不去了。

1 – Tā zǎo jiù bú qù le

他很久没有来了。

2 – Tā hěn jiù méi yǒu lái le.

7 – Wie geht es dir?
(deine / Gesundheit / gut / Fragepartikel)
8 – Sehr gut! Danke!
9 – Geht es in deiner Familie allen gut?
(deine / Familie / Personen / alle / gut / Frage-
partikel)
10 – Es geht ihnen allen sehr gut! Danke!
11 – Bitte grüße sie von mir!
(bitte / in Richtung von / sie / grüßen)
12 – Ich wünsche dir ein gutes neues Jahr!
(wünschen / dir / neu / Jahr / gut)
13 – Frohes neues Jahr!
(neu / Jahr / glücklich)
14 – Bis morgen!

ANMERKUNGEN (Fortsetzung)

(5) Um einer Person über jemanden Grüße ausrichten zu lassen, benutzt man *xiàng ... wènhǎo*. Mit *xiàng* wird die
Richtung einer Handlung angegeben. *xiàng* wird oft nicht
mitübersetzt. Beispiele: *Xiàng qián kàn* "nach vorne
schauen"; *xiàng lǎoshī xuéxí* "vom Lehrer lernen".

(6) *zhù* "wünschen" wird für alle Arten von Wünschen verwendet. *Zhù nǐ gōngzuò chénggōng!* "Ich wünsche dir
viel Erfolg bei der Arbeit!"; *Zhù nǐ shēntǐ jiànkāng!*
"Bleib gesund!" ("... einen gesunden Körper"); *Zhù nǐ
yílù píng´ān!* "Gute Reise!" ("... auf dem ganzen Weg
Frieden").

ÜBUNGEN

1 Er geht schon lange nicht mehr hin.
2 Er ist schon lange nicht mehr gekommen.

Lektion 88

我早就懂了。

3 – Wǒ zǎo jiù dǒng le.

他早就离开这个地方了。

4 – Tā zǎo jiù líkāi zhèi ge dìfang le.

我早就知道了。

5 – Wǒ zǎo jiù zhīdao le.

WÁNCHÉNG JÙZI

1 *Ich habe es schon vor langer Zeit verstanden!*

Wǒ . . . . . . dǒng le!

2 *Er ist schon vor langer Zeit gegangen!*

Tā . . . . . . zǒu . . !

3 *Und jetzt wünsche ich dir ein gutes neues Jahr!*

Xiànzài . . . nǐ xīn nián . . . !

4 *Wie geht es ihm? (Wie ist seine Gesundheit?)*

Tā . . . . . . zěnmeyàng?

ÜBUNG "ZWEITE WELLE": Übersetzen Sie die folgenden Sätze schriftlich ins Chinesische:

1 Wen suchen Sie?
2 Wann hast du Zeit?
3 Geht es morgen mittag?
4 Ich möchte dich nicht stören!
5 Du wartest ein bißchen! Einverstanden?

3 Ich habe es schon vor langer Zeit verstanden.
4 Er hat diesen Ort schon vor langer Zeit verlassen!
5 Ich weiß es schon seit langem.

Lösungen zum Lückentext

1 zǎo jiù. **2** zǎo jiù - le. **3** zhù - hǎo. **4** shēntǐ.

ÜBERSETZUNG (Übung "Zweite Welle"):

你找谁？
1 – Nǐ zhǎo shéi?

你什么时候有空？
2 – Nǐ shénme shíhou yǒu kòng?

明天中午，行不行？
3 – Míngtiān zhōngwǔ, xíng bù xíng?

我不想麻烦你！
4 – Wǒ bù xiǎng máfan nǐ!

你等一下！好不好？
5 – Nǐ děng yíxià! Hǎo bù hǎo?

* * *

Zweite Welle: *dì sān shí jiǔ kè*

第八十九课
DÌ BĀ SHÍ JIǓ (89) KÈ

看电视
Kàn diànshì

请问！今天演什么戏？

1 – Qǐng wèn! Jīntiān yǎn shénme xì?

你说什么？请大声点儿说！

2 – Nǐ shuō shénme? Qǐng dàshēng diǎnr shuō! **(1)**

我问你：今天演什么戏？

3 – Wǒ wèn nǐ: Jīntiān yǎn shénme xì?

"龙须沟"！

4 – "Lóng Xū Gōu"! **(2)**

什么时候开演？

5 – Shénme shíhou kāi yǎn?

啊？请你再说一遍！

6 – Á! Qǐng nǐ zài shuō yíbiàn!

你耳朵有毛病，怎么的…？

7 – Nǐ ěrduo yǒu máobing, zěnme de . . . ?

我说：什么时候开演？

Wǒ shuō: Shénme shíhou kāi yǎn?

FĀYĪN 发音

kan diän sche. **1** iän schö mö chi. **4** long chü gou. **5** kai iän.

NEUNUNDACHTZIGSTE LEKTION

Fernsehen

1 — Entschuldigen Sie bitte! Welches Stück wird heute aufgeführt?
(bitte / fragen! heute / aufführen / welches / Theaterstück)
2 — Was sagen Sie? Bitte sprechen Sie etwas lauter!
(Sie / sagen / was? bitte / lauter / sprechen)
3 — Ich frage Sie: Welches Stück wird heute aufgeführt?
4 — Der "Drachenbartgraben"!
5 — Und wann fängt die Vorstellung an?
(welche / Zeit / beginnen / Vorstellung)
6 — Wie bitte? Wiederholen Sie bitte!
(wie bitte? bitte / Sie / wieder / sprechen / einmal)
7 — Haben Sie was mit den Ohren oder was...? Ich sagte: Wann fängt die Vorstellung an?
(ihre / Ohren / haben / Krankheit, oder was? ich / sagen: welche / Zeit / beginnen / Vorstellung)

ANMERKUNGEN

(1) *Dàshēng diǎnr shuō!* "Sprich ein bißchen lauter!"; *Xiǎoshēng diǎnr shuō!* "Sprich ein bißchen leiser!".
(2) Dieses Stück wurde im Jahre 1953 von Lao She geschrieben. Es behandelt die Neuorganisation und Sanierung der alten Stadtviertel Beijings nach der Machtübernahme durch die Kommunisten im Jahre 1949. Der Titel des Stücks, "Drachenbartgraben", bezeichnet eines dieser Stadtviertel.

八点半！你看！上边儿写着呢！

8 – Bā diǎn bàn! Nǐ kàn! Shàngbiānr xiězhe ne! **(4)**

还有票吗？

9 – Hái yǒu piào ma?

没有了！今天早就客满了！

10 – Méi yǒu le! Jīntiān zǎo jiù kèmǎn le! **(5)**

没关系！回家看电视去！

11 – Méi guānxi! Huí jiā kàn diànshì qù!

对！看电视也不错！

12 – Duì! Kàn diànshì yě búcuò!

FĀYĪN 发音

9 ba diän ban. 10 kö man lö. 11 hoei djia.

LIÀNXÍ 练习

请你再写一遍！

1 – Qǐng nǐ zài xiě yíbiàn!

中国饭也不错！

2 – Zhōngguó fàn yě búcuò!

八点半开始！快去！快去！

3 – Bā diǎn bàn kāishǐ! Kuài qù! Kuài qù!

没关系！咱们回家去吧！

4 – Méi guānxi! Zánmen huí jiā qù ba!

8 – Um halb neun! Sehen Sie! Es ist oben ange-
schrieben!
*(acht / Uhr / dreißig! Sie / sehen! oben / schrei-
ben / Verbalsuffix / Partikel)*
9 – Gibt es noch Karten?
10 – Nein! Für heute sind die Karten schon lange ausverkauft!
*(nicht / haben / Satzpartikel! heute / seit langem /
ausverkauft / Satzpartikel)*
11 – Na macht nichts! Dann gehen wir eben nach
Hause und sehen fern!
12 – Stimmt! Fernsehen ist auch nicht schlecht!

ANMERKUNGEN (Fortsetzung)

(4) Das Verbalsuffix *zhe* kennzeichnet einen unveränderten
Zustand oder eine länger andauernde Handlung. In solchen Sätzen findet man am Satzende häufig die Modalpartikel *ne*: *Mén kāizhe ne* "Die Tür steht offen"; *Wài-
mian xiàzhe dà yǔ* "Draußen regnet es heftig"; *Qiáng
shàng guàzhe dìtú* "An der Wand hängt eine Karte"; *Nèi-
biān zuòzhe jǐ ge rén?* "Wieviele Personen sitzen dort?".
(5) *kèmǎn* "ausverkauft, voll" setzt sich zusammen aus *kè*
"Gast, Besucher" und *mǎn* "voll, gefüllt".

ÜBUNGEN

1 Bitte schreib es noch einmal!
2 Die chinesische Küche ist auch nicht schlecht!
3 Es fängt um halb neun an! Beeilen wir uns!
4 Das macht nichts! Kehren wir nach Hause zurück!

WÁNCHÉNG JÙZI

1 *Gibt es noch welche? Nein, es gibt keine mehr!*

. . . yǒu ma? Méi yǒu . . !

2 *Das macht nichts! Ich werde es noch einmal sagen!*

. . . . ! Wǒ zài shuō yí cì!

3 *Das macht nichts! Ich werde es noch einmal sagen!*

Méi guānxi! Wǒ . . . shuō yíbiàn!

4 *Wann hast du vor, nach Hause zurückzukehren?*

Nǐ dǎsuàn shénme . . . . . . huí jiā?

第九十课
DÌ JIǓ SHÍ (90) KÈ

你们这个公司相当大呀！

1 – Nǐmen zhèi ge gōngsī xiāngdāng dà ya!

唉！是，比较大！

2 – Ái! Shì, bǐjiào dà!

FĀYĪN 发音

1 gung se.

Lösungen zum Lückentext

1 hái - le. **2** Méi guānxi. **3** zài. **4** shíhou.

Haben Sie bemerkt, daß in dieser Lektion wieder ein Homophon vorkam? Notieren Sie sich ruhig auf einem separaten Zettel alle Homophone, so wie dieses: 再 *zài "wieder, noch einmal" (Satz 6): ihm folgt **immer ein Verb**. Es spricht sich genau wie* 在 *zài "in, an", dem immer eine Ortsbestimmung folgt:* 在北京 *zài Běijīng "in Beijing",* 在中国 *zài Zhōngguó "in China";* 在哪儿？ *zài nǎr? "wo?";* 在那儿 *zài nàr "dort".*
Lernen Sie zum gegenwärtigen Zeitpunkt keine Einzelsilben, sondern immer ganze Redewendungen!

* * *

Zweite Welle: *dì sì shí kè*

NEUNZIGSTE LEKTION

1 – Ihre Firma ist ja ziemlich groß!
  (ihr / diese / ZEW / Firma / ziemlich / groß / Ausruf)
2 – Ja! Das stimmt, sie ist relativ groß!

Ihr Ziel: Chinesisch verstehen und sich auf Chinesisch verständlich machen. Ihre Methode: laut lesen, die Töne sauber sprechen, jede Lektion mehrmals durcharbeiten. Halten Sie einen regelmäßigen Lernrhythmus ein. Notieren Sie sich am Rand spezielle Probleme oder Dinge, die Ihnen schwerfallen. Versuchen Sie nicht, alles auf einmal zu verstehen! Der Fortschritt kommt allein durch das Wiederholen. Arbeiten Sie auch regelmäßig die Lektionen des ersten Bandes noch einmal durch und .... bewahren Sie Geduld!

除了手表以外，你们还卖别的吗？

3 – Chúle shǒubiǎo yǐwài **(1)**, nǐmen hái
mài biéde ma? **(2)**

当然！

4 – Dāngrán!

你有商品目录吗？

5 – Nǐ yǒu shāngpǐn mùlù ma?

有！就在那儿！您看吧！

6 – Yǒu! Jiù zài nàr! Nín kàn ba!

好极了！…借我一本儿，行吗？

7 – Hǎo jí le! . . . Jiè wǒ yì běnr, xíng ma?

就送给您吧！

8 – Jiù sòng gěi nín ba! **(3)**

谢谢你！

9 – Xièxie nǐ!

FĀYĪN 发音

5 schang pin mu lu … nin kan ba.

3 – Verkaufen Sie außer Armbanduhren noch etwas
anderes?
*(außer / Armbanduhr / außer, ihr / noch / ver-
kaufen / andere / Fragepartikel)*
4 – Selbstverständlich!
5 – Haben Sie einen Warenkatalog?
(Sie / haben / Waren / Katalog / Fragepartikel)
6 – Ja! Hier! Gucken Sie mal rein!
(haben! also / hier! Sie / sehen / Partikel)
7 – Ausgezeichnet! . . . Geht es, daß Sie mir einen
leihen?
*(ausgezeichnet! leihen / mir / ein / ZEW, gehen /
Fragepartikel)*
8 – Ich schenke ihn Ihnen!
(also / schenken / für / Sie / Partikel)
9 – Danke schön!

ANMERKUNGEN

(1) *chúle ... yǐwài* bedeutet "außer, mit Ausnahme von".
Das Bezugswort wird dazwischen eingefügt. *Chúle Xiǎo
Zhāng yǐwài, méi rén lái guo* "Außer Xiao Zhang ist
niemand gekommen"; *Chúle tā yǐwài, hái yǒu liǎng ge
rén* "Außer ihm sind noch zwei (weitere) Personen da".
yǐwài kann auch weggelassen werden: *Wǎnshàng, chúle
kàn diànshì, tā bú zuò biéde* "Abends tut er nichts
anderes außer fernsehen".
(2) *biéde* "anderer, -e, -es". *Hái yào biéde ma?* "Möchten Sie
noch etwas anderes?"; *Méi biéde* "Es gibt nichts anderes"; *Méi biéde bànfǎ* "Es gibt keine andere Lösung";
biéde dìfang "woanders"; *biéde rén* "andere (Leute)".
Lesen Sie dazu auch Lektion 44, Anmerkung 3.
(3) "schenken, geben" heißt *sòng gěi* (+ Empfänger) oder
einfach nur *sòng* (+ Empfänger): *Tā sòng wǒ yì běn shū*
"Er schenkt mir ein Buch".

不谢！不谢！你回国以后可以

10 – Bú xiè! Bú xiè! Nǐ huíguó yǐhòu (4)
kěyǐ

替我们介绍产品！

tì wǒmen jièshào chǎnpǐn! (5)

这没问题！

11 – Zhè méi wèntí! (6)

FĀYĪN 发音

10 djiä schao tschan pin.

LIÀNXÍ 练习

他相当老了。

1 – Tā xiāngdāng lǎo le.

除了你以外还有谁要来？

2 – Chúle nǐ yǐwài hái yǒu shéi yào lái?

这样行不行？

3 – Zhèyàng xíng bù xíng?

你还要别的吗？

4 – Nǐ hái yào biéde ma?

你还要别的东西吗？

5 – Nǐ hái yào biéde dōngxi ma?

这个，我送给你。

6 – Zhèi ge, wǒ sòng gěi nǐ.

10 – Ich bitte Sie! Danken Sie mir nicht! Nachdem Sie
in Ihr Land zurückgekehrt sind, können Sie dort
für uns die Produkte bekannt machen!
(nicht / danken! nicht / danken! Sie / nach Hau-
se zurückkehren / nachdem / können / anstelle
von / uns / vorstellen / Produkte)

4 – Gerne! Kein Problem!

ANMERKUNGEN (Fortsetzung)

(4) *yǐhòu* nach einer Zeit- oder Umstandsbestimmung bedeutet "nach": *dí èr cì shìjiè dàzhàn yǐhòu* "nach dem 2.
Weltkrieg"; *chī wǎnfàn yǐhòu* "nach dem Abendessen";
Wǔ fēn zhōng yǐhòu tā jiù zǒu le "Nach fünf Minuten ist
er dann gegangen"; *Bùjiǔ yǐhòu tā jiù sǐ le* "Nicht lange
danach ist er dann gestorben".

(5) Unterscheiden Sie: Bei Geschenken, Gegenständen usw.
heißt "für" *gěi*. "für" im Sinne von "anstelle von, stellvertretend für" heißt *tì*. Beispiele: *Zhè shì gěi tā mǎi de*
"Das ist für ihn gekauft worden"; *Nǐ tì wǒ qù, hǎo bù*
hǎo? "Du gehst für mich (an meiner Stelle), einverstanden?".

(6) Die Verneinung *méi yǒu* kann zu *méi* abgekürzt werden:
Méi shìr! "Das ist nicht schlimm! Das macht nichts!"; *Méi*
yìsi! "Das hat keinen Sinn!"; *Méi bànfǎ!* "Es gibt keine
Lösung!"; *Méi wèntí!* "Kein Problem!"; *Wǒ méi néng qù*
"Ich habe nicht gehen können".

ÜBUNGEN

1 Er ist ziemlich gealtert.
2 Wer will außer dir noch kommen?
3 Geht es so?
4 Möchtest du noch etwas?
5 Willst du noch andere Sachen?
6 Das hier schenke ich dir.

WÁNCHÉNG JÙZI

1 *Außer diesem hier gibt es auch noch das da!*

   . . . . . zhèi ge yǐwài, . . . yǒu nèi ge!

2 *Diese beiden Bücher leihe ich dir! Einverstanden?*

   Zhèi liǎng běn shū, wǒ . . . gěi nǐ! Hǎo bù hǎo?

3 *Nachdem du angekommen bist, schreibst du sofort einen Brief*, ja?*

   Nǐ dào le . . . . . , mǎshàng lái xìn! Hǎo bù hǎo?

第九十一课
DÌ JIǓ SHÍ YĪ (91) KÈ

WIEDERHOLUNG UND ANMERKUNGEN

Lesen Sie noch einmal die folgenden Anmerkungen:
85. Lekt.: (1), (2); 86. Lekt.: (1), (4); 87. Lekt.: (2), (4); 88. Lekt.: (1), (2); 89. Lekt.: (4); 90. Lekt.: (1), (2), (4), (6).

1 以前 *yǐqián* "vorher, früher", 以后 *yǐhòu* "nach, nachdem", 的时候 *de shíhou* "als, wenn". Zeitangaben stehen immer **vor der Handlung.** Haben die Adverbien 以前 *yǐqián* "vorher" und 以后 *yǐhòu* "nachher" allein die Funktion einer Zeitangabe, so stehen sie **am Satzanfang**: 以后怎么办呢？ *Yǐhòu zěnme bàn ne?* "Was werden wie danach tun?"; 以后呢？ *Yǐhòu ne?* "Und dann?"; 以后他就死了 *Yǐhòu tā jiù sǐ le* "Danach ist er dann gestorben"; 以前很便宜 *Yǐqián hěn piányi* "Vorher/Früher war es sehr billig"; 以前怎么样？ *Yǐqián zěnmeyàng?* "Wie war es vorher/früher?".

4 *Warum schenkst du es mir? Schenk es doch ihm!*

   Nǐ . . . . sòng gěi wǒ? Nǐ sòng gěi tā . . . !

* *lái xìn* (wörtlich: "einen Brief kommen lassen") ist hier ein Synonym für *xiě xìn* "einen Brief schreiben".

Lösungen zum Lückentext

1 Chúle - hái. **2** jiè. **3** yǐhòu. **4** wèi shénme - ba.

* * *

Zweite Welle: *dì sì shí yī kè*

EINUNDNEUNZIGSTE LEKTION

Zeitliche Nebensätze, die im Deutschen mit "nach-dem..." bzw. "bevor..." eingeleitet werden, werden im Chinesischen ausgedrückt, indem man dem jeweiligen Zeitpunkt bzw. Umstand die Adverbien *yǐhòu* bzw. *yǐ-qián* **nachstellt**. Dazu einige Beispiele: 翻译完了以后 ··· *Fānyì wán le yǐhòu...* "Nachdem ich die Übersetzung fertiggemacht hatte,....; 坐船以后 ··· *Zuò chuán yǐ-hòu...* "Nachdem wir mit dem Boot gefahren sind, ..."; 到了广州以后 ··· *Dào le Guǎngzhōu yǐhòu...* "Nach-dem ich in Kanton angekommen war,...". 去香港以前 ··· *Qù Xiānggǎng yǐqián...* "Bevor ich nach Hongkong gefahren bin,..."; 买这个以前 ··· *Mǎi zhèi ge yǐqián...* "Bevor ich das hier gekauft hatte,...". Die **Gleichzeitigkeit** von zwei Handlungen wird durch *de shíhou* "wenn, als" ausgedrückt: 我做饭的时候 ··· *Wǒ zuò fàn de shíhou...* "Wenn ich (Essen) koche,..."; 她在中国的时候 ··· *Tā zài Zhōngguó de shíhou...* "Als sie in China war,...; Wenn sie in China ist,...".

Da die Verben im Chinesischen **unveränderlich** sind, sind diese Adverbien oft ein wichtiges Mittel, um den zeitlichen Bezug von Handlungen herauszustellen. Fehlen sie und hat der Leser/Hörer keinen Kontext, würde so mancher Satz unverständlich oder ließe zumindest **mehrere Interpretationen** zu. Versuchen Sie, sich eine Liste mit Beispielen zu den einzelnen Adverbien anzulegen. Solche Listen erleichtern nicht nur das Verständnis, sondern bieten Ihnen, wenn Sie sie häufiger lesen, auch eine gute Möglichkeit zum Wiederholen und Einprägen der Vokabeln.

2 Präpositionalkonstruktionen. Sie haben schon gemerkt, daß das Chinesische reich an Präpositionen ist. Manche sind mit unseren deutschen Präpositionen vergleichbar, andere wiederum nicht. So sollten Sie z.B. wissen, wann Sie 和 *hé* "und", 跟 *gēn* "mit", 给 *gěi* "für", 到 *dào* "nach, zu", 从 *cóng* "von" anwenden. Merken Sie sich in jedem Fall, daß Präpositionen immer **vor dem Hauptverb** eines Satzes stehen. Hier einige Beispiele: Der Satz 我跟他很熟 *Wǒ gēn tā hěn shú* "Ich bin sehr vertraut mit ihm" kann auch folgendermaßen lauten: 我和他很熟 *Wǒ hé tā hěn shú*.
你跟谁去? *Nǐ gēn shéi qù?* "Mit wem gehst du?"; 她跟老王结婚了 *Tā gēn Lǎo Wáng jiéhūn le* "Sie hat Lao Wang geheiratet"; 我跟他说了 *Wǒ gēn tā shuō le* "Ich habe mit ihm gesprochen".
给 *gěi* kann unterschiedliche Bedeutungen haben. Dies geht aus den folgenden Beispielen hervor: 我给他买了两本儿 *Wǒ gěi tā mǎi le liǎng běnr* "Ich habe **ihm/für** ihn zwei (Exemplare) gekauft". 我给他写了一封信 *Wǒ gěi tā xiě le yì fēng xìn* "Ich habe **ihm/an** ihn einen Brief geschrieben".

Die Präposition 到 *dào* leitet die Angabe einer Richtung ein, in die eine Bewegung geht, 从 *cóng* eine Herkunft, Abstammung oder die Richtung, aus der eine Bewegung erfolgt. Beide können mit den Verben 来 *lái* bzw. 去 *qù* verwendet werden: 到中国来 *dào Zhōngguó lái* "nach China kommen", 到中国去 *dào Zhōngguó qù* "nach China fahren", 从中国来 *cóng Zhōngguó lái* "aus China kommen"; 从中国到日本去 *cóng Zhōngguó dào Rìběn qù* "von China nach Japan fahren".

3 Bedingungssätze. Bei Nebensätzen, in denen eine **Bedingung** genannt wird, benutzt der Chinese oft anstelle von 如果 *rúguǒ* oder 要是 *yàoshi* (beide "wenn"), eine Konstruktion, bei der einfach die beiden Satzelemente **"Bedingung"** und **"Konsequenz"** (in dieser Reihenfolge!) aneinandergereiht und nur durch ein Komma voneinander getrennt werden. Gelegentlich wird zwischen beiden das Adverb *jiù* "dann" eingeschoben. Es betont zusätzlich, daß der zweite Satzteil eine Konsequenz aus dem ersten ist. Beispiele:下雨， 我 不去！*Xià yǔ, wǒ bú qù!* "Wenn es regnet, gehe ich nicht!"; 人很多， 我就不想去了！*Rén hěn duō, wǒ jiù bù xiǎng qù le!* "Weil viele Leute da sind, habe ich keine Lust mehr, hinzugehen!"; 人多了我就不想去 *Rén duō le wǒ jiù bù xiǎng qù* "Wenn viele Leute da sind, habe ich keine Lust, hinzugehen!"; 两本不够， 就买三本 吧！*Liǎng běn bú gòu, jiù mǎi sān běn ba!* "Wenn zwei (Bücher) nicht reichen, kauf doch drei!";今天不行， 就 明天去吧！*Jīntiān bù xíng, jiù míngtiān qù ba!* "Wenn es heute nicht geht, dann geht doch morgen!". Beachten Sie, daß就 *jiù* immer **zwischen dem Subjekt** (hier: 我 *wǒ* "ich") **und dem Verb** steht:他不去， 我就去！*Tā bú qù, wǒ jiù qù!* "Wenn er nicht geht, dann gehe ich eben!".

4 Aussprache. Unterscheiden Sie bei der Aussprache zwischen den aspirierten Konsonanten (bei denen ein starker Luftausstoß spürbar ist) und den nicht aspirierten. Erinnern Sie sich noch an den **Papiertest**, den wir Ihnen in Lektion 24 vorgeschlagen haben? Sprechen Sie nun laut die folgenden Silben, die alle einen stark aspirierten Anlaut haben, d.h. beim Sprechen sollte zwischen den Lippen deutlich Luft entweichen: *pà, tà, pài, tài, pàn, tàn, pù, tù, pì, tì, pǔ, tǔ, pǎi, tǎi.* Sprechen Sie nun die folgenden Silben, bei denen zwischen den Lippen **kein** Luftausstoß erfolgt: *bà, dà, bài, dài, bàn, dàn, bù, dù, bì, dì, bǔ, dǔ, bǎi, dǎi.* Natürlich gibt es noch andere aspirierte und nicht aspirierte Konsonanten; sie werden ausführlich am Beginn von Band 1 unter "Die Laute im gesprochenen Chinesisch" beschrieben.

Vergleichen Sie nun die Anlaute der folgenden Silben: *zài, cài, sài*. Das chinesische *z* wird weich gesprochen, etwa wie ein "d" mit einem nachfolgenden **stimmhaften** s wie in "summen". Das *c* hingegen wird stark aspiriert, wie in "**Z**acharias". Das *s* ist ein stimmloses s wie im deutschen Wort "Kla**s**se". Sprechen Sie nun *zuān, cuān, suān, zuì, cuì, suì* (der Laut *ui* wird mehr wie **oei** gesprochen!), *zi, ci, si*. Und nun sprechen Sie *liǎn, tiān, diǎn, miàn, biàn, piàn, qián, jiān, xiān, niàn*. Der Teil *ian* wird genauso gesprochen wie die Pinyin-Silbe *yan*, nämlich **iän**. Und der Laut *iu* spricht sich mehr wie **iou**. Sprechen Sie hierzu die Silben *liū, diū, liù, jiǔ, qiū, xiū*.

5 Prägen Sie sich die folgenden Redewendungen und Ausdrücke ein:

我是坐飞机来的！

– *Wǒ shì zuò fēijī lái de!* Ich bin mit dem Flugzeug gekommen!

我的钱不够；买不起！

– *Wǒ de qián bú gòu; mǎi bù qǐ!* Ich habe nicht genug Geld; ich kann es mir nicht leisten!

跟以前一样！

– *Gēn yǐqián yíyàng!* Es ist so wie früher!

我不清楚！

– *Wǒ bù qīngchu!* Das ist mir nicht klar!

身体好吗？
- *Shēntǐ hǎo ma?* Geht es dir gut?

我送给你！
- *Wǒ sòng gěi nǐ!* Ich schenke es dir!

你说什么？
- *Nǐ shuō shénme?* Was sagst du?

请你再说一遍！
- *Qǐng nǐ zài shuō yíbiàn!* Wiederhole das bitte noch einmal!

6 Übersetzen Sie die folgenden Sätze schriftlich ins Chinesische:

1 Haben Sie Fragen?/Gibt es Probleme?
2 Es beginnt um sechs Uhr dreißig.
3 Ich kann erst nächste Woche gehen.
4 Was tun wir jetzt?/Was nun?
5 Selbstverständlich geht es!
6 Ist es weit von hier?

7 Übersetzung:

你有问题吗？　　　你有没有问题？
1 Nǐ yǒu wèntí ma?/Nǐ yǒu méi yǒu wèntí?

六点半开始。
2 Liù diǎn bàn kāishǐ.

我下个星期才能去。
3 Wǒ xià ge xīngqī cái néng qù.

怎么办呢？
4 Zěnme bàn ne?

当然可以！
5 Dāngrán kěyǐ!

第九十二课
DÌ JIǓ SHÍ ÈR (92) KÈ

他们同意不同意？
1 – Tāmen tóngyì bù tóngyì?

他们不同意！这是怎么搞的？
2 – Tāmen bù tóngyì! Zhè shì zěnme gǎo
      de? (1)

6 Lí zhèr yuǎn ma?

---

*Da die chinesischen Verben **unveränderlich** sind, werden **Zeiten, Modi, Pluralformen** usw. mit einer Reihe von Adverbien ausgedrückt. Das ist vielleicht für Sie etwas ungewohnt, aber Sie werden dadurch entschädigt, daß die chinesische Grammatik auf vieles verzichtet, was uns im Deutschen das Leben so schwer macht. Die Schwierigkeiten liegen eben nicht immer dort, wo man sie erwartet (und umgekehrt!). Wir versuchen jedenfalls immer, Ihnen das Erlernen dieser komplexen Sprache so einfach wie möglich zu machen, indem wir wichtige Dinge oft wiederholen und Sie nicht mit Unnötigem verwirren.*

* * *

Zweite Welle: *dì sì shí èr kè*

ZWEIUNDNEUNZIGSTE LEKTION

1 – Sind sie einverstanden?
2 – Nein, sie sind nicht einverstanden! Wie kommt das bloß?

ANMERKUNGEN

(1) In dieser Lektion geht es insbesondere um Redewendungen und idiomatische Ausdrücke. Da es bei einigen von ihnen sehr schwer ist, eine wörtliche Übersetzung anzugeben, schlagen wir vor, daß Sie sie **global**, also im Ganzen, lernen.

你这个建议非常好！
3 – Nǐ zhèi ge jiànyì fēicháng hǎo!

你看！他搞错了！
4 – Nǐ kàn! Tā gǎo cuò le! (2)

怎么回事儿？
5 – Zěnme huí shìr?

这是不可能的！
6 – Zhè shì bù kěnéng de!

这怎么可能？
7 – Zhè zěnme kěnéng?

请原谅！我迟到了！
8 – Qǐng yuánliàng! Wǒ chí dào le! (3)

打扰你了！我们很对不起！
9 – Dǎrǎo nǐ le! (4) Wǒmen hěn duìbuqǐ!

麻烦你了！
10 – Máfan nǐ le!

不麻烦！不麻烦！
11 – Bù máfan! Bù máfan!

你放心吧！没关系！问题不大！
12 – Nǐ fàngxīn ba! Méi guānxi! Wèntí bú dà!

有没有别的办法？
13 – Yǒu méi yǒu biéde bànfǎ?

FĀYĪN 发音

5 dsö mö hoei scher. 8 tsche dao lö. 9 da rao ni lö.

3 – Dein Vorschlag ist ausgesprochen gut!
  (du / dieser / ZEW / Vorschlag / äußerst / gut)
4 – Sieh mal! Er hat sich geirrt!
5 – Was ist denn los?
6 – Das ist nicht möglich!
7 – Wie war das möglich? (Wie konnte das passieren?)
  (dies / wie / möglich)
8 – Bitte entschuldigen Sie! Ich habe mich verspä-
  tet!
9 – Wir stören Sie bestimmt! Das tut uns sehr leid!
10 – Ich mache Ihnen Umstände!/Das ist bestimmt lä-
  stig!
11 – Nein, nein! Das macht keine Umstände!
12 – Beruhigen Sie sich! Das macht nichts! Das ist
  kein großes Problem!
13 – Gibt es eine andere Lösung?

ANMERKUNGEN (Fortsetzung)

(2) Ein Ausdruck, den Sie schon aus Lektion 50 kennen.
Merken Sie sich auch: *Tā cuò le!* "Er hat Unrecht!",
búcuò "nicht schlecht, nicht übel".

(3) *chí* "zu spät". Aus BAND 1 kennen wir das Synonym *lái
wǎn le* "zu spät gekommen".

(4) Im Gegensatz zu *Máfan nǐ le*, was "Ich mache Ihnen
Umstände!/Ich mache Ihnen Arbeit!" bedeutet, ist mit
Dǎrǎo nǐ le eher "Ich störe Sie bestimmt!/Ich komme
bestimmt im falschen Moment!" gemeint.

你有别的办法吗？

14 – Nǐ yǒu biéde bànfǎ ma?

你也是这样想的吗？

15 – Nǐ yě shì zhèyàng xiǎng de ma? **(5)**

你明天告诉我！好不好？

16 – Nǐ míngtiān gàosu wǒ! Hǎo bù hǎo?

好的！好的！

17 – Hǎo de! Hǎo de!

怎么了？

18 – Zěnme le? **(6)**

没事儿！

19 – Méi shìr! **(7)**

还来得及吗？

20 – Hái lái de jí ma?

来不及了！

21 – Lái bù jí le! **(8)**

FĀYĪN 发音

16 gao su. 19 mei scher. 21 lai bu dji.

———————

*Hören Sie sich die Redewendungen aus dieser Lektion
mehrmals auf dem Band an und sprechen Sie sie laut
nach. Es handelt sich hier um sehr gebräuchliche
umgangssprachliche Wendungen. Mit der Zeit werden
sie sich in Ihrem Gedächtnis einprägen, und Sie können
sie "situationsgebunden" anwenden, vor allem im Laufe der "zweiten Welle"!*

14 – Hast Du eine andere Lösung?
15 – Denkst du auch so?
16 – Sag mir morgen Bescheid! Einverstanden?
17 – Gut, gut! In Ordnung!
18 – Was ist los? Was ist passiert?
19 – Es ist nichts! Nicht schlimm!
20 – Ist noch genug Zeit? Haben wir noch Zeit?
21 – Es ist nicht mehr genug Zeit!

ANMERKUNGEN (Fortsetzung)

(5) Mit der Ihnen schon bekannten *shì...de*-Konstruktion wird ein bestimmtes Satzelement hervorgehoben: *Nĭ yĕ* **shì** *zuótiān lái* **de** *ma?* "Bist du auch **gestern** gekommen?"; *Tāmen yĕ* **shì** *zuò fēijī lái* **de** *ma?* "Sind sie auch **mit dem Flugzeug** gekommen?". Siehe auch Sätze 2 und 6.
Hier folgen **zwei dritte Töne** aufeinander. Das bedeutet, daß die erste Silbe im **zweiten Ton** gesprochen wird, also *Ní yĕ...* und in Satz 14 *Ní yŏu....*

(6) *Zĕnme le? Yŏu wèntí ma?* "Was ist los? Gibt es Probleme?"; *Nĭ zĕnme le, nĭ?* "Was ist plötzlich mit dir los?"; *Tā zĕnme le? Bìng le ma?* "Was ist mit ihm? Ist er krank?"

(7) *méi shìr* ist ein Synonym zu *méi shénme* "nichts von Bedeutung, nicht so schlimm". *Tóuténg ma? ... Méi shìr!* "Hast du Kopfschmerzen? ... Ach, ist nicht so schlimm!"

(8) In den Sätzen 20 und 21 haben wir es mit Verben zu tun, die sich aus zwei Komponenten zusammensetzen: einem **Kern**, der die eigentliche Handlung bezeichnet und einem **Zusatz** (Komplement), der das erreichte Ergebnis der Handlung verdeutlicht. Gebräuchliche Komplemente sind: *hăo, dŏng, wán, dào, băo*. Beispiele: *Wŏ xiĕ hăo le zhè fēng xìn* "Ich habe diesen Brief fertiggeschrieben"; *Wŏ kàn wán le zhè bĕn shū* "Ich habe dieses Buch ausgelesen". Bei vielen dieser Verben können die Infixe *de* und *bù* zwischen Verbkern und Verbzusatz eingefügt werden, um die Fähigkeit/Möglichkeit (*de*) bzw. die Unfähigkeit/Unmöglichkeit (*bù*), eine Handlung auszuführen, auszudrücken: Verbkern + *de/bù* + Verbzusatz. Beispiele: *Wŏ chī bù wán* "Ich kann es nicht aufessen"; *Nĭ tīng de dŏng ma?* "Kannst du es verstehen (was du hörst)?"; *Wŏ tīng bù dŏng* "Ich kann nicht verstehen (was ich höre)"; *Nĭ kàn de dŏng ma? ... Wŏ kàn bù dŏng* "Kannst du es verstehen (was du siehst/liest)? ... Ich kann es nicht verstehen".

LIÀNXÍ 练习

你同意吗？…你为什么不同意呢？

1 – Nǐ tóngyì ma? . . . Nǐ wèi shénme bù tóngyì
ne?

很对不起！

2 – Hěn duìbuqǐ!

好象没有别的办法！只能这样作！

3 – Hǎoxiàng méi yǒu biéde bànfǎ! Zhǐ néng zhèyàng
zuò!

他为什么没有告诉我呢？…你知道吗？

4 – Tā wèi shénme méi yǒu gàosu wǒ ne? Nǐ zhīdao ma?

WÁNCHÉNG JÙZI

1 *Warum bist du nicht einverstanden?*

Nǐ wèi shénme bù . . . . . . ?

2 *Ich habe mich nicht geirrt!*

Wǒ . . . . . . gǎo cuò le!

3 *Diese Lösung ist nicht schlecht!*

Zhèi ge . . . . . búcuò!

ÜBUNGEN

1 Bist du einverstanden? ... Warum bist du nicht einverstanden?
2 Entschuldigung!/Es tut mir leid!
3 Anscheinend gibt es keine andere Lösung! ... Es geht nur
   so!
4 Warum hat er es mir nicht erzählt? Weißt du es?

4 *Kannst du morgen kommen?*

   Nǐ míngtiān . . . bù . . . . lái?

Lösungen zum Lückentext

1 tóngyì. 2 méi yǒu. 3 bànfǎ. 4 néng - néng.

* * *

Zweite Welle: *dì sì shí sān kè*

第九十三课
DÌ JIǓ SHÍ SĀN (93) KÈ

干杯
Gān bēi

来！我们大家干一杯！

1 – Lái! Wǒmen dàjiā gān yì bēi! **(1)**

…来！为我们的友谊！干杯！

. . . Lái! **(2)** Wèi wǒmen de yǒuyì! Gān bēi!

好！干杯！

2 – Hǎo! Gān bēi!

祝你们一路平安！一路顺风！

3 – Zhù nǐmen yí lù píng ´ān! Yí lù shùnfēng! **(3)**

谢谢！ 祝你身体健康！

4 – Xièxie! Zhù nǐ shēntǐ jiànkāng!

好！祝你们工作顺利！

5 – Hǎo! Zhù nǐmen gōngzuò shùnlì!

FĀYĪN 发音

gan bei. 3 i lu ping an … schun föng. 4 dschu ni schön ti djiän kang. 5 schun li.

DREIUNDNEUNZIGSTE LEKTION

Prost!

1 – Komm! Laß uns zusammen ein Glas trinken!
Also dann! Auf unsere Freundschaft! Prost!
(kommen! wir / alle / trocken / ein / Glas! kommen! für / unsere / Freundschaft! Prost)
2 – Na dann! Prost!
3 – Ich wünsche euch eine gute Reise! Eine angenehme Reise!
(wünschen / euch / auf dem ganzen Weg / Frieden! auf dem ganzen Weg / günstigen Wind)
4 – Danke! Bleib gesund!
(danke! wünschen / dir / Körper / gesund)
5 – Gut! Ich wünsche euch Erfolg bei der Arbeit!
(gut! wünschen / euch / Arbeit / reibungslos)

ANMERKUNGEN

(1) *gān bēi* ("trocken Glas") ist in China der Trinkspruch, der unserem "Prost", "Zum Wohl" usw. entspricht. **Achtung** bei *gān*! Das Zeichen kann auch *gàn* gelesen werden; es bedeutet dann "machen, tun": *Nǐ gàn shénme?* "Was machst du?".

(2) *Lái* kann als Aufforderung an eine andere Person dienen, etwas zu tun: *Lái! Chī ba!* "Komm! Iß!". Wird im Theater eine "Zugabe" gewünscht, so rufen die Chinesen *Zài lái yí ge! Zài lái yí ge!*.

(3) In diesem Dialog geht es um Trinksprüche, Wünsche für Gesundheit, Erfolg usw. Sie finden hier zwei Möglichkeiten, jemandem eine gute Reise zu wünschen. Das Wort für "wünschen" lautet *zhù*.

好！…再干一杯吧！
6 – Hǎo! . . . Zài gān yì bēi ba! (4)

来！祝你学习成功！
7 – Lái! Zhù nǐ xuéxi chénggōng!

好了！咱们别喝了！
8 – Hǎo le! Zánmen bié hē le! (5)

你怕醉了！是吧？
9 – Nǐ pà zuì le, shì ba?

对！我不会喝酒！
10 – Duì! Wǒ bú huì hē jiǔ! (6)

那，你 就 慢慢儿喝吧！
11 – Nà, nǐ jiù mànmānr hē ba!

慢慢儿喝也一样啊！
12 – Mànmānr hē, yě yíyàng a!

好！那，你就别喝了！
13 – Hǎo! Nà, nǐ jiù bié hē le! (5)

FĀYĪN 发音

8 biä hö. 9 pa dsuei. 10 bu hoei hö djiou. 11 man mar hö ba.

6 – In Ordnung! . . . Trinken wir noch ein Glas!
(gut! noch / trocken / ein / Glas / Partikel)

7 – Also! Ich wünsche dir viel Erfolg im Studium!
(kommen! wünschen / dir / lernen / Erfolg)

8 – Das reicht! Jetzt trinken wir nichts mehr!
(das reicht! wir / nicht / trinken / Satzpartikel)

9 – Du hast wohl Angst, der Alkohol könnte dir zu Kopf steigen, was?

10 – Stimmt! Ich vertrage keinen Alkohol!
(richtig! ich / nicht / können / trinken / Alkohol)

11 – Na, dann mußt du eben langsam trinken!
(na, du / dann / langsam langsam / trinken / Partikel)

12 – Ob ich nun langsam trinke oder nicht, das macht keinen Unterschied!
(langsam langsam / trinken, auch / gleich / Ausruf)

13 – Gut! Dann hör eben auf!
(gut! also, du / dann / nicht / trinken / Satzpartikel)

ANMERKUNGEN (Fortsetzung)

(4) *zài* "noch einmal, wieder": *Nǐ zài chōu yì zhī yān ba!* "Rauchen Sie doch noch eine Zigarette!"; *Wǒ míngtiān zài dǎ yí cì ba!* "Ich rufe morgen noch einmal an!".

(5) *bié*, gefolgt von einem Verb, ist ein Synonym von *bú yào* und stellt einen verneinten Imperativ (Verbot) dar: "nicht dürfen". *Bié qù!* "Geh nicht!"; *Bié kāiwánxiào* "Mach keine Witze!"; *Bié pà!* "Hab keine Angst!"; *Bié zháojí* "Reg dich nicht auf!"; *Bié nánguò!* "Sei nicht traurig!"; *Bié dòng!* "Beweg dich nicht!"; *Bié nào!* "Mach nicht so einen Krach!"

(6) Wenn man keinen Alkohol verträgt, sagt man in China "nicht trinken können". Ebenso, wenn man nicht raucht: *Xièxie! Wǒ bú huì chōuyān!* "Danke, ich rauche nicht!" ("kann nicht rauchen").

来！再干最后一杯！

14 – Lái! Zài gān zuìhòu yì bēi! (7)

FĀYĪN 发音

14 dsuei hou.

LIÀNXÍ 练习

再来一个吧！最后一个！

1 – Zài lái yí ge ba! Zuìhòu yí ge!

慢慢儿喝，也一样危险！

2 – Mànmānr hē, yě yíyàng wēixiǎn!

那，你就别去吧！

3 – Nà, nǐ jiù bié qù ba!

上一次是不是最后一次？

4 – Shàng yí cì, shì bú shì zuìhòu yí cì?

WÁNCHÉNG JÙZI

1 *Sind diese beiden Bücher gleich?*

Zhè liǎng ... shū yíyàng bù ...... ?

14 – Na los! Laß uns noch ein letztes Glas trinken!
(kommen! noch / trocken / letztes / ein / Glas)

ANMERKUNGEN (Fortsetzung)

(7) *zuìhòu* "der/die/das letzte" + Substantiv ist die höchste
Steigerungsstufe: *zuìhòu yí kè* "die letzte Lektion"; *zuìhòu yí cì* "das letzte Mal"; *zuìhòu yì pái* "die letzte Reihe". *zuìhòu* kann auch "schließlich, letztlich, endlich"
heißen: *Zuìhòu tā shēngqì le* "Schließlich ist er böse geworden".
Verwechseln Sie nicht *zuìhòu yí cì* "das (aller-) letzte
Mal" mit *shàng yí cì* "letztes Mal" im Sinne von "das vorherige Mal", dessen Gegensatz *xià yí cì* "nächstes Mal"
lautet.

ÜBUNGEN

1 Los, noch einen! Den letzten!
2 Wenn ich langsam trinke, ist es genauso gefährlich!
3 Dann geh eben nicht!
4 War das vorherige Mal das letzte Mal?

---

*Vorsicht bei der Aussprache! Klammern Sie sich nicht
zu sehr an die Pinyin-Umschrift; sie ist lediglich eine
Schreibregel, kein Wegweiser für die Aussprache. Dafür geben wir Ihnen die Assimil-Phonetik (FĀYĪN) an die
Hand:* 四十四 *sì shí sì "44" wird* **se sche se** *gelesen.
Das e ist hier* **kein ä** *wie im Wort* 也 *yě "auch", sondern
ein geschlossenes, mehr zu einem kurzen ö tendieren-
des e, wie z.B. in "Kuchen". Das gleiche gilt für* 喝 *hē
"trinken". Dort ist der Laut etwas gedehnt, da er im 1.
Ton gesprochen wird. Unterscheiden Sie also zwischen
dem e in* 也 *yě "auch" und dem e in* 喝 *hē "trinken"!
Versuchen Sie möglichst, die* **Schriftzeichen** *zu lesen
und nicht die Umschrift!*

2 *Bitte sag es noch einmal, ja?*

Qǐng nǐ . . . shuō yíbiàn, hǎo bù hǎo?

3 *Er verträgt auch keinen Alkohol.*

Tā yě bú . . . hē jiǔ.

4 *Wieviel macht das zusammen?*

Yígòng . . . . qián?

第九十四课
DÌ JIǓ SHÍ SÌ (94) KÈ

我今天早上起床的时候

1 – Wǒ jīntiān zǎoshàng qǐchuáng **(1)** de shíhou **(2)**

觉得有点儿冷。

2 juéde yǒu diǎnr lěng.

其实外边儿天气很好！

3 Qíshí **(3)** wàibiānr tiānqì hěn hǎo!

我忽然发现：

4 Wǒ hūrán fāxiàn:

FĀYĪN 发音

1 djin tiän dsao schang ... tchi tschoang. 3 tchi sche ... tiän tchi. 4 fa chiän.

5 *Ist morgen Sonntag?*

.... shì bú shì lǐbàitiān?

Lösungen zum Lückentext

1 běn - yíyàng. 2 zài. 3 huì. 4 duōshǎo. 5 Míngtiān.

* * *

Zweite Welle: *dì sì shí sì kè*

VIERUNDNEUNZIGSTE LEKTION

1 – Als ich heute morgen (aus dem Bett) aufstand,
   *(ich / heute / morgen / aus dem Bett aufstehen /
   als)*
2   fand ich, daß es ein wenig kalt war.
3   Dabei war das Wetter draußen sehr gut!
      (in Wirklichkeit / draußen / Wetter / sehr / gut)
4   Plötzlich entdeckte ich:
      (ich / plötzlich / entdecken)

ANMERKUNGEN

(1) *qǐchuáng* "(aus dem Bett) aufstehen". "(aus dem Sitzen)
     aufstehen": *qǐlái. shàng chuáng* "sich hinlegen, sich ins
     Bett legen"; *qù xiūxi* oder *qù shuìjiào* "schlafen gehen,
     sich ausruhen".
(2) "wenn, als" steht im Chinesischen immer **nach** dem Be-
     zugswort: *Xià yǔ de shíhou..* "Wenn es regnet,...; *Tā lái
     de shíhou...* "Wenn er kommt,...". Nicht verwechseln mit
     shénme shíhou? "wann?": *Shénme shíhou xià yǔ?* "Wann
     wird es regnen?"; *Tā shénme shíhou lái?* "Wann wird er
     kommen?"
(3) *qíshí* "in Wirklichkeit, tatsächlich" wird **tchische** gespro-
     chen. Nach **z, c, s, zh, ch, sh** und **r** wird das **i** wie auf
     Seite 298 beschrieben gesprochen. Lesen Sie noch ein-
     mal "Die Laute im gesprochenen Chinesisch" in Band 1.

昨天晚上窗户没有关好！

5 Zuótiān wǎnshàng (4) chuānghu méi
yǒu guān hǎo! (5)

明天中午张先生到

6 - Míngtiān zhōngwǔ Zhāng xiānsheng dào

我们这儿来吃饭。
wǒmen zhèr lái chī fàn. (6)

我不知道他要谈什么问题。

7 Wǒ bù zhīdao tā yào tán shénme wèntí.

他学习英语，才学了四个月；

8 Tā xuéxí yīngyǔ; cái xué le sì ge yuè;

现在英语已经说得很好了！

9 xiànzài yīngyǔ yǐjīng shuō de hěn hǎo
le!

他可能希望我帮助他！

10 Tā kěnéng xīwàng wǒ bāngzhù tā! (7)

FĀYĪN 发音
5 tschoang hu ... goan hao. 10 bang dschu.

----

*Wenn Ihnen ein idiomatischer Ausdruck unbekannt vor-
kommt, so sehen Sie im **Wortschatzverzeichnis** am
Ende des Buches nach. Finden Sie ihn dort nicht, so
steht er möglicherweise unter den ca. 600 Silben des
Wortschatzverzeichnisses von Band 1. Zusammen mit
den Beispielen aus den Anmerkungen lernen Sie in
Band 1 etwa 1.000 chinesische Silben! Und in Band 2
noch mehr!*

5. Gestern abend hatte ich das Fenster nicht richtig geschlossen!
*(gestern / abend / Fenster / nicht / haben / schlies-
sen / gut)*

---

6 Morgen mittag wird Herr Zhang zum Essen zu
uns kommen.
*(morgen / mittag / Zhang / Herr / zu / uns / hier /
kommen / essen)*

7 Ich weiß nicht, worüber er sprechen will.
*(ich / nicht / wissen / er / wollen / diskutieren /
welche / Frage)*

8 Er lernt Englisch; aber erst seit vier Monaten;
*(er / lernen / Englisch; erst / lernen / Aspekt-
partikel / vier / ZEW / Monat)*

9 jetzt spricht er schon recht gut Englisch!
*(jetzt / Englisch / schon / sprechen / Komple-
mentpartikel / sehr / gut / Satzpartikel)*

10 Vielleicht hofft er, daß ich ihm helfe!
(er / vielleicht / hoffen / ich / helfen / ihm)

ANMERKUNGEN (Fortsetzung)

(4) Bei Tageszeiten, die sich auf den aktuellen Tag beziehen,
benutzt man *jīntiān: jīntiān zǎoshàng* "heute morgen";
jīntiān xiàwǔ "heute nachmittag". Ähnlich: *jīnnián* "dieses Jahr"; *jīnnián xiàtiān* "diesen Sommer"; *jīnnián
dōngtiān* "diesen Winter".

(5) *hǎo* "richtig, gut" ist hier ein **Komplement des Resultats**.
Es kann auch die Bedeutung "fertig, zu Ende" haben. *zuò
hǎo* "fertig machen"; *Fānyì hǎo le ma?* "Hast du die
Übersetzung fertig gemacht?"; *Chī hǎo le ma?* "Hast du
fertig gegessen?".

(6) Als Synonyme für *wǒmen zhèr* "zu uns" hätte man auch
dào jiāli, dào wǒmen jiāli, dào wǒmen jiā sagen können.

(7) *bāngzhù* "helfen". Man kann auch *bāngmáng* sagen, wobei dies jedoch eher "einen Gefallen tun" heißt. Die
beiden Silben können getrennt werden, um die Person
einzufügen, der man einen Gefallen tut: *Tā bāng wǒ de
máng* "Er hilft mir"; *Wǒ bāng tā de máng* "Ich helfe ihm",
Synonym von *Wǒ bāngzhù tā.*

六个月以前在这儿

11 – Liù ge yuè yǐqián **(8)** zài zhèr

一个商店也没有！

yí ge shāngdiàn yě méi yǒu! **(9)**

现在，你看！到处都是！

12 – Xiànzài! Nǐ kàn! Dàochù dōu shì!

———————

这本书我快看完了，

13 – Zhèi běn shū wǒ kuài kàn wán le, **(10)**

我想再看一遍！

14 wǒ xiǎng zài kàn yíbiàn!

内容很丰富，

15 Nèiróng hěn fēngfù,

故事也很有意思！

16 gùshi yě hěn yǒu yìsi!

FĀYĪN 发音

12 dao tschu. **15** nei rong ... föng fu. **16** gu sche iä hön iou i se.

11 – Vor sechs Monaten gab es hier nicht ein einzi-
     ges Geschäft!
     *(sechs / ZEW / Monat / vor / hier / ein / ZEW /
     Geschäft / auch / nicht / haben)*
12   Und jetzt! Sieh! Jetzt sind überall welche!
     (jetzt! du / sehen! überall / alle / sein)

---

13   Ich werde dieses Buch bald ausgelesen haben,
     *(dieses / ZEW / Buch / ich / bald / lesen / zu
     Ende / Satzpartikel)*
14   ich habe Lust, es noch einmal zu lesen!
     (ich / möchten / wieder / lesen / noch einmal)
15   Der Inhalt ist sehr komplex,
16   und die Geschichte ist sehr interessant!
     (Geschichte / auch / sehr / interessant)

ANMERKUNGEN (Fortsetzung)

(8) Hier wird ein in der Vergangenheit liegender Zeitpunkt
     ausgedrückt (verstrichene Zeitdauer + *yǐqián* "vor").
     liǎng ge xīngqī yǐqián "vor zwei Wochen"; *bàn ge xiǎo-
     shí yǐqián* "vor einer halben Stunde"; *shí nián yǐqián*
     "vor 10 Jahren". Komplementär dazu ein in der Zukunft
     liegender Zeitpunkt: *shí nián yǐhòu* "in 10 Jahren" oder
     auch *zài guò shí nián* ("wenn wieder 10 Jahre vergangen
     sind"); *zài guò liǎng ge xīngqī* "in zwei Wochen" ("wenn
     wieder zwei Wochen vergangen sind").
(9) Merken Sie sich diese Konstruktion: "nicht ein": *Wǒ yì
     fēn qián yě méi yǒu* "Ich habe nicht einen einzigen Pfen-
     nig"; *Yí ge rén yě méi yǒu* "Es ist kein Mensch da"; *Wǒ
     yí ge yě bú yào* "Ich möchte nicht einen einzigen"; *Wǒ yí
     ge rén yě bú rènshi* "Ich kenne nicht eine einzige Per-
     son"; *Wǒ yí jù huà yě méi shuō* "Ich habe überhaupt
     nichts gesagt".
(10) Drückt die nahe Zukunft aus (s.a. Lektionen 22, 26, 31,
     50). *Wǒ kuài wán le* "Ich bin bald fertig"; *Kuài chī fàn le*
     "Wir werden bald essen".
     kàn wán le: Auch dies ist ein **Komplement des Resultats**
     (s.a. Anm. 5). Der Verbzusatz, hier *wán* "fertig-, aus-",
     steht immer **hinter dem Verbkern**. *Wǒ xiě wán le* "Ich
     habe fertig geschrieben"; *Yòng wán le ma?*, wörtlich:
     "Hast du es fertig benutzt?", könnte mit "Brauchst du es
     noch?" übersetzt werden.

LIÀNXÍ   练习

今天起床的时候天气比较冷。

1 – Jīntiān qǐchuáng de shíhou tiānqì bǐjiào lěng.

现在天气好了。

2 – Xiànzài tiānqì hǎo le.

学完了以后，你打算作什么？

3 – Xué wán de shíhou, nǐ dǎsuàn zuò shénme?

两天以前他给我打过电话。

4 – Liǎng tiān yǐqián tā gěi wǒ dǎ guo diànhuà.

你能不能来帮我的忙？

5 – Nǐ néng bù néng lái bāng wǒ de máng?

WÁNCHÉNG JÙZI

1 *Ich habe diese Übung fast beendet.*

Zhèi ge liànxí, wǒ chàbùduō   . .   . .

2 *Wir werden bald nach Hause zurückkehren!*

Wǒmen   . . . .   huí jiā le!

ÜBUNGEN

1 Als ich heute aufstand, war das Wetter relativ kalt.
2 Jetzt ist das Wetter besser geworden.
3 Was hast du vor zu tun, wenn du fertig studiert hast?
4 Vor zwei Tagen hat er mich angerufen.
5 Kannst du mir einen Gefallen tun?

———————————————

3 *Hier gibt es nicht einen einzigen Chinesen.*

Zhèr, yí ge zhōngguórén . . méi yǒu.

4 *Ich bin vor zwei Tagen schon einmal hier gewesen.*

Wǒ liǎng tiān . . . . . . yǐjīng lái guo.

Lösungen zum Lückentext

1 zuò wán le. 2 kuàiyào. 3 yě. 4 yǐqián.

* * *

Zweite Welle: *dì sì shí wǔ kè*

第九十五课
DÌ JIǓ SHÍ WǓ (95) KÈ

中国字
Zhōngguó zì

我是四个月以前开始学中文的。

1 – Wǒ shì sì ge yuè yǐqián kāishǐ xué zhōngwén de. **(1)**

中文发音比较难；

2 Zhōngwén fāyīn bǐjiào nán;

可是语法方面问题不大。

3 kěshì yǔfǎ fāngmiàn wèntí bú dà.

人家说汉字不容易写。

4 – Rénjiā shuō hànzì bù róngyì xiě.

从前中国人都用毛笔写字，

5 – Cóngqián zhōngguórén dōu yòng máobǐ xiě zì, **(2)**

FĀYĪN 发音

1 kai sche chüe. 3 fang miän. 5 tsong tchiän.

FÜNFUNDNEUNZIGSTE LEKTION

Die chinesischen Zeichen

1 – Vor vier Monaten habe ich begonnen, Chinesisch zu lernen.

2   Die chinesische Aussprache ist relativ schwer;

3   aber hinsichtlich der Grammatik gibt es keine
großen Probleme.
*(aber / Grammatik / Seite / Problem / nicht /
groß)*

4 – Es heißt, daß die chinesischen Zeichen nicht
leicht zu schreiben sind.
*(man / sagen / chinesische Zeichen / nicht /
leicht / schreiben)*

5 – Früher haben die Chinesen die Zeichen mit einem
Pinsel geschrieben,
*(früher / Chinesen / alle / benutzen / Pinsel /
schreiben / Zeichen)*

ANMERKUNGEN

(1)   Wie in Lektion 94, Anmerkung 8, bezieht sich der Sprecher hier auf einen Zeitpunkt in der Vergangenheit. In
diesem Satz finden wir auch eine *shì...de*-Konstruktion,
mit der ein Teil des Satzes hervorgehoben wird. Diese
Konstruktion findet man nur bei vergangenen oder gerade
in der Ausführung befindlichen Handlungen, niemals bei
zukünftigen! *Wǒ shì xué yīngyǔ de* "Ich lerne **Englisch**";
Tā shì qùnián lái de "Er ist **letztes Jahr** gekommen".

(2)   Erinnern Sie sich: "schreiben mit", "anrufen bei", "gehen
nach", "gehen mit", "schreiben an"... - immer steht das
Verb im Chinesischen **nach** der Präposition: *Wǒ gēn nǐ
qù* "Ich gehe mit dir"; *Wǒ bú huì yòng kuàizi chī fàn* "Ich
kann nicht mit Stäbchen essen". - Die Haare des Kalligra-
phiepinsels stammen vom Wolf, Marder oder Schaf, der
Stiel ist aus Bambus. Die vier unverzichtbaren Werkzeuge
des Kalligraphen sind *bǐ, mò, zhǐ* und *yàn*: Pinsel, Tusche (als kleine Stäbchen, die man in Wasser auflöst),
Papier (auf Bambus- oder Seidenbasis) und der Tusche-
stein, auf dem aus dem Tuschestäbchen und etwas
Wasser die Tusche angerührt wird.

可是现在，用圆珠笔写也可以！

6 – kěshì xiànzài, yòng yuánzhūbǐ xiě yě kěyǐ!

我很想买一本关于书法的书；

7 – Wǒ hěn xiǎng (3) mǎi yì běn guānyú shūfǎ de shū; (4)

明天想办法到书店里去买。

8 míngtiān xiǎng bànfǎ (5) dào shūdiàn lǐ qù mǎi.

张先生是个书法家。

9 – Zhāng xiānsheng shì ge shūfǎjiā. (6)

他的字非常好看；

10 Tā de zì fēicháng hǎokàn.

FĀYĪN 发音

6 jüän dschu bi. 7 goan ü schu fa. 9 schu fa djia.

6   aber jetzt kann man auch mit einem Kugelschreiber schreiben!
(aber / jetzt, benutzen / Kugelschreiber / schrei-
ben / auch / können)

---

7 – Ich möchte sehr gerne ein Buch über Kalligraphie kaufen;
(ich / sehr / möchten / kaufen / ein / ZEW / über /
Kalligraphie / Buch)
8   ich versuche morgen, in die Buchhandlung zu
gehen und eins zu kaufen.
(morgen / denken / Lösung / zur / Buchhandlung /
hinein / gehen / kaufen)

---

9 – Herr Zhang ist (ein) Kalligraph.
10   Seine Zeichen sind besonders schön.
(seine / Zeichen / besonders / schön)

ANMERKUNGEN (Fortsetzung)

(3)   *xiǎng* "mögen, wollen", *hěn xiǎng* "gerne mögen, gerne
wollen". *Wǒ hěn xiǎng qù* "Ich habe große Lust, zu
gehen"; *Hěn xiǎng rènshi tā* "Ich möchte ihn sehr gerne
kennenlernen".
(4)   *guānyú* "über, bezüglich, was...betrifft". *guānyú Déguó*
de cáiliào "Unterlagen über Deutschland"; *guānyú zhèi ge*
wèntí "bezüglich dieser Frage"; *Tā zhǎo guānyú Zhōng-*
guó lìshǐ de wénzhāng "Er sucht Artikel über die chinesische Geschichte"; *Guānyú jìshù, tā dǒng de bù duō*
"Von Technik versteht er nicht viel".
(5)   *xiǎng bànfǎ* "Mittel und Wege finden; versuchen": *xiǎng*
bànfǎ jiějué zhèi ge wèntí "versuchen, dieses Problem zu
lösen"; *xiǎng bànfǎ bāng nǐ de máng* "... versuchen, dir
zu helfen".
(6)   Mit dem Suffix *jiā* werden Berufs- bzw. Tätigkeitsbe-
zeichnungen gebildet: *shùxué* "Mathematik", *shùxuéjiā*
"Mathematiker"; *guānchá* "beobachten", *guānchájiā* "Be-
obachter". **Achtung**: ein "falscher Freund": *zuò* "machen", *zuòjiā* "Schriftsteller". *wénxué* "Literatur",
wénxuéjiā "Literat". Weiterhin: *kēxuéjiā* "Wissenschaft-
ler"; *huàjiā* "Maler"; *zhuānjiā* "Spezialist".

你看！上边儿这些字，
11 Nǐ kàn! Shàngbiānr zhèi xiē zì, (7)

都是他写的！
dōu shì tā xiě de! (8)

一看就看得出来！
12 Yí kàn jiù kàn de chulai! (9)

你不觉得写得好吗？
13 Nǐ bù juéde xiě de hǎo ma? (10)

非常好！
14 – Fēicháng hǎo!

FĀYĪN 发音

12 kan dö tschu lai. **13** ni bu djüä dö. **14** fei tschang.

LIÀNXÍ 练习

技术方面的书很多。
1 – Jìshù fāngmiàn de shū hěn duō.

你能不能借给我一本？
2 – Nǐ néng bù néng jiè gěi wǒ yì běn?

我很想跟他一起去。
3 – Wǒ hěn xiǎng gēn tā yìqǐ qù.

用毛笔写行不行？毛笔字很好看！
4 – Yòng máobǐ xiě xíng bù xíng? Máobǐ zì hěn
     hǎokàn!

11   Sieh! Diese Zeichen da oben, die hat er alle geschrieben!

12   Das erkennt man auf den ersten Blick.
(eins / sehen / dann / sehen / Komplementpartikel */ herauskommen)*

13   Findest du nicht, daß sie schön geschrieben
sind?
(du / nicht / finden / schreiben / Komplementpartikel */ gut* / Fragepartikel*)*

14 – Doch! Sie sind besonders schön!

ANMERKUNGEN (Fortsetzung)

(7) *xiē* "diese, einige" kann als pluralbildende Angabe jedes
ZEW ersetzen. Siehe Lektionen 57 (Anmerkung 2), 64
(Anmerkung 11), 68 (Anmerkung 2).

(8) Hier ist das Objekt (*zì* "Zeichen") impliziert. Ebenso: *Zhè
shì wǒ zuò de* "Das habe ich gemacht"; *Zhè shì nǐ mǎi de
ma?* "Hast du das gekauft?"; *Shéi shuō de?* "Wer hat das
gesagt?"; *Xiānggǎng mǎi de!* "Das habe ich in Hongkong
gekauft!"; *Zhōngguó zhìzào de* "Hergestellt in China".

(9) *yī* + Verb *jiù* + Resultat: "sobald ..., (Resultat)". *Yì tīng
jiù zhīdao* "Sobald ich es höre, weiß ich..."; *Yì yǒu kòng
jiù kàn shū* "Sobald ich Zeit habe, lese ich ein Buch";
Mén yì tuī jiù kāi "Sobald man drückt, öffnet sich die
Tür"; *Tā yì jiěshì, wǒ jiù dǒng le* "Sobald er es erklärt
hatte, habe ich es verstanden". **Achtung:** Tonvariationen
bei *yī*! *de chulai* (wörtlich "herauskommen") ist hier eine
Form des **Komplements der Fähigkeit.** *kàn de chulai*
"(nach dem Betrachten) erkennen"; *tīng de chulai*
"heraushören". Verneint: *kàn bù chulai* "nicht erkennbar"
und *tīng bù chulai* "nicht herauszuhören".

(10) *Nǐ bù juéde lěng ma?* "Findest du nicht, daß es kalt
ist?"; *Nǐ bù juéde tài dà ma?* "Findest du nicht, daß es
zu groß ist?"; *Wǒ juéde tài yuǎn* "Ich finde, es ist zu
weit"; *Nǐ juéde zěnmeyàng?* "Wie findest du es?"; *Wǒ
juéde qíguài* "Ich finde es eigenartig". Vergessen Sie
nicht, daß das **Komplement des Grades** immer mit der
Partikel *de* eingeführt wird: *xiě de hǎo* "gut schreiben";
xiě de kuài "schnell schreiben"; *kāi de kuài* "schnell
fahren". Siehe auch Band 1, Lektionen 27, 30, 35, 43.

ÜBUNGEN

1 Auf dem Gebiet der Technik gibt es sehr viele Bücher.
2 Kannst du mir ein Exemplar leihen?
3 Ich möchte sehr gerne mit ihm zusammen gehen.
4 Kann man mit dem Pinsel schreiben? Mit dem Pinsel
geschriebene Zeichen sind sehr hübsch!

WÁNCHÉNG JÙZI

1 *Manchmal ist er sehr eigenartig! Sie ist manchmal sehr eigenartig!*

 . . .   .   tā hěn qíguài! Tā yǒu shíhou hěn
 . . . . . . !

2 *Er hat beim Chinesischlernen keine großen Probleme!*

 Tā xué zhōngwén, ...   bú dà!

3 *Sein Auto ist sehr hübsch. Sein Auto sieht sehr gut aus.*

 Tā de . . .   hěn piàoliang. Tā de chē hěn . . . .

4 *Jene Leute dort sind alle meine Freunde!*

 Nèibiānr nèi . . .   rén dōu shì wǒ de péngyou!

第九十六课
DÌ JIǓ SHÍ LIÙ (96) KÈ

几点钟？
Jǐ diǎn zhōng?

我六点半已经开始写了，

1 – Wǒ liù diǎn bàn yǐjīng kāishǐ xiě le,

可是八点半才写完！

2   kěshì bā diǎn bàn cái xiě wán!

他上午六点起床，

3 – Tā shàngwǔ liù diǎn qǐ chuáng,

Lösungen zum Lückentext

1 Yǒu shíhou - qíguài. 2 wèntí. 3 chē - hǎokàn. 4 xiē.

___

Im Chinesischen steht das Attribut vor dem Bezugs-wort: 张先生 *Zhāng xiānsheng "Herr Zhang";* 李老师 *Lǐ lǎoshi "Lehrer Li";* 陈小姐 *Chén xiǎojiě "Fräulein Chen";* 王同志 *Wáng tóngzhì "Kamerad Wang";* 中国饭 *zhōngguó fàn "chinesisches Essen";* 瑞典火柴 *ruìdiǎn huǒchái "schwedische Streichhölzer";* 法国酒 *fǎguó jiǔ "französischer Wein".*

* * *

Zweite Welle: *dì sì shí liù kè*

___

SECHSUNDNEUNZIGSTE LEKTION

Um wieviel Uhr?

1 — Ich habe schon um halb sieben angefangen zu schreiben,
2   aber ich bin erst um halb neun fertiggeworden!
(aber / acht / Uhr / halb / erst / schreiben / fertig)

___

3   Morgens steht er um sechs Uhr auf,

FĀYĪN
dji diän dschung. 1 liou diän ban - kai sche.

七点半去上班儿。
qī diǎn bàn qù shàng bānr. **(1)**

我中午一般在食堂里吃午饭。
4 – Wǒ zhōngwǔ yìbān zài shítáng lǐ chī wǔfàn. **(2)**

下午两点多开始工作，
5   Xiàwǔ liǎng diǎn duō kāishǐ gōngzuò, **(3)**

晚上六点半下班儿。
6   wǎnshàng liù diǎn bàn xià bānr.

今天晚上八点钟演电影儿。
7 – Jīntiān wǎnshàng bā diǎn zhōng yǎn diànyǐng(r). **(4)**

____

明天火车七点四十五分出发。
8 – Míngtiān huǒchē qī diǎn sì shí wǔ fēn chūfā.

九点四十五分也就是
9 – Jiǔ diǎn sì shí wǔ fēn yě jiù shì

十点差一刻。
shí diǎn chà yí kè. **(5)**

____

我的表快两分钟。
10 – Wǒ de biǎo kuài liǎng fēn zhōng.

他的表慢三分钟。
11 – Tā de biǎo màn sān fēn zhōng.

FĀYĪN 发音
4 i ban. 5 kai sche. 8 tschu fa.

und geht um sieben Uhr dreißig zur Arbeit.

4 – Mittags esse ich normalerweise in der Kantine
(zu Mittag).
*(ich / Mittag / im allgemeinen / in / Kantine / in /
essen / Mittagessen)*

5 Nachmittags fange ich kurz nach zwei an zu arbeiten,
*(Nachmittag / zwei / Uhr / über / anfangen / ar-
beiten)*

6 abends mache ich um halb sieben Feierabend.
(Abend / sechs / Uhr / halb / Feierabend haben)

7 – Heute abend um acht Uhr wird ein Film gezeigt.

---

8 – Morgen fährt der Zug um 7.45 Uhr los.
*(morgen / Zug / sieben / Uhr / 45 / Minuten /
losfahren)*

9 – 9.45 Uhr ist das Gleiche wie Viertel vor 10.

---

10 – Meine Uhr geht zwei Minuten vor.
11 – Seine Uhr geht drei Minuten nach.

ANMERKUNGEN

(1) In dieser Lektion geht es um Uhrzeiten und Tageszeiten,
die, wie alle Zeitangaben, **vor dem Verb** stehen. In diesem Zusammenhang sollten Sie noch einmal die Lektionen 16 und 48 lesen.

(2) *zǎoshàng* "der Morgen"; *shàngwǔ* "der Vormittag";
zhōngwǔ "der Mittag"; *xiàwǔ* "der Nachmittag"; *wǎnshàng* "der Abend". Merken Sie sich auch *wǔfàn* "Mittagessen"; *wǎnfàn* "Abendessen"; *shítáng* "Kantine";
fànguǎn(r) "Restaurant".

(3) *duō* vor einer Zahl: "mehr als, über". *qī shí duō ge rén*
"mehr als 70 Leute"; *liǎng ge duō yuè* "mehr als zwei
Monate"; *sān ge duō xīngqī* "über drei Wochen".

(4) *jīntiān wǎnshàng* "heute abend", *zuótiān wǎnshàng* "gestern abend", *míngtiān wǎnshàng* "morgen abend".

(5) Bei Uhrzeiten benutzen die Chinesen für unser deutsches
"nach" *guò* ("vergehen") und für "vor" *chà* ("weniger"):
shí diǎn guò shí fēn "10 Minuten nach 10"; *sān diǎn chà
yí kè* "Viertel vor drei" ("drei Uhr weniger ein Viertel"). *kè*
heißt hier "Viertelstunde".

我的表最准！不快也不慢！

12 – Wǒ de biǎo zuì zhǔn! Bú kuài yě bú màn! **(6)**

你的表好象坏了！应该去修理！

13 – Nǐ de biǎo hǎoxiàng huài le! **(7)** Yīnggāi qù xiūlǐ! **(8)**

没有手表，怎么办呢？

14 – Méi yǒu shǒubiǎo, zěnme bàn ne?

没有，就算了！…死不了！

15 – Méi yǒu, jiù suàn le! . . . Sǐ bù liǎo! **(9)**

FĀYĪN 发音
12 dsuei dschun. **13** chiu li. **15** soan lö ... se bu liao.

LIÀNXÍ   练习

六点差一刻！还早呢！

1 – Liù diǎn chà yí kè! Hái zǎo ne!

他在工厂里工作。

2 – Tā zài gōngchǎng lǐ gōngzuò.

––––––––––––

Normalerweise werden die Stunden zwischen 12 und 24 Uhr wie die zwischen 1 und 12 Uhr ausgedrückt (Ausnahme: Fahrpläne). Man sagt also nicht 14 Uhr, sondern "zwei Uhr nachmittags" und nicht 22 Uhr, sondern "10 Uhr abends". D.h., man verwendet 早上 **zǎoshàng** *"morgens",* 上午 **shàngwǔ** *"vormittags",* 下午 **xiàwǔ** *"nachmittags" und* 晚上 **wǎnshàng** *"abends".* 十点十分 *shí diǎn shí fēn heißt "10 nach 10". Soll jedoch explizit "22 Uhr 10" ausgedrückt werden, würde man* 晚上十点十分 *wǎnshàng shí diǎn shí fēn sagen.*

12 – Meine geht am genauesten! Sie geht weder vor noch nach!
13 – Deine Armbanduhr ist anscheinend kaputt! Du solltest sie reparieren lassen!
(deine / Armbanduhr / anscheinend / kaputt / Satzpartikel! sollen / gehen / reparieren)
14 – Was soll ich tun, wenn ich keine Uhr habe?
(nicht / haben / Uhr, wie / tun / Partikel)
15 – Keine Uhr? Schon gut ... Man stirbt nicht davon!
(nicht / haben, schon gut! ... man stirbt nicht davon)

ANMERKUNGEN (Fortsetzung)

(6) *bù ... yě bù ...* "weder ... noch ..." *Bù lěng yě bú rè* "Weder zu kalt noch zu warm"; *Bú tài ruǎn, yě bú tài yìng* "Weder zu weich noch zu hart".

(7) *huài le* "kaputt, außer Betrieb, defekt". *Jīqi huài le* "Die Maschine ist kaputt"; *Jīdàn huài le; bù néng chī le!* "Die Eier sind kaputt; man kann sie nicht essen!".

(8) *yīnggāi* "sollen, müssen, man sollte (eigentlich), man hätte sollen,..." *Xué zhōngwén, yīnggāi duō tīng* "Um Chinesisch zu lernen, muß man viel hören"; *Tài wǎn le! Yīnggāi zǎo diǎnr!* "Zu spät! Du hättest früher [kommen] sollen!"; *Yīnggāi zhèyàng!* "So muß man es machen!"; *Yīnggāi wǒ qù!* "Ich bin es, der gehen sollte!"; *Tā jīntiān yīnggāi dào le* "Er sollte eigentlich heute ankommen"; *Shì nílóng de! Yīnggāi bǐjiào jiēshi* "Es ist Nylon! Es sollte eigentlich relativ strapazierfähig sein".

(9) *bù liǎo* ist ein verneintes **Komplement des Resultats** und bedeutet "nicht können, nicht schaffen, unmöglich sein". *Tài yuǎn! Qù bù liǎo!* "Es ist zu weit! Wir werden es nicht schaffen (dorthin zu gehen)"; *Tài duō! Wǒ chī bù liǎo* "Es ist zu viel! Ich kann es nicht aufessen"; *Wàng bù liǎo* "Ich werde es niemals vergessen können"; *Bàn bù liǎo* "Du wirst es nicht schaffen" ("nicht machen können"); *Wǒ shòu bù liǎo* "Ich kann es nicht ertragen"; *Zhèyàng de tiānqi, kǒngpà tā yě shòu bù liǎo* "Ich fürchte, er wird solch ein Wetter auch nicht ertragen können".

ÜBUNGEN

1 Viertel vor sechs! Es ist noch früh!
2 Er arbeitet in der Fabrik.

3 – Yǐjīng bā diǎn bàn le! Tā hái méi yǒu huílái!

4 – Cái shí diǎn! Hái yǒu liǎng ge xiǎoshí!

WÁNCHÉNG JÙZI

1 *Man muß sie in heißes Wasser legen!*

Yào fàng zài rè shuǐ .. !

2 *Es ist schon halb neun! Wir müssen gehen!*

. . . . . . bā diǎn bàn le! . . . . zǒu le!

第九十七课
DÌ JIǓ SHÍ QĪ (97) KÈ

坐火车
Zuò huǒchē

我们什么时候到天津？
1 – Wǒmen shénme shíhou dào Tiānjīn?

快了！再过三十分钟就到了！
2 – Kuài le! **(1)** Zài guò sān shí fēn zhōng
jiù dào le! **(2)**

FĀYĪN 发音

1 tiän djin.

3 Schon halb neun! Er ist noch nicht zurückgekommen!
4 Erst zehn Uhr! Wir haben noch zwei Stunden!

---

3 *Um wieviel Uhr hast du abends Schluß?*

Nǐ . . . .   jǐ diǎn zhōng xià bānr?

4 *Hast du morgen mittag Zeit?*

Míngtiān   . . . . , nǐ . . .   kòng ma?

Lösungen zum Lückentext

1 lǐ. 2 yǐjīng - yīnggāi. 3 wǎnshàng. 4 zhōngwǔ - yǒu.

* * *

Zweite Welle: *dì sì shí qī kè*

SIEBENUNDNEUNZIGSTE LEKTION

Mit dem Zug fahren

1 – Wann werden wir in Tianjin ankommen?
   (wir / wann / ankommen / Tianjin)
2 – Bald! Noch 30 Minuten, dann sind wir da!
   *(bald / Satzpartikel! noch / vergehen / 30 / Mi-
   nuten / Uhr / dann / ankommen / Satzpartikel)*

ANMERKUNGEN

(1) *kuài le* "in Kürze, bald". *Shénme shíhou jiéhūn? - Kuài le!*
     "Wann werden sie heiraten? - Bald!"
(2) *zài guò ... jiù* drückt eine **Zeitspanne aus, die noch verge-
     hen muß, bevor eine bestimmte Handlung stattfindet.** *Zài
     guò liǎng tiān jiù kěyǐ le!* "Noch zwei Tage, dann geht
     es!"; *Zài guò liǎng ge xiǎoshí jiù kěyǐ kàn dào Běijīng le!*
     "Noch zwei Stunden, und man kann Beijing sehen!". Die
     Satzpartikel *le* deutet darauf hin, daß nach der angege-
     benen Zeitspanne ein neuer Zustand eintritt!

火车很慢！

3 – Huǒchē hěn màn!

不！从北京到天津，

4 – Bù! Cóng Běijīng dào Tiānjīn,

才两个小时，不算慢！

cái liǎng ge xiǎoshí **(3)**, bú suàn màn! **(4)**

火车上有餐车吗？

5 – Huǒchē shàng yǒu cānchē ma?

没有！因为时间短！用不着！

6 – Méi yǒu! Yīnwèi shíjiān duǎn! Yòng bu zháo! **(5)**

可是待一会儿可以买点儿喝的！

Kěshì dāi yíhuìr kěyǐ mǎi diǎnr hē de! **(6)**

4 bu soan man. 5 tsan tschö. 6 sche djän doan.

3 – Der Zug fährt ziemlich langsam!
(Zug / sehr / langsam)

4 Nein! Zwei Stunden von Beijing nach Tianjin -
man kann nicht sagen, daß das langsam ist!
*(nein! von / Beijing / nach / Tianjin, nur / zwei /
ZEW / Stunden, nicht / gelten als / langsam)*

5 Gibt es im Zug einen Speisewagen?
(Zug / auf / haben / Speisewagen / Fragepartikel)

6 – Nein! Weil die Zeit zu kurz ist! Das lohnt sich
nicht! Aber gleich können wir etwas zu trinken
kaufen!
*(nicht haben! weil / Zeit / kurz! das lohnt sich
nicht! aber / gleich / können / kaufen / etwas /
trinken / Attributpartikel)*

ANMERKUNGEN (Fortsetzung)

(3) *cái* "erst, nur" vor einem Zahlwort drückt aus, daß der
Sprecher die genannte Menge für gering hält: *Tā cái liù
suì, kěshì yǐjīng huì xiě zì le!* "Er ist erst sechs Jahre alt,
aber er kann schon schreiben!"; *Jīntiān wǒmen cái shí
ge!* "Heute sind wir nur zu zehnt!". *cái* kann auch vor
einem Zeitpunkt stehen: *Cái xīngqī èr! Hái zǎo ne!* "Es ist
erst Dienstag! Wir haben noch Zeit!".

(4) *bú suàn* "man kann nicht sagen, daß...", "... kann nicht
als ... bezeichnet werden". *Zhèr bú suàn tài lěng* "Man
kann nicht sagen, daß es hier zu kalt ist"; *Bú suàn hěn
guì* "Das kann man nicht als sehr teuer bezeichnen"; *Bú
suàn hěn duō* "Man kann nicht sagen, daß das viel ist".

(5) *yòng bu zháo* "lohnt sich nicht", "ist nicht nötig". *Yòng
bu zháo nǐ guǎn* "Es ist nicht nötig, daß du dich ein-
mischst"; *Yòng bu zháo nǐ qù* "Es lohnt sich nicht, daß
du hingehst".

(6) *hē de* "(etwas) zum Trinken"; *chī de* "(etwas) zum Essen"; *chuān de* "(etwas) zum Anziehen"; *zhù de* "(ein
Ort) zum Wohnen". Auf diese Weise werden **Verben sub-
stantiviert**. Weitere Beispiele: *Méi shénme hǎokàn de* "Es
gibt nichts Schönes zu sehen"; *Zhèr yǒu shénme hǎochī
de?* "Was gibt es hier Leckeres zu essen?". *hē* "trinken";
hē jiǔ "Alkohol trinken"; *hē chá* "Tee trinken"; *hē niúnǎi*
"Milch trinken". Denken Sie bei der Aussprache von *hē*
daran, den Vokal ähnlich wie das **e** in "Kuchen", also
geschlossen und mehr in Richtung **ö** zu sprechen!

你要买就买！我倒不太渴！
7 – Nǐ yào mǎi jiù mǎi! Wǒ dào bú tài kě!
(7)

“冰棍儿！冰棍儿！两毛的！”
8 – "Bīnggùnr! Bīnggùnr! Liǎng máo de!"

我要！我要！给你一块钱！
9 – Wǒ yào! Wǒ yào! Gěi nǐ yí kuài qián!

好！找你八毛！
10 – Hǎo! Zhǎo nǐ bā máo! **(8)**

天津还远吗？
11 – Tiānjīn hái yuǎn ma?

你看！快到了！
12 – Nǐ kàn! Kuài dào le!

好！我们快收拾行李吧！
13 – Hǎo! Wǒmen kuài shōushi xíngli ba!

别急！别急！还有十几分钟呢！
14 – Bié jí! Bié jí! **(9)** Hái yǒu shí jǐ fēn zhōng ne!

你先吃冰棍儿吧！
15 Nǐ xiān chī bīnggùnr ba!

FĀYĪN 发音

8 bing gur. 13 schou sche ching li. 14 biä dji.

7 – Wenn du etwas kaufen willst, dann tu es! Ich habe jedenfalls keinen Durst!
(du / wollen / kaufen / dann / kaufen! ich / dagegen / nicht / zu sehr / durstig)

8 – "Eis! Eis! Zwei Mao das Stück!"

9 – Hier! Für mich! Hier ist ein Kuai!
(ich / wollen! ich / wollen! geben / Ihnen / ein / Kuai / Geld)

10 – Gut! Hier sind acht Mao zurück!
(gut! herausgeben / Ihnen / acht / Mao)

11 – Ist es noch weit nach Tianjin?
(Tianjin / noch / weit / Fragepartikel)

12 – Guck! Wir sind gleich da!

13 – Prima! Laß uns schnell unser Gepäck bereitstellen!

14 – Nur Ruhe! Keine Eile! Wir haben noch mehr als zehn Minuten Zeit!
(nicht / eilig! nicht / eilig! noch / haben / zehn / einige / Minuten / Uhr / Partikel)

15   Iß zuerst dein Eis!
(du / zuerst / essen / Eis / Partikel)

ANMERKUNGEN (Fortsetzung)

(8) Das "wenn", das im Deutschen einen Bedingungssatz einleitet, kann im Chinesischen entfallen: *Nǐ xiǎng chī jiù chī ba* "Wenn du es essen willst, dann iß es"; *Nǐ bù xiǎng qù jiù bié qù ba* "Wenn du nicht gehen willst, dann geh eben nicht"; *Nǐ xiǎng shuō jiù shuō ba* "Wenn du sprechen willst, dann tu es".

(9) *zhǎo* heißt eigentlich "suchen", hier jedoch "Geld herausgeben". Kann ein Händler auf einen bestimmten Betrag nicht herausgeben, so sagt er: *Zhǎo bù kāi* "Ich kann nicht wechseln/nicht herausgeben".

(10) Ein wichtiger umgangssprachlicher Ausdruck! "Keine Eile!", "Nicht so hastig!", "Nun mal langsam!". Die Bedeutung von *jí* ist "eilig, dringend": *Nǐ jí shénme?* "Warum hast du es so eilig?"; *Jīntiān wǒ bù jí* "Heute habe ich es nicht eilig".

Lektion 97

LIÀNXÍ 练习

火车快还是汽车快？

1 – Huǒchē kuài háishì qìchē kuài?

我不要两毛的！我要五分的！

2 – Wǒ bú yào liǎng máo de! Wǒ yào wǔ fēn de!

你要多大的？

3 – Nǐ yào duō dà de?

时间不多了！你快说吧！

4 – Shíjiān bù duō le! Nǐ kuài shuō ba!

咱们去买点儿东西；好不好　？

5 – Zánmen qù mǎi diǎnr dōngxi; hǎo bù hǎo?

WÁNCHÉNG JÙZI

1 *Reichen 20 Yuan, um von Beijing nach Shanghai zu fahren?*

. . . . Běijīng . . . Shànghǎi, èr shí kuài gòu ma?

2 *Unsere Unterhaltung wird bald beendet sein! Warte ein bißchen!*

Wǒmen . . . . shuō wán le! Nǐ děng yíxià ba!

ÜBUNGEN

1 Ist es mit dem Zug schneller oder mit dem Auto?
2 Ich möchte nicht die zu zwei Mao! Ich möchte die zu fünf Fen!
3 Wie groß möchtest du ihn/sie/es?/Wie groß soll er/sie/es sein?
4 Uns bleibt nicht viel Zeit! Sprich schnell!
5 Wir gehen ein paar Sachen einkaufen; einverstanden?

3 *Noch zwei Jahre, dann ist es in Ordnung!*

Zài . . . liǎng nián jiù hǎo le!

4 *Sag mal! Ist Chinesisch schwer zu lernen?*

Nǐ . . . . ! Zhōngwén nán . . . ma?

Lösungen zum Lückentext

1 Cóng - dào. 2 kuài. 3 guò. 4 shuō - xué.

Noch einmal ein paar Zahlen: "47" heißt 四十七 *sì shí qī (sprich: se sche tchi), "74" heißt* 七十四 *qī shí sì (sprich: tchi sche se), "44" heißt* 四十四 *sì shí sì und "77"* 七十七 *qī shí qī!*

* * *

Zweite Welle: *dì sì shí bā kè*

DÌ JIǓ SHÍ BĀ (98) KÈ

WIEDERHOLUNG UND ANMERKUNGEN

Lesen Sie noch einmal die folgenden Anmerkungen:
92. Lekt.: (5), (8); 93. Lekt.: (5); 94. Lekt.: (2), (8), (9), (10); 95. Lekt.: (1), (8), (9); 96. Lekt.: (8), (9); 97. Lekt.: (6), (7).

1 Präpositionen für Ortsbestimmungen. Bewegungen in **Richtung auf ein bestimmtes Ziel** werden mit der Präposition 到 *dào* "nach, zu" umschrieben. Der **Ursprung einer Bewegung** bzw. die **Richtung, aus der eine Bewegung erfolgt**, wird mit der Präposition 从 *cóng* "von, aus" ausgedrückt. Bei Ortsbestimmungen, bei denen keine Bewegung stattfindet, wird die Präposition 在 *zài* "in, an, auf,..." verwendet. Diese Ortsangaben können durch Suffixe wie 里 *lǐ* "in", 上 *shàng* "auf", 下 *xià* "unter" usw. ergänzt werden. Merken Sie sich in diesem Zusammenhang auch 旁边儿 *pángbiānr* "neben, 左边儿 *zuǒbiānr* "links", 右边儿 *yòubiānr* "rechts", 前边 儿 *qiánbiānr* "vor" und 后边儿 *hòubiānr* "hinter".
Sie werden diese Suffixe alle mit der Zeit kennenlernen. Prägen Sie sie sich möglichst im Kontext, d.h. in ganzen Wendungen ein, wie z.B. 在工厂旁边儿 *zài gōngchǎng pángbiānr* "neben der Fabrik"; 在邮局后边 儿 *zài yóujú hòubiānr* "hinter der Post"; 在我前边儿 *zài wǒ qiánbiānr* "vor mir"; 在右边儿 *zài yòubiānr* "rechts"; 在左边儿 *zài zuǒbiānr* "links"; 在里边儿 *zài lǐbiānr* "in, drinnen, innen".
Im Norden Chinas, vor allem in Beijing, hört man bei vielen Wörtern am Ende ein "r", u.a. bei den oben beschriebenen Suffixen. 边 *biān* wird also z.B. zu 边儿 *biānr* (sprich: biar). Denken Sie daran, dieses "r" mit nach oben gebogener Zunge (retroflex) zu sprechen. Es ähnelt etwas dem "r" aus der englischen Sprache.

ACHTUNDNEUNZIGSTE LEKTION

Hinweis: Die vier Himmelsrichtungen, 东 *dōng* "Osten", 西 *xī* "Westen", 南 *nán* "Süden" und 北 *běi* "Norden", können auch mit dem Suffix 边 *biān(r)* kombiniert und als Ortsangabe verwendet werden. Wird ein Substantiv zusammen mit der Himmelsrichtung genannt, so steht dazwischen meistens die Attributpartikel *de*: 工厂的东边儿 *gōngchǎng de dōngbiānr* "im Osten der Fabrik"; 北京的西边儿 *Běijīng de xībiānr* "im Westen von Beijing"; 中国的南边儿 *Zhōngguó de nánbiānr* "im Süden von China"; 日本的北边儿 *Rìběn de běibiānr* "im Norden von Japan"; 飞机场在北京的北边儿 *Fēijīchǎng zài Běijīng de běibiānr* "Der Flughafen liegt im Norden von Beijing"; 上海的南边儿有飞机场 *Shànghǎi de nánbiānr yǒu fēijīchǎng* "Im Süden von Shanghai liegt ein Flughafen".

2 以前 **yǐqián** "vor", 以后 **yǐhòu** "nach". Diese beiden Wörter können als Adverbien isoliert verwendet werden und so den Zeitpunkt angeben, zu dem sich eine bestimmte Handlung abspielt (d.h. das Tempus festlegen, in dem das Verb steht): 以前我住在上海 *Yǐqián wǒ zhù zài Shànghǎi* "Früher wohnte ich in Shanghai"; 以后，你打算到哪儿去？ *Yǐhòu, nǐ dǎsuàn dào nǎr qù?* "Wo hast du vor, danach hinzugehen?"; 以后他就走了 *Yǐhòu, tā jiù zǒu le* "Danach ist er gegangen". (Hier weist die Partikel 了 *le* darauf hin, daß die Handlung abgeschlossen ist.)
Darüber hinaus können 以前 *yǐqián* und 以后 *yǐhòu* die Bedeutungen "bevor" bzw. "nachdem" haben und so **zeitliche Nebensätze** einleiten. Sie stehen dann immer **hinter dem zeitlichen Bezugswort**: 吃以前要洗干净！ *Chī yǐqián, yào xǐ gānjìng* "Bevor man sie ißt, muß man sie gründlich [sauber] waschen"; 吃完了以后···*Chī wán yǐhòu,...* "Nachdem ich gegessen habe/hatte,..."; 去买东西以前，··· *Qù mǎi dōngxi yǐqián, ...* "Nachdem ich eingekauft habe/hatte,...".

学中文以后，他打算作什么？ *Xué zhōngwén yǐhòu, tā dǎsuàn zuò shénme?* "Was will er nach seinem Chinesischstudium machen?".
Vergessen Sie nicht, daß der **Zeitpunkt** immer **vor dem Verb**, d.h. **vor der Haupthandlung** steht: 下班以后咱们去看电影儿，好不好？*Xià bān yǐhòu zánmen qù kàn diànyǐngr, hǎo bù hǎo?* "Nach der Arbeit gehen wir uns einen Film ansehen, einverstanden?";
你吃完这个以后，还有那个！ *Nǐ chī wán zhèi ge yǐhòu, hái yǒu nèi ge!* "Nachdem du dies hier aufgegessen hast, gibt es noch das da!";
一九七六年以前跟一九七六年以后，不一样！ *Yī jiǔ qī liù nián yǐqián gēn yī jiǔ qī liù nián yǐhòu, bú yíyàng!* "Vor 1976 und nach 1976 ist nicht das Gleiche!".

3 一样 **yíyàng** "gleich"，差不多 **chàbùduō** "fast gleich"，一样 **yíyàng** "so...wie". 一样 *yíyàng* bedeutet "gleich, identisch" und in Vergleichen, wenn ein Verb des Zustands folgt, "so ... wie". Beispiele: 一样不一样？ *Yíyàng bù yíyàng? "Ist das gleich?".*
这个跟那个一样吗？ *Zhèi ge gēn nèi ge yíyàng ma?* "Ist dies hier das Gleiche wie das da?".
一样贵！ *Yíyàng guì!* "Das ist genauso teuer!".
这个东西跟那个一样贵！ *Zhèi ge dōngxi gēn nèi ge yíyàng guì!* "Diese Dinge hier sind genau so teuer wie jene dort!".
他们两个人一样聪明 *Tāmen liǎng ge rén yíyàng cōngmíng* "Sie sind beide gleich intelligent".
两个人一样好看！*Liǎng ge rén yíyàng hǎokàn* "Beide Personen sind gleich gutaussehend".
差不多 *chàbùduō* bedeutet "fast gleich, ähnlich", aber auch "fast, beinahe, nahe, so gut wie". Beispiele:
两个人差不多一样聪明 *Liǎng ge rén chàbùduō yíyàng cōngmíng* "Beide Personen sind fast gleich intelligent".
我差不多都写完了 *Wǒ chàbùduō dōu xiě wán le* "Ich habe fast alles fertiggeschrieben".
他差不多都懂 *Tā chàbùduō dōu dǒng* "Er versteht fast alles".
差不多作完了！ *Chàbùduō zuò wán le!* "Fast fertig (gemacht)!"

Man kann auch sagen: 现在差不多了！ *Xiànzài chàbù-duō le!* "Jetzt ist es fast fertig!/Jetzt ist es bald so weit!"

差不多了吧！ *Chàbùduō le ba!* "Das wird wohl rei-chen!"/"Das wird wohl so gehen!"

4 就 *jiù*. Das Adverb 就 *jiù* ist sehr gebräuchlich. Es hat eine ganze Reihe von Bedeutungen. Zuerst einmal um-schreibt es eine Handlung, die **früher als erwartet oder früher als erwünscht** stattfindet ("schon"): 他十五岁就出国了 *Tā shí wǔ suì jiù chū guó le* "Er hat das Land schon im Alter von 15 Jahren verlassen".

我本来想星期六才走，可是他要我星期二就走 *Wǒ běnlái xiǎng xīngqīliù cái zǒu, kěshì tā yào wǒ xīngqī´èr jiù zǒu* "Ich wollte ursprünglich erst am Samstag gehen, aber er wollte, daß ich schon am Dienstag gehe".

Sie sehen, daß Sie dieses Adverb in der **Vergangenheit** und in der **Zukunft** verwenden können.

Weiterhin kann 就 *jiù* dazu dienen, den Eintritt einer Handlung zu unterstreichen ("dann"). (In einigen der folgenden Beispiele läßt sich *jiù* nicht eindeutig ins Deutsche übertragen; wichtig ist, daß Sie den **Sinn global** erfassen): 如果他不来，我就要生气了！ *Rúguǒ tā bù lái, wǒ jiù yào shēngqì le!* "Wenn er nicht kommt, dann werde ich böse!".

这样就可以了！ *Zhèyàng jiù kěyǐ le!* "So wird es gehen!"

他来我就不出去了。 *Tā lái wǒ jiù bù chūqu le* "Wenn er kommt, dann werde ich nicht ausgehen".

就 *jiù* kann auch zur **Betonung** bestimmter Sachverhalte dienen:

就是他！ *Jiù shì tā!* "Er ist es!"

这就是我的儿子！ *Zhè jiù shì wǒ de érzi!* "Und das ist mein Sohn!"

这就是我买的东西！ *Zhè jiù shì wǒ mǎi de dōngxi!* "Das sind genau die Sachen, die ich gekauft habe!"

吃完了我们就走 *Chī wán le wǒmen jiù zǒu* "Wenn wir mit dem Essen fertig sind, dann gehen wir".

说完了，他就起来了 *Shuō wán le, tā jiù qǐlái le* "Wenn er aufgehört hat zu sprechen, dann wird er sich erheben".

看完了我们就回去，好不好？ *Kàn wán le wǒmen jiù huíqù, hǎo bù hǎo?* "Wenn wir mit dem Ansehen/ Lesen/Besichtigen fertig sind, gehen wir zurück, einverstanden?"
我马上就来！ *Wǒ mǎshàng jiù lái!* "Ich komme sofort!".
他 明天就来！ *Tā míngtiān jiù lái!* "Er kommt (schon) morgen!".
我待会儿就去！ *Wǒ dāihuìr jiù qù!* "Ich gehe gleich!"

5 Prägen Sie sich die folgenden Redewendungen und Ausdrücke ein:

我们快到了！
- *Wǒmen kuài dào le!* Wir sind gleich da!

问题不大！
- *Wèntí bú dà!* Kein Problem!

很有意思！
- *Hěn yǒu yìsi!* Sehr interessant!

你有什么问题？
- *Nǐ yǒu shénme wèntí?* Hast Du eine Frage/ein Problem?/Was gibt es für ein Problem?

他的身体很健康！

– *Tā de shēntǐ hěn jiànkāng!* Es geht ihm (gesundheitlich) sehr gut!

一路平安！

– *Yīlù píng´ān!* Gute Reise!

他搞错了！

– *Tā gǎo cuò le!* Er hat sich geirrt!

不错！

– *Búcuò!* Nicht schlecht!/Nicht übel!

干杯！

– *Gānbēi!* Prost!/Zum Wohl!

**6 Übersetzen Sie die folgenden Sätze schriftlich ins
Chinesische:**

1 Ich komme zu spät! Es tut mir sehr leid!
2 Ich komme zu spät! Entschuldigen Sie bitte!
3 Ich habe schon vor drei Monaten damit begonnen,
Autofahren zu lernen!
4 Wir haben noch zwei Minuten!
5 Wir müssen gehen! Komm schnell her!

7 Übersetzung:

我迟到了！很对不起！
1 Wǒ chí dào le! Hěn duìbuqǐ!

我来晚了！很对不起！
2 Wǒ lái wǎn le! Hěn duìbuqǐ!

我三个月以前就开始学开车了！
3 Wǒ sān ge yuè yǐqián jiù kāishǐ xué kāi chē le!

还有两分钟！
4 Hái yǒu liǎng fēn zhōng!

第九十九课
DÌ JIǓ SHÍ JIǓ (99) KÈ

几岁了？
Jǐ suì le?

你家里有几口人！
1 – Nǐ jiāli yǒu jǐ kǒu rén?

四口！
2 – Sì kǒu! **(1)**

FĀYĪN 发音
dji soei lö. 1 dji kou rön.

该走了！你快来吧！
5 Gāi zǒu le! Nǐ kuài lái ba!

Achten Sie darauf, daß Sie die Töne sauber und deutlich sprechen. Wenn Sie die Aufnahmen haben, hören
Sie sich **jede Lektion mehrmals** hintereinander an! Sie
lernen nun noch etwa eine Woche "passiv"; danach
müssen Sie noch die **zweite Welle** beenden, d.h. Sie
sollten noch etwa 50 Lektionen **aktiv** wiederholen.
Darüber hinaus können Sie ruhig auch einzelne Lektionen aus den vergangenen Wochen noch einmal
durcharbeiten. Geduld! Sie nähern sich dem Ende!

* * *

Zweite Welle: *dì sì shí jiǔ kè*

NEUNUNDNEUNZIGSTE LEKTION

Wie alt?

1 — Wieviele Personen gibt es in deiner Familie?
2 — Vier!

ANMERKUNGEN

(1) Wenn es um eine **Anzahl von Personen** (Familie, Bevölkerung, usw.) geht, wird als Zähleinheitswort *kǒu*
verwendet ("zu fütternde Münder"). Siehe auch Lektion
37: *Zhōngguó de rénkǒu* "die Bevölkerung Chinas".

Lektion 99

有几个孩子？
3 – Yǒu jǐ ge háizi?

两个！
4 – Liǎng ge!

男的还是女的？
5 – Nán de háishi nǚ de?

一个男的，一个女的！
6 – Yí ge nán de, yí ge nǚ de!

儿子多大了？女儿几岁了？
7 – Érzi duō dà le? Nǚ´ér jǐ suì le?

儿子十八了！女儿才十二！
8 – Érzi shí bā le! Nǚ´ér cái shí èr!

听说你祖父去世了。是不是？
9 – Tīngshuō nǐ zǔfù qùshì le. Shì bú shì?

对！他是去年三月去世的。
10 – Duì! Tā shì qùnián sān yuè **(2)** qùshì de.

你今年四十几了？
11 – Nǐ jīnnián sì shí jǐ le? **(3)**

我都五十八了！
12 – Wǒ dōu **(4)** wǔ shí bā le!

FĀYĪN 发音

9 dsu fu tchü sche lö. **11** se sche dji.

3 – Und wieviele Kinder hast du?
4 – Zwei!
5 – Jungen oder Mädchen?
6 – Einen Jungen und ein Mädchen!
7 – Wie alt ist der Junge? Und das Mädchen?
8 – Der Junge ist 18! Das Mädchen erst 12!
   (Junge / 18 / Satzpartikel! Mädchen / erst / 12)
9 – Ich habe gehört, daß dein Großvater gestorben
   ist. Stimmt das?
   *(hören sagen / dein / Großvater (väterlicherseits) /
   sterben / Aspektpartikel. sein / nicht / sein)*
10 – Ja! Er ist letztes Jahr im März gestorben.
11 – Und wie alt bist du jetzt? Knapp über 40?
   (du / dieses Jahr / 40 / einige / Satzpartikel)
12 – Ich bin schon 58!
   (ich / schon / 58 / Satzpartikel)

ANMERKUNGEN (Fortsetzung)

(2) Sie erinnern sich bestimmt daran, wie die **Monatsnamen**
gebildet werden! Gelegentlich wird ihnen das Suffix *fèn*
angehängt: *sì yuè fèn* "April", *jiǔ yuè fèn* "September".

(3) Sie sehen, daß man die Frage nach dem Alter einer Person auf zweierlei Weise stellen kann. Im allgemeinen
kann man *Duō dà le?* sagen, die Frage *Jǐ suì le?* wird
eher für Kinder unter 10 Jahren angewandt.
Anders als bei uns ist es in China nicht verpönt, über das
Alter einer Person zu sprechen - im Gegenteil: die Chinesen widmen diesem Thema stets großes Interesse! Wenn
Sie bei der Frage nach dem Alter des Gesprächspartners
(den Sie z.B. auf 30-40 schätzen) besonders höflich sein
und ihm dazu noch schmeicheln wollen, so können Sie
sagen: *Nǐ sān shí jǐ le?* "Sind Sie ungefähr Anfang 30?"
("Sie sind 30 und wieviele Jahre?"). Schätzen Sie die
Person auf 50-60, so müßte es lauten: *Nǐ wǔ shí jǐ le?*
"Sind Sie ungefähr Anfang 50?" usw.

(4) Eine weitere Bedeutung des Adverbs *dōu*: "schon, bereits". Es kann somit als Synonym für *yǐjīng* verwendet
werden. *Dōu shí diǎn bàn le! Kuài qù!* "Schon halb elf! Es
wird Zeit zu gehen!";

什么？开玩笑！真看不出来！

13 – Shénme? Kāi wánxiào (5)! Zhēn kàn bu chulai! (6)

不信，看我的护照 ！...

14 – Bú xìn, kàn wǒ de hùzhào! . . . (7)

呵！你真不简单呢！

15 – Hē! Nǐ zhēn bù jiǎndān ne! (8)

显得那么年轻！
Xiǎnde nàme niánqīng!

FĀYĪN 发音

13 kan bu tschu lai. **14** bu chin ... hu dschao. **15** dschön bu djän dan.

LIÀNXÍ 练习

他去年四月份就走了。

1 – Tā qùnián sì yuè fèn jiù zǒu le.

我今年二月份准备到天津去。

2 – Wǒ jīnnián èr yuè fèn zhǔnbèi dào Tiānjīn qù.

13 – Was? Du machst wohl Witze! Das sieht man dir
wirklich nicht an!
*(was? du machst wohl Witze! wirklich / nicht
ansehen)*
14 – Wenn du mir nicht glaubst, guck doch in meinen
Paß!
(nicht / glauben, sehen / meinen / Paß)
15 – Oh! Wirklich nicht schlecht! . . . Du scheinst so
jung!
(nai wirklich nicht schlecht! scheinen / so / jung)

ANMERKUNGEN (Fortsetzung)

(5) *kāi wánxiào* "Spaß machen, scherzen". Hier: "Du machst
wohl Witze!", "Das soll wohl ein Scherz sein!".

(6) Dies ist ein verneintes **Komplement der Fähigkeit**. *bu
chulai* heißt hier "nicht können, nicht schaffen". Das
Gegenteil würde lauten *kàn de chulai* "erkennen können,
sehen können".

(7) Hier sehen Sie wieder, daß der relativ einfache und
prägnante chinesische Satz im Deutschen mit einer Kon-
ditionalkonstruktion wiedergegeben werden kann, wobei
das "wenn" im Chinesischen gar nicht auftaucht. Merken
Sie sich die Wendung *Bú xìn...* "Wenn du mir nicht
glaubst". *Nǐ bú xìn, zìjǐ qù kàn ba!* "Wenn du mir nicht
glaubst, geh doch selber gucken!"; *Wǒ bú xìn* "Ich glaube dir nicht"; *Xìn bú xìn, yóu nǐ!* "Glaub mir oder glaub
mir nicht, ganz wie du willst!".

(8) *jiǎndān* heißt eigentlich "einfach, simpel". *Hěn jiǎndān!*
"Das ist kinderleicht!". Hier handelt es sich jedoch um
eine idiomatische Wendung: "Wirklich nicht schlecht!",
"Du bist wirklich was Besonderes!", "Toll! Das muß man
schon sagen!".

ÜBUNGEN

1 Er ist schon letztes Jahr im April weggegangen.
2 Ich plane, dieses Jahr im Februar nach Tianjin zu fahren.

明年十月份他可能要来。

3 – Míngnián shí yuè fèn tā kěnéng yào lái.

我今年四十三岁了。

4 – Wǒ jīnnián sì shí sān suì le.

WÁNCHÉNG JÙZI

1 *Mein Sohn schon 13 Jahre alt.*

   Wǒ . . . yǐjīng shí sān suì le.

2 *Guck mal, ist nicht schlecht! Hast du nicht Lust, es zu kaufen?*

   Nǐ . . . ! Zhèi ge . . . . . ! Nǐ bù . . . . . mǎi ma?

3 *Hast du einen/deinen Paß? Haben Sie einen/Ihren Paß?*

   Nǐ yǒu . . . . . . ma? Yǒu hùzhào . . ?

第一百课
DÌ YÌ BǍI (100) KÈ

买东西
Mǎi dōngxi

你还需要别的东西吗？

1 – Nǐ hái xūyào biéde dōngxi ma?

FĀYĪN 发音

1 chū iao.

3 Er wird möglicherweise nächstes Jahr im Oktober kommen.
4 Dieses Jahr werde ich 43 Jahre alt.

---

4 *Wirklich! Er ist auch hier!*

Zhēn de! Tā . .   zài zhèr!

Lösungen zum Lückentext

1 érzi - suì. **2** kàn - búcuò - xiǎng. **3** hùzhào - ma. **4** yě.

In Lektion 85 hatten wir Ihnen vorgeschlagen, sich eine Schablone zu basteln, die Sie auf die Lektionen legen können und die nur die Schriftzeichen freiläßt. Haben Sie das mal probiert? Es ist eine ausgezeichnete Methode, um Ihr Gedächtnis für die Zeichen zu trainieren!

* * *

Zweite Welle: *dì wǔ shí kè*

EINHUNDERTSTE LEKTION

Einkaufen

1 – Brauchen Sie noch etwas anderes?

毛笔！…你们有毛笔吗？
2 – Máobǐ! . . . Nǐmen yǒu máobǐ ma?

有！当然有！…你要哪种？
3 – Yǒu! Dāngrán yǒu! . . . Nǐ yào něi
zhǒng? **(1)**

我随便买几枝就行了！
4 – Wǒ suíbiàn mǎi jǐ zhī jiù xíng le! **(2)**

回国以后送给朋友！
Huíguó yǐhòu sòng gěi péngyou!

好！买三枝吧！
5 – Hǎo! Mǎi sān zhī ba!

再来几枝！
6 – Zài lái jǐ zhī! **(3)**

好的！…还要别的吗？
7 – Hǎo de! . . . Hái yào biéde ma?

小人书！有没有小人书？
8 – Xiǎorénshū! Yǒu méi yǒu xiǎorénshū?

有！你看！这是孙悟空的故事！
9 – Yǒu! Nǐ kàn! Zhèi shì Sūn Wùkōng de
gùshi! **(4)**

真有意思！
Zhēn yǒu yìsi!

FĀYĪN 发音
4 soei biän. **6** dji dsche. **9** gu sche - iou i se.

2 – Pinsel! . . . Haben Sie Pinsel?
3 – Ja! Natürlich! . . . Welche Sorte möchten Sie?
4 – Egal! Ich kaufe einfach irgendwelche! Wenn ich wieder zu Hause bin, schenke ich sie Freunden! *(ich / einfach / kaufen / einige / ZEW / dann / gehen / Satzpartikel! nach Hause zurückkehren / nachdem / schenken / an / Freunde)*
5 – Gut! Hier sind drei Stück!
6 – Geben Sie mir noch ein paar!
7 – In Ordnung! . . . Möchten Sie noch etwas?
8 – Comics! Haben Sie Comics?
9 – Ja! Sehen Sie mal! Das hier ist die Geschichte von Sun Wukong! Wirklich interessant!

ANMERKUNGEN

(1) *něi zhǒng?* "welche Sorte?" kann auch *nǎ zhǒng?* und *zhèi zhǒng* kann *zhè zhǒng* gesprochen werden.

(2) *suíbiàn* kennen wir schon aus den Lektionen 75 und 82. Es hat unterschiedliche Bedeutungen: "nach Belieben, ungezwungen, frei"; "sich keinen Zwang antun, zwanglos, unbefangen"; "unüberlegt, unbesonnen"; "willkürlich, rücksichtslos"; "irgend...". In diesem Satz hat es eher die zuletzt genannte Bedeutung. *Suíbiàn něi ge! Dōu chàbùduō!* "Egal welcher! Sie sind sowieso fast alle gleich!"; *Nǐ suíbiàn tiāo jǐ ge ba!* "Wählen Sie einfach irgendwelche aus!"

(3) *zhī* ist das Zähleinheitswort für längliche Gegenstände (Zigarette, Stift, Pinsel usw.). Siehe auch Lektion 65.
zài lái "Geben Sie mir noch...", "Bringen Sie noch..." Siehe auch Lektionen 44, 62, 93.

(4) Für *xiǎorénshū* "Comics" ("Bücher mit kleinen Leuten") kann man auch *liánhuánhuà* ("zusammenhängende Bilder") sagen.
Sūn Wùkōng, der König der Affen, ist eine Gestalt aus "Die Reise nach dem Westen" (*Xī Yóujì*), einem berühmten Roman des 16. Jhd.'s. Der Affe begleitet seinen Herrn, den Mönch Xuan Zang auf eine 16 Jahre dauernde Pilgerreise nach Indien, von der dieser mit 75 buddhistischen Schriften zurückkehrt. Die Geschichte lieferte den Stoff für viele Comics.

好！买两本儿！
10 – Hǎo! Mǎi liǎng běnr!

你不要买点儿衣料吗？
11 – Nǐ bú yào mǎi diǎnr yīliào ma?

不！衣料，还是在上海买吧！
12 – Bù! Yīliào, háishi zài Shànghǎi mǎi ba!
(5)

啊！对了！买点儿清凉油！
13 – À! Duì le! Mǎi diǎnr Qīngliángyóu!

清凉油是什么？
14 – Qīngliángyóu shì shénme?

一种药！治头痛的！非常有效！
15 – Yì zhǒng yào! Zhì tóutòng de! Fēicháng
yǒuxiào!

好吧！就这样！再买点儿
16 – Hǎo ba! Jiù zhèyàng! **(6)** Zài mǎi diǎnr

清凉油就走！
Qīngliángyóu jiù zǒu!

FĀYĪN 发音

15 dsche tou tong dö. **16** djiou dsou.

10 – Gut! Ich kaufe zwei!

11 – Möchten Sie nicht noch etwas Kleiderstoff kaufen?

12 – Nein! Ich glaube, es ist besser, Kleiderstoff in Shanghai zu kaufen!
(nein! Kleiderstoff, es wäre besser / in / Shanghai / kaufen / Partikel)

13 – Ach! Richtig! Laß uns noch etwas Tigerbalsam kaufen!
(ach! richtig / Satzpartikel! kaufen / etwas / Tigerbalsam)

14 – Was ist Tigerbalsam?

15 – Eine Art Medizin! Es hilft bei (heilt) Kopfschmerzen! Sehr wirkungsvoll!

16 – OK! Das wär´s also! Kaufen wir noch ein bißchen Tigerbalsam und dann gehen wir!

ANMERKUNGEN (Fortsetzung)

(5) *háishi* heißt hier "es wäre besser,..." (siehe auch Lektionen 17 und 45). Ein Synonym lautet *zuìhǎo háishi*. Beispiele: *Zuìhǎo háishi nǐ qù ba!* "Es wäre besser, wenn du gehst!"; *Háishi míngtiān qù ba!* "Es wäre besser, wenn wir morgen gehen!".

(6) Ein idiomatischer Ausdruck, der etwa mit "Das wär´s für heute", "Bis dahin" usw. wiedergegeben werden kann.

LIÀNXÍ   练习

你需要什么东西？

1 – Nǐ xūyào shénme dōngxi?

你要多大的？这样大，行吗？

2 – Nǐ yào duō dà de? Zhèyàng dà, xíng ma?

随便什么都行！

3 – Suíbiàn shénme dōu xíng!

哪个最好？是这个还是那个？

4 – Něi ge zuì hǎo? Shì zhèi ge háishi nèi ge?

你们要看别的东西吗？

5 – Nǐmen yào kàn biéde dōngxi ma?

WÁNCHÉNG JÙZI

1 *Bringen Sie uns noch drei Schüsseln Reis, ja?*

. . .   lái sān wǎn   . . .   , hǎo bù hǎo?

2 *Die zu 3 Mao sind nicht gut! Geben Sie mir die zu 5 Mao!*

. . .   máo de bù hǎo!   . . .   wǔ máo de ba! (= Gěi wǒ
wǔ máo de ba!)

ÜBUNGEN

1 Was (Welche Dinge) brauchst du?
2 Wie groß willst du es? So groß, geht das?
3 Egal was! Es geht alles!
4 Welcher ist der Beste? Ist es dieser oder jener?
5 Möchtet ihr noch andere Sachen ansehen?

---

3 *Was ist das hier? Was ist das?*

Zhèi ge . . . shénme? . . . . shì shénme?

4 *Ich möchte es ihm schenken!*

Wǒ yào . . . . tā!

Lösungen zum Lückentext

1 zài - fàn. **2** sān - lái. **3** shì - zhèi. **4** sòng gěi.

Jedesmal, wenn ein Sprecherwechsel stattfindet, beginnt der jeweilige Satz der Lektion mit einer neuen Zahl. In diesem Band kann es passieren, daß auf den Aufnahmen drei oder sogar vier verschiedene Sprecher vorkommen. In der Mehrzahl handelt es sich jedoch um Dialoge.
Sicher haben Sie bemerkt, daß wir immer öfter, vor allem bei einfachen Sätzen, auf die wörtliche Übersetzung verzichten...

* * *

Zweite Welle: *dì wǔ shí yí kè*

第 一 百 零 一 课
DÌ YÌ BǍI LÍNG YÍ (101) KÈ

复习!
Fùxí!

我快写完了！
1 – Wǒ kuài xiě wán le!

我快说完了！
2 – Wǒ kuài shuō wán le! **(1)**

我还没有吃完呢！
3 – Wǒ hái méi yǒu chī wán ne! **(2)**

他们还没有作完呢！
4 – Tāmen hái méi yǒu zuò wán ne!

我可能办不到！
5 – Wǒ kěnéng bàn bu dào!

他可能去不了！
6 – Tā kěnéng qù bu liǎo!

我们可能回不来！
7 – Wǒmen kěnéng huí bu lái!

我想，他们吃不完！
8 – Wǒ xiǎng, tāmen chī bu wán!

FĀYĪN 发音

fu chi. **1** koai chiä oan lö. **6** tchü bu liao. **8** tsche bu oan.

EINHUNDERTERSTE LEKTION

Wiederholung!

1 – Ich werde bald mit dem Schreiben fertig sein!
 (ich / bald / schreiben / zu Ende / Aspektpartikel)
2 – Ich werde bald fertig gesprochen haben!
3 – Ich bin noch nicht mit dem Essen fertig!
4 – Sie haben [es] noch nicht fertig gemacht!
5 – Ich werde es möglicherweise nicht schaffen
 können!
 (ich / möglicherweise / machen / nicht / errei-
 chen)
6 – Er wird es möglicherweise nicht schaffen, hinzugehen!
 (er / möglicherweise / gehen / nicht / schaffen)
7 – Wir können möglicherweise nicht zurückkommen!
 (wir / möglicherweise / zurückkommen / nicht /
 kommen)
8 – Ich glaube, sie können es nicht aufessen!
 (ich / glauben, sie / essen / nicht / zu Ende)

ANMERKUNGEN

(1) Die Sätze 1 und 2 enthalten jeder ein **Komplement des Resultats**. Der Verbkern drückt die **Handlung** aus, der Verbzusatz das **Resultat** dieser Handlung (oder, wenn verneint, das nicht erreichte Resultat). Die Aspektpartikel *le* am Satzende weist auf die abgeschlossene Handlung hin, *kuài...le* auf die nahe Zukunft. Noch einige Beispiele: *Mǎi wán le ma?* "Bist du fertig mit dem Einkaufen?"; *Zhèi běn shū, zǎojiù mài wán le* "Dieses Buch ist schon seit langer Zeit ausverkauft!". Beachten Sie die unterschiedlichen Bedeutungen von *mǎi wán* und *mài wán*!

(2) Dies ist die verneinte Form des **Komplements des Resultats**. Sie wird immer mit *méi yǒu ... ne* gebildet. Die Handlung kann nicht oder nicht ganz ausgeführt werden. Die Modalpartikel *ne* sagt aus, daß sich die Situation nicht geändert hat. Denken Sie auch immer daran, daß *hái* "noch" immer **vor der Verneinung** steht.

你喝得完吗？你喝得完喝不完？

9 – Nǐ hē de wán ma? **(3)** Nǐ hē de wán
hē bù wán? **(4)**

我写得不好。

10 – Wǒ xiě de bù hǎo. **(5)**

他说得很对。

11 – Tā shuō de hěn duì.

他说得也不错。

12 – Tā shuō de yě búcuò.

你们吃得太快。

13 – Nǐmen chī de tài kuài.

他走得太慢 。

14 – Tā zǒu de tài màn.

怎么样？你完了吗？差不多了吧！

15 – Zěnmeyàng? Nǐ wán le ma? Chàbùduō
le ba! **(6)**

FĀYĪN 发音

13 tai koai. **14** dsou dö tai man.

9 – Kannst du [es] austrinken? Kannst du [es] austrinken oder nicht?
(du / trinken / Partikel / zu Ende / Fragepartikel?
du / trinken / Partikel / zu Ende / trinken / nicht /
zu Ende)
10 – Ich schreibe nicht gut.
11 – Er spricht ganz korrekt.
12 – Er spricht auch nicht schlecht.
13 – Ihr eßt zu schnell.
14 – Er geht zu langsam.
15 – Wie? Du bist fertig? Das war´s dann wohl!

ANMERKUNGEN (Fortsetzung)

(3) Die Verbkonstruktion der Sätze 5 bis 9 wird **Komplement
der Fähigkeit** genannt. Es besteht aus dem·Verb, *de* bzw.
bù und dem Verbzusatz. Dieser sagt zusammen mit *de*
bzw. *bù* aus, ob die im Verb genannte Handlung ausgeführt werden kann. S.a. Lektion 92, Anmerkung 8.
(4) Wie Sie wissen, können Fragen auf zweierlei Weise gebildet werden: mit der Fragepartikel *ma* am Satzende
oder mit Hilfe der Positiv-Negativ-Konstruktion (siehe 2.
Teil von Satz 9).
(5) Die Sätze 10 bis 13 sind Beispiele für das **Komplement
des Grades**, das beschreibt, in welcher Weise eine Handlung ausgeführt wird ("schnell essen", "gut lesen",
"langsam gehen" usw.). Dieses Komplement setzt sich
aus dem Verb, *de* bzw. *bù* und einem Adverb zusammen.
Nǐ chī de bù duō "Du ißt nicht viel"; *Nǐ shuō de bú duì*
"Du sprichst/Du sagst es nicht richtig"; *Tā zuò fàn zuò
de búcuò* "Er kocht nicht schlecht"; *Tā kāi chē kāi de tài
kuài* "Er fährt zu schnell (Auto)". Die beiden letzten Sätze
enthalten ein Verb mit Objekt; daher muß das Verb vor
de bzw. *bù* noch einmal wiederholt werden!
(6) Eine idiomatische Wendung: "Das war´s dann wohl!".

LIÀNXÍ   练习

他们快看完了。
1 – Tāmen kuài kàn wán le.

你听得懂听不懂？
2 – Nǐ tīng de dǒng tīng bù dǒng?

我看不懂这本书。太难！
3 – Wǒ kàn bù dǒng zhèi běn shū. Tài nán!

他写得不错！
4 – Tā xiě de búcuò!

WÁNCHÉNG JÙZI

1 *Dieses Buch verstehe ich nicht (ich verstehe nicht, was
ich lese)!*

Zhèi   . . .   shū, wǒ kàn bù   . . . .   !

2 *Und jetzt? Verstehst du jetzt (was du hörst)?*

Xiànzài   . . ?   Nǐ tīng   . .   dǒng ma?

3 *Früher schrieb er nicht schlecht!*

Tā   . . . . .   xiě de hěn   . . . . .   !

4 *Dieses Gericht kann ich nicht aufessen!*

Zhèi ge cài, wǒ   . . .   . !

ÜBUNGEN

1 Sie werden bald mit dem Lesen fertig sein. (Sie werden bald fertig gelesen haben.)
2 Verstehst du (was du hörst)?
3 Ich verstehe dieses Buch nicht. Es ist zu schwierig!
4 Er schreibt nicht schlecht!

Lösungen zum Lückentext

1 běn - dǒng. **2** ne - de. **3** yǐqián - búcuò. **4** chī bu wán.

Sie wissen mittlerweile, wie Sie Zahlen bilden: Sie nehmen die Zehnereinheiten und hängen die Einerstellen an. Nun sind Sie bei Lektion 100 angekommen; "100" heißt 一百 *yì bǎi. "120" heißt* 一百二 *yì bǎi èr oder* 一百二十 *yì bǎi èr shí ("ein Hunderter zwei Zehner"). Aber Achtung! Bei den Zahlen von "101" bis "109" gibt es keine Zehnereinheiten (*十 *shí); statt-dessen wird vor der Einerstelle* 零 *líng "Null" eingefügt. "101" heißt also* 一百零一 *yì bǎi líng yī, "102"* 一百零二 *yì bǎi líng èr, "109"* 一百零九 *yì bǎi líng jiǔ. Ab "111" geht es normal weiter:* 一百一十一 *yì bǎi yī shí yī usw. Und "999"?* 九百九十九 *jiǔ bǎi jiǔ shí jiǔ! Ganz einfach, oder?*

* * *

Zweite Welle: *dì wǔ shí èr kè*

Lektion 101

第一百零二课

DÌ YÌ BǍI LÍNG ÈR (102) KÈ

坐公共汽车
Zuò gōnggòng qìchē

昨天我本来想去看你，

1 – Zuótiān wǒ běnlái **(1)** xiǎng qù kàn nǐ,

可是一到车站就上错了车！

2 kěshì yí dào chēzhàn jiù **(2)** shàng cuò le chē! **(3)**

应该上 31 路； 我上 32 路了！

3 Yīnggāi shàng sān shí yī lù; wǒ shàng sān shí èr lù le! **(4)**

FĀYĪN 发音

1 bön lai. **3** san sche i lu.

EINHUNDERTZWEITE LEKTION

Mit dem Bus fahren

1 – Gestern hatte ich eigentlich vor, dich zu besuchen,
*(gestern / ich / eigentlich / wollen / gehen / se-
hen / dich)*

2 – aber als ich an der Haltestelle war, bin ich in den
falschen Bus eingestiegen!
*(aber / sobald / ankommen / Haltestelle / dann /
einsteigen / falsch /* Aspektpartikel */ Bus)*

3 – Ich hätte die Linie 31 nehmen sollen, aber ich
bin in die Linie 32 eingestiegen!
*(sollen / einsteigen / 31 / Linie; ich / einsteigen /
32 / Linie /* Satzpartikel*)*

ANMERKUNGEN

(1) *běnlái* heißt hier "ursprünglich" im Sinne von
"eigentlich"; es drückt aus, daß die Handlung nicht in der
Form stattgefunden hat, in der sie geplant war und sich
die Situation in eine Richtung entwickelt hat, die nicht
vorhersehbar war. In dieser Bedeutung kann *běnlái* sehr
gut mit *yīnggāi* kombiniert werden, was "hätte sollen,
sollte eigentlich" heißt. *Wǒ běnlái yīnggāi...* "Eigentlich
hätte ich ... sollen"; *Tā běnlái xiǎng...* "Er wollte
ursprünglich...".

(2) Die Konstruktion *yī... jiù* kann mit "sobald..." wiedergegeben werden, d.h. die im 1. Teilsatz genannte Situation zieht die im 2. Teilsatz genannte nach sich: *Yì tǎng
xialai jiù shuì* "Sobald er sich hinlegt, schläft er ein"; *Yí
kàn jiù zhīdao* "Sobald man es sieht, weiß man es"; *Yì kāi
kǒu jiù mà* "Sobald er den Mund öffnet, schimpft er".
Denken Sie hier an die Tonvariationen bei *yī*!

(3) *shàng chē* "den Bus nehmen, (in den Bus) einsteigen".
xià chē "(aus dem Bus) aussteigen". *huàn chē* oder
zhuǎn chē "umsteigen". *shàng cuò le chē* "in den
falschen Bus einsteigen". Ebenso: *mà cuò le rén* "die
falsche Person beschimpfen"; *zǒu cuò le lù* "sich im Weg
irren", "den falschen Weg nehmen".

(4) Da der Sprecher seinen Bericht mit *zuótiān* beginnt, wissen wir, daß er in der Vergangenheit stattfindet. Daher
muß *yīnggāi* hier mit "hätte sollen" übersetzt werden.

走了两站以后我才发现

4 Zǒu le liǎng zhàn yǐhòu wǒ cái fāxiàn **(5)**

有点儿不对：

5 yǒu diǎnr bú duì: **(6)**

车本来应该向东开，可是怎么

6 chē běnlái yīnggāi xiàng dōng kāi, kěshì zěnme **(7)**

向北开了呢！

7 xiàng běi kāi le ne!

打听了以后我马上下了车，

8 Dǎtīng le yǐhòu wǒ mǎshàng xià le chē,

往南边儿走了十几步；

9 wǎng nánbiānr zǒu le shí jǐ bù; **(8)**

到了 31 路车站上了车，

10 dào le sān shí yī lù chēzhàn shàng le chē,

走了八站。

11 zǒu le bā zhàn.

FĀYĪN 发音

4 uo tsai fa chiän. **9** dsou lö sche dji bu.

4   Nachdem ich zwei Stationen gefahren war, (be-)
    merkte ich (erst),
    *(fahren / Aspektpartikel / zwei / Station / nach-
    dem / ich / erst / bemerken)*

5   daß etwas nicht stimmte:
    (haben / etwas / nicht / richtig)

6   Eigentlich hätte der Bus nach Osten fahren sol-
    len, aber aus irgendeinem Grund
    *(Bus / eigentlich / sollen / Richtung / Osten /
    fahren, aber / wie)*

7   ist er nach Norden gefahren!
    *(Richtung / Norden / fahren / Satzpartikel / Par-
    tikel)*

8   Nachdem ich mich erkundigt hatte, bin ich so-
    fort ausgestiegen,
    *(erkundigen / Aspektpartikel / nachdem / ich /
    sofort / aussteigen / Aspektpartikel / Bus)*

9   und bin einige Schritte nach Süden gegangen;
    *(Richtung / Süden / gehen / Aspektpartikel /
    zehn / einige / Schritt)*

10 und als ich an der Haltestelle der Linie 31 ange-
    kommen war, bin ich in den Bus gestiegen,

11 und acht Haltestellen gefahren.

ANMERKUNGEN (Fortsetzung)

(5) *cái* "erst". *Chī le fàn yǐhòu cái qù* "Wir gehen erst, wenn
wir gegessen haben"; *Shàngjí pīzhǔn le yǐhòu cái néng
chūguó* "Erst wenn deine Vorgesetzten es bewilligt haben, kannst du ausreisen"; *Yǒu piào cái néng jìnqù* "Du
kannst erst reingehen, wenn du eine Karte hast".

(6) Eine idiomatische Wendung: "Irgendwas stimmt nicht".

(7) *zěnme* "Wie kommt es, daß...". *Zěnme yòu lái wán le?*
"Wie kommt es, daß du wieder zu spät bist?", *Shuǐ
zěnme bú rè?* "Wie kommt es, daß das Wasser nicht
warm ist?"; *Zěnme zhème tǎoyàn?* "Wie kommt es, daß
er so widerlich ist?".

(8) *jǐ* ist nicht nur Fragewort ("wieviele?"), sondern heißt
auch "einige". *Dāi jǐ tiān jiù zǒu le* "Ich bleibe noch
einige Tage, dann gehe ich". Nach einem Zahlwort heißt
es "etwas mehr als": *shí jǐ ge rén* "etwas mehr als 10
Personen".

到了 "新街口" 就下车，
12 Dào le "Xīnjiēkǒu" **(10)** jiù xià chē,

正准备转 110 ，可是一看，
13 zhèng zhǔnbèi zhuǎn yāo yāo líng **(11)**,
kěshì yí kàn, **(2)**

兜儿里一个子儿也没有了！
14 dōur lǐ yí ge zǐr yě méi yǒu le! **(12)**

时间又不早了！
15 Shíjiān yòu bù zǎo le! **(13)**

我只好走着回来！
16 Wǒ zhǐhǎo **(14)** zǒuzhe huílái! **(15)**

结果没去看你！
17 Jiéguǒ méi qù kàn nǐ! **(16)**

我觉得可惜！
18 Wǒ juéde kěxī!

也很可笑！
19 Yě hěn kěxiào!

FĀYĪN 发音
14 i gö zer iä mei iou lö. **15** sche djiän - bu dsao lö. **18** djüä
dö kö chi. **19** iä hön kö chiao.

12   Am "Xinjiekou" bin ich ausgestiegen,

13   und gerade, als ich in die Linie 110 umsteigen wollte, da entdeckte ich doch,
(gerade / vorbereiten / umsteigen / 110, aber / sofort / sehen)

14   daß ich nicht einen Pfennig mehr in der Tasche hatte!
(Tasche / in / einen / ZEW / Heller / auch / nicht / haben / Satzpartikel)

15   Außerdem war es spät geworden!
(Zeit / außerdem / nicht / früh / Satzpartikel)

16   Es blieb mir nichts anderes übrig, als zu Fuß nach Hause zu gehen!
(ich / nichts anderes übrig bleiben / zu Fuß / zurückkehren)

17   Deshalb habe ich dich nicht besucht!

18   Das finde ich schade!

19   Aber auch sehr lustig!

ANMERKUNGEN (Fortsetzung)

(10) *dào le* "angekommen an/bei...". *Xīnjiékǒu* ist ein Viertel im Westen Beijings.

(11) "Linie 110". Wie bei Telefonnummern werden die einzelnen Ziffern einfach aneinandergereiht. Um Verwechslungen mit *qī* auszuschließen, wird für *yī* oft *yāo* gesagt.

(12) Ein stark umgangssprachlicher Ausdruck: "Ich habe keinen Pfennig", "Ich habe keinen roten Heller".

(13) Hier wird für einen negativen Umstand eine positive Ausdrucksweise gewählt. Umgekehrt funktioniert es auch: *Tā de qián bù shǎo ne!* "Er ist nicht gerade arm!"; *Tā zhǎng de bú lài* "Sie ist nicht gerade häßlich!" (*lài* "häßlich").

(14) *zhǐhǎo* "es bleibt nichts anderes übrig". Ein Synonym lautet *zhǐnéng* (siehe Lektion 92).

(15) *zǒuzhe* "zu Fuß". Das Suffix *zhe* kennzeichnet hier die Gleichzeitigkeit zweier Handlungen: gehen + zurückkehren. Ein weiteres Beispiel: *Tā xiàozhe dǎ wǒ* "Er schlug mich mit einem Lächeln auf den Lippen (lächelnderweise)".

(16) *jiéguǒ* "Resultat, Ergebnis", hier: "also, folglich". *Wǒmen tán le liǎng ge xiǎoshí, kěshì méi yǒu shénme jiéguǒ* "Wir haben zwei Stunden diskutiert, jedoch ohne Ergebnis"; *Wǒ shuō le sān cì; tā bù xiāngxìn! Jiéguǒ tā shàngdáng le!* "Ich habe es ihm dreimal gesagt; aber er hat mir nicht geglaubt! Also ist er drauf reingefallen!"

你说呢！

12   Nǐ shuō ne!

LIÀNXÍ   练习

他走错了路。

1 – Tā zǒu cuò le lù.

我写错了两个字。

2 – Wǒ xiě cuò le liǎng ge zì.

我听错了！

3 – Wǒ tīng cuò le!

你搞错了！

4 – Nǐ gǎo cuò le!

我走了三十分钟。

5 – Wǒ zǒu le sān shí fēn zhōng..

WÁNCHÉNG JÙZI

1 *Du hättest in die Linie/den Bus 31 einsteigen sollen!*

Nǐ yīnggāi   . . . .   sān shí yī   . .   !

2 *Ich finde das sehr schade!*

Wǒ   . . . . .   hěn kěxī!

12   Meinst du nicht auch?
(du / sagen / Partikel)

ÜBUNGEN

1 Er hat sich im Weg geirrt./Er ist den falschen Weg gegangen.
2 Ich habe zwei Zeichen falsch geschrieben.
3 Ich habe mich verhört!
4 Du hast es falsch gemacht!
5 Ich bin 30 Minuten lang gelaufen.

----

3 *Findest du es nicht eigenartig?*

Nǐ bù juéde qíguài . .   ?

4 *Wenn ich fertig studiert habe, hoffe ich, nach China gehen zu können.*

Wǒ xué . . . le yǐhòu (wǒ) xīwàng . . . Zhōngguó qù.

Lösungen zum Lückentext

1 shàng - lù. **2** juéde. **3** ma. **4** wán - dào.

Achtung! Auf dem Band ist der Text dieser Lektion **zweimal** *aufgezeichnet. Er wird einmal von einem Chinesen und ein zweites Mal von einer Chinesin gesprochen, um Sie mit unterschiedlichen Stimmen und Intonationen vertraut zu machen. Hören Sie sich beide Versionen mehrmals an.*

* * *

Zweite Welle: *dì wǔ shí sān kè*

第一百零三课
DÌ YÌ BǍI LÍNG SĀN (103) KÈ

今天谈什么问题？
Jīntiān tán shénme wèntí?

马上就要开始了！
1 – Mǎshàng jiù yào kāishǐ le!

大家先坐下吧！
Dàjiā xiān zuòxià ba! **(1)**

今天我们谈什么问题？
2 – Jīntiān wǒmen tán shénme wèntí?

今天可能要谈供电的问题。
3 – Jīntiān kěnéng yào tán gōngdiàn de wèntí.

供电有什么问题呢？
4 – Gōngdiàn yǒu shénme wèntí ne?

是这样：那个地区离北京相当远！
5 – Shì zhèyàng: nèi ge dìqū lí Běijīng xiāngdāng yuǎn! **(2)**

没有山也没有水！
Méi yǒu shān yě méi yǒu shuǐ! **(3)**

FĀYĪN 发音

1 dsuo chia ba. 2 uön ti. 3 gung diän. 5 di tchü.

EINHUNDERTDRITTE LEKTION

Über welches Problem sprechen wir heute?

1 – Wir werden sofort beginnen! Setzen Sie sich zuerst einmal hin!
(sofort / schon / werden / beginnen / Satzpartikel! alle / zuerst / sich hinsetzen / Partikel)

2 – Über welches Problem sprechen wir heute?
(heute / wir / besprechen / welches / Problem)

3 – Heute werden wir möglicherweise über das Problem der Stromversorgung sprechen.
(heute / möglicherweise / werden / besprechen / Stromversorgung / Attributpartikel / Problem)

4 – Was gibt es denn für ein Problem mit der Stromversorgung?
(Stromversorgung / haben / welches / Problem / Partikel)

5 – Das ist so: Dieser Bezirk ist relativ weit von Beijing entfernt! Es gibt keine Berge und keinen Fluß!
(sein / so: jener / ZEW / Bezirk / entfernt von / Beijing / relativ / weit! nicht / haben / Berg / auch / nicht / haben / Wasser)

ANMERKUNGEN

(1) *zuò* oder *zuòxià* "sich (hin)setzen". Für *dàjiā* "alle" hätte hier auch *zánmen* "wir" gesagt werden können (*zánmen* schließt den/die Zuhörer mit ein).

(2) Die Entfernung von einem Ort wird mit *lí* "(entfernt) von" ausgedrückt. Vergleichen Sie Lektion 86, Anmerkung 1. *Lí zhèr yuǎn ma?* "Ist es weit von hier?"; *Lí zhèr hěn jìn* "Es ist (von hier aus) ganz in der Nähe". *nèi* ist hier stark umgangssprachlich, denn eigentlich heißt es ja "dieser".

(3) Mit den Begriffen *shān* und *shuǐ* sind im weiteren Sinne "Gebirge und Seen bzw. Flüsse" gemeint. In der Malerei bezeichnet *shānshuǐ* die "Landschaftsmalerei", während *huāniǎo* Bilder mit "Blumen und Vögeln" sind.

怎么办呢？是不是最好要用电池？

6 – Zěnme bàn ne? Shì bú shì zuìhǎo yào
yòng diànchí?

对！可以用电池；利用太阳能

7 – Duì! Kěyǐ yòng diànchí; lìyòng tàiyángnéng **(4)**

也行！
yě xíng!

对！太阳能倒是比较经济！

8 – Duì! Tàiyángnéng dàoshi bǐjiào jīngjì!

这倒不见得！现在设备还是

9 – Zhè dào bú jiànde! Xiànzài shèbèi háishi

贵一些！
guì yìxiē! **(5)**

怎么办呢？没有电就没办法

10 – Zěnme bàn ne? Méi yǒu diàn jiù méi
bànfǎ

进行生产！
jìnxíng shēngchǎn!

这个问题很复杂！

11 – Zhèi ge wèntí hěn fùzǎ!

得慢慢儿商量！
Děi mànmānr shāngliang! **(6)**

FĀYĪN 发音

6 diän tsche. **8** djing dji. **9** dsche dao bu djiän dö - guei i chiä.
11 fu dsa.

6 – Was machen wir da? Wäre es nicht am besten,
   Batterien zu benutzen?
   *(wie / machen / Partikel? sein / nicht / sein / am
   besten / werden / benutzen / Batterie)*
7 – Ja! Man kann Batterien benutzen; aber man
   könnte auch die Solarenergie nutzen!
   *(richtig! können / benutzen / Batterie; nutzen /
   Solarenergie / auch / gehen)*
8 – Stimmt! Solarenergie ist in der Tat sehr ökonomisch!
   *(richtig! Solarenergie / in der Tat / ziemlich /
   ökonomisch)*
9 – Nicht unbedingt! Die Ausrüstung ist gegenwärtig
   noch ein bißchen teuer!
   *(das / wiederum / nicht unbedingt! jetzt / Aus-
   rüstung / noch / teuer / etwas)*
10 – Was machen wir da? Wenn wir keinen Strom
   haben, können wir nicht produzieren!
   *(wie / machen / Partikel? nicht / haben / Strom /
   dann / nicht / Lösung / durchführen / Produk-
   tion)*
11 – Dieses Problem ist wirklich sehr kompliziert! Das
   müssen wir in aller Ruhe besprechen!
   *(dieses / ZEW / Problem / sehr / kompliziert!
   müssen / ganz langsam / besprechen)*

ANMERKUNGEN (Fortsetzung)

(4) *liyòng* ist ein Synonym zu *yòng* "benutzen, verwenden".
   tàiyáng "Sonne"; *shài tàiyáng* "sich sonnen";
   tàiyángnéng "Solarenergie"; *tàiyáng diànchí* "Solarzelle".
   Merken Sie sich auch: *yuánzǐnéng* "Nuklearenergie".
(5) Das dem Adjektiv (*guì*) nachgestellte *yìxiē* bedeutet "ein
   bißchen". Siehe auch Lektion 86, Anmerkung 2.
(6) Das Verb *děi* "müssen, sollen" wurde bereits in Band 1
   vorgestellt. *Wǒ děi zǒu le!* "Ich muß gehen!"; **Achtung:**
   Die Verneinung von *děi* lautet *bú yào* oder *bù yīnggāi!*
   shāngliang "beraten, besprechen, diskutieren" ist ein
   häufig benutztes Verb: *Zánmen shāngliang yíxià, hǎo bù
   hǎo?* "Wir besprechen das mal, ja?"

好了！大家坐下来，
12 – Hǎo le! Dàjiā zuò xialai,

一块儿研究吧！
yíkuàir yánjiū ba!

FĀYĪN 发音

12 iän djiou.

LIÀNXÍ 练习

有点儿难，对不对？
1 – Yǒudiǎnr nán, duì bú duì?

最好是我先说吧！
2 – Zuìhǎo shì wǒ xiān shuō ba!

大家坐下来吧！
3 – Dàjiā zuò xialai ba!

没有太阳就怎么办呢？
4 – Méi yǒu tàiyáng jiù zěnme bàn ne?

大家到这儿来！好不好？
5 – Dàjiā dào zhèr lái! Hǎo bù hǎo?

12 – In Ordnung! Setzen wir uns hin, und erörtern wir
das gemeinsam!
*(gut / Satzpartikel! alle / hinsetzen, zusammen /
erörtern / Partikel)*

ÜBUNGEN

1 Das ist ein bißchen schwierig, nicht wahr?
2 Am besten wäre es, wenn ich zuerst spreche!
3 Setzt euch [bitte] alle hin!
4 Wenn es keine Sonne gibt, was macht man da?
5 Kommt [bitte] alle hierher! Einverstanden?

---

*Vergessen Sie nicht, daß das **b** in der Pinyin-Umschrift
zwischen einem **b** und einem **p** und das **d** zwischen
einem **d** und einem **t** gesprochen wird.*
*Was die Laute **p** und **t** betrifft, so werden sie stark
aspiriert, d.h. mit starkem Luftausstoß, gesprochen.
Sprechen Sie einmal **ba - pa; da - ta**. (Versuchen Sie es
mit dem "Papiertest".)*
*Folgen zwei Silben im 3. Ton aufeinander, so wird die
erste der beiden im 2. Ton gesprochen:* 我很累 ***Wǒ hěn
lèi** "Ich bin sehr müde" würde also **Wó hěn lèi** gesprochen!*

Lektion 103

WÁNCHÉNG JÙZI

1 *Es wird bald anfangen! Gehen wir rein! Laßt uns hinein-gehen!*

. . . .   kāishǐ le! Wǒmɛn jìnqù   . .   ! Wǒmen . . . lǐbiānr qù ba!

2 *Was machen wir nun? Wir besprechen dieses Problem morgen noch einmal!*

. . . . bàn ne? Wǒmen míngtiān zài tán zhèi ge . . . . .!

3 *Man kann dieses benutzen, und man kann auch jenes benutzen. Nicht wahr?*

Kěyǐ . . . . zhèi ge, yě . . . . yòng nèi ge. Duì bú duì?

第 一 百 零 四 课
DÌ YÌ BǍI LÍNG SÌ (104) KÈ

最 后 一 课 ！
Zuìhòu yí kè!

明 天 是 最 后 一 课 ； 我 们 快 学 完 了 ！

1 – Míngtiān shì zuìhòu yí kè; wǒmen kuài xué wán le!

哎 ？ 不 对 ！ 第 一 :

2 – Āi! Bú duì! Dì yī:

中 文 是 学 不 完 的 ！
zhōngwén shì xué bù wán de! **(1)**

FĀYĪN 发音

dsuei hou i kö.

4 *Welches Problem erörterst du gerade?*

Nǐ xiànzài . . . . . . shénme wèntí?

Lösungen zum Lückentext

1 Kuài - ba - dào. **2** Zěnme - wèntí. **3** yòng - kěyǐ. **4** yánjiū.

* * *

Zweite Welle: *dì wǔ shí sì kè*

EINHUNDERTVIERTE LEKTION

Die letzte Lektion!

1 – Morgen kommt die letzte Lektion! Wir werden
bald mit dem Lernen fertig sein!
*(morgen / sein / letzte / eine / Lektion; wir / bald /
lernen / fertig / Satzpartikel)*
2 – Was? Das stimmt nicht! Erstens: Mit dem Chinesischlernen ist man nie fertig!
*(was? nicht / richtig! Nummer / eins: Chinesisch /
shì / lernen / nicht / fertig / **de**)*

ANMERKUNGEN

(1) Dies ist noch einmal ein **Komplement der Fähigkeit**, hier
jedoch verneint. Der Verbzusatz *bù wán* kann noch in
vielen anderen Zusammenhängen auftreten: *Wǒ chī bù
wán ne!* "Ich kann es nicht aufessen!"; *Nǐ jīntiān kàn bù
wán, jiù míngtiān jìxù kàn ba!* "Wenn du es heute nicht
zu Ende lesen kannst, lies es doch morgen weiter!".

第二：还要复习五十几课呢！

3 – Dì èr: hái yào fùxí wǔ shí jǐ kè ne! (2)

对啊！可是复习是复习；

4 – Duì a! Kěshì fùxí shì fùxí; (3)

跟学习新课还不完全一样！

gēn xuéxí xīn kè hái bù wánquán yíyàng! (4)

好了！算你有理！

5 – Hǎo le! Suàn nǐ yǒulǐ!

不！你也没错！那…

6 – Bù! Nǐ yě méi cuò! Nà . . .

就算我们两个人都对吧！

jiù suàn wǒmen liǎng ge rén dōu duì ba! (5)

是啊！你知道！中国人常常说

7 – Shì a! Nǐ zhīdao! Zhōngguórén cháng-cháng shuō

"一分为二"！

"yī fēn wéi èr"!

什么意思？

8 – Shénme yìsi?

FĀYĪN 发音

2 bu duei. 4 fu chi. 5 soan ni iou li. 8 i se.

3 — Zweitens: Wir müssen noch etwas mehr als 50
Lektionen wiederholen!
*(Nummer / zwei: noch / müssen / wiederholen /
fünfzig / einige / Lektion / Partikel)*
4 — Ja! Aber Wiederholen ist etwas völlig anderes
als neue Lektionen zu lernen!
*(richtig / Partikel! aber / wiederholen / sein /
wiederholen; mit / lernen / neue / Lektion / noch /
nicht / völlig / gleich)*
5 — Na gut! Sagen wir, daß du recht hast!
(gut / Partikel! sagen, daß / du / recht haben)
6 — Nein! Du hast auch nicht unrecht gehabt! Also
... dann sagen wir, daß wir beide recht hatten!
*(nein! du / auch / nicht / falsch! also ... dann /
sagen, daß / wir / beide / alle / richtig / Partikel)*
7 — Stimmt! Du weißt ja! Die Chinesen sagen oft
"Eins teilt sich in zwei"!
8 — Was bedeutet das?

ANMERKUNGEN (Fortsetzung)

(2) *jǐ* nach einer Zahl bedeutet: "etwas mehr als". *Yǐjīng shí
jǐ nián le ba!* "Schon seit etwas über zehn Jahren!".

(3) Merken Sie sich diese Konstruktion, die mit *dànshì, búguò* oder *kěshì* "jedoch, aber, dennoch" beginnt und der
oft eine einschränkende Aussage folgt: *Hǎo shì hǎo,
kěshì yǒu diǎnr guì!* "Es ist zwar gut, aber ein bißchen
teuer!"; *Piàoliang shì piàoliang, dànshì...* "Sie ist ja ganz
hübsch, aber..."; *Guì shí guì, kěshì hěn yǒu yìsi!* "Zuge-
geben: es ist teuer, aber es ist sehr interessant!".

(4) *wánquán* "völlig, gänzlich". Siehe auch Lektion 86. *Bù
wánquán duì!* "Das ist nicht ganz richtig!"; *Tāmen
wánquán tóngyì* "Sie sind sich völlig einig!".

(5) *suàn* "sagen wir, daß; tun wir so, als wenn" ist in der
Umgangssprache relativ gebräuchlich (s.a. Lektionen 85,
97). Einige Beispiele: *Hái suàn búcuò ba!* "Sagen wir: Es
ist noch nicht so schlimm!"; *Hái suàn kěyǐ ba!* "Sagen
wir: es geht noch!"; *Suàn wǒ méi shuō ba!* "Tun wir so,
als hätte ich nichts gesagt!"; *Jiù suàn liǎng gōngjīn ba!*
"Sagen wir zwei Kilo!".

意思是：事情很少有全白

9 – Yìsi shì: shìqíng hěn shǎo yǒu quán bái

或者全黑；

huòzhě quán hēi; **(6)**

没有全对的或者全错的！

10 méi yǒu quán duì de huòzhě quán cuò de!

那，就是说：刚才，不能说

11 – Nà, jiù shì shuō **(7)**: gāngcái, bù néng shuō

你完全对，

nǐ wánquán duì,

也不能说我完全错！是吧？

12 yě bù néng shuō wǒ wánquán cuò! Shì ba?

是啊！

13 – Shì a!

懂了！懂了！这句话很有用！

14 – Dǒng le! Dǒng le! Zhèi jù huà hěn yǒu-yòng!

请你给我记一下！

15 Qǐng nǐ gěi wǒ jì yíxià!

记哪儿呢？

16 – Jì nǎr ne? **(8)**

就记在我的笔记本儿上吧！

17 – Jiù jì zài wǒ de bǐjìběnr shàng ba!

FĀYĪN 发音

11 gang tsai. **14** iou iong. **17** bi dji bör.

9 – Das bedeutet: Die Dinge sind nur selten ganz
weiß oder ganz schwarz;
*(Bedeutung / sein: Dinge / sehr selten / haben /
völlig / weiß / oder / völlig / schwarz)*

10 nichts ist absolut richtig oder absolut falsch!
*(nicht / haben / völlig / richtig / Attributpartikel /
oder / völlig / falsch / Attributpartikel)*

11 – Das bedeutet also: man kann nicht sagen, daß
du gerade gänzlich recht hattest,
*(also, dann / sein / sagen: gerade, nicht / kön-
nen / sagen / du / völlig / richtig)*

12 und man kann nicht sagen, daß ich völlig falsch
lag! Stimmt´s?
*(auch / nicht / können / sagen / ich / völlig /
falsch! sein / Partikel)*

13 – Stimmt!

14 – Alles klar! Ich hab´s verstanden! Dieser Spruch
ist wirklich sehr nützlich!

15 Bitte schreib ihn mir mal auf!
(bitte / du / für / mich / notieren / einmal)

16 – Wo soll ich ihn aufschreiben?
(aufschreiben / wo / Partikel)

17 – Schreib´s gleich hier in mein Notizbuch!
*(gleich / notieren / in / mein / Notizbuch / auf /
Partikel)*

ANMERKUNGEN (Fortsetzung)

(6) *shǎo* alleine heißt "wenig", als Adverb kann es "selten,
wenig(er)" heißen. Es kann auch in Befehlssätzen verwendet werden: *Shǎo chī tián de!* "Essen Sie weniger
Süßes!"; *Shǎo shuō fèihuà!* "Red keinen Unsinn!"; *Shǎo
huā qián!* "Gib nicht soviel Geld aus!". *hěn shǎo* "sehr
selten"; *huòzhě* "oder" kann im Gegensatz zu *háishi* nie
in Fragesätzen verwendet werden.

(7) *Nà jiù shì shuō* "das bedeutet also..." wird benutzt, wenn
ein bestimmter Sachverhalt in anderen Worten ausgedrückt bzw. eine äquivalente Formulierung eingeleitet
werden soll. Es unterscheidet sich hierin von *Yìsi shì*
"Das bedeutet...", das sich mehr auf den abstrakten Sinn
einer Sache bezieht.

(8) Hier ist die Präposition *zài* impliziert; der Satz würde
lauten: *Jì zài nǎr ne?*

LIÀNXÍ 练习

今天是最后一课，是不是？
1 – Jīntiān shì zuìhòu yí kè, shì bú shì?

你完全错了！我完全对了！
2 – Nǐ wánquán cuò le! Wǒ wánquán duì le!

这不是你的本子！是他的！你还给他吧！
3 – Zhè bú shì nǐ de běnzi! Shì tā de! Nǐ huán gěi
    tā ba!

这句话很有意思！你不觉得吗？
4 – Zhèi jù huà hěn yǒu yìsi! Nǐ bù juéde ma?

刚才谁来了？刚才是他吗？
5 – Gāngcái shéi lái le? Gāngcái shì tā ma?

––––––––––––

*Morgen, mit der 105. Lektion, endet die **passive Phase** Ihres Chinesischstudiums. Wie in der letzten Lektion erwähnt, brauchen Sie dann nur noch aktiv etwa 50 Lektionen zu wiederholen und damit die **zweite Welle** abzuschließen. Zwischendurch können Sie ruhig jederzeit auch die eine oder andere Lektion noch einmal durcharbeiten - das schadet Ihnen nicht!*
*Sie verfügen jetzt über gute Grundlagen des gesprochenen Chinesisch; sie können viele Dinge ausdrücken und Unterhaltungen zu den unterschiedlichsten Themen folgen. Im Laufe der Wiederholungen werden sich diese Kenntnisse noch festigen. Ein letzter Rat: Konzentrieren Sie sich weiterhin auf die **Schriftzeichen** und üben Sie immer wieder die Töne. Viel Erfolg!*

ÜBUNGEN

1 Heute kommt [ist] die letzte Lektion, nicht wahr?
2 Du hast ganz und gar Unrecht! Ich habe völlig Recht!
3 Das ist nicht dein Heft! Es ist seins! Gib es ihm zurück!
4 Dieser Satz ist sehr interessant! Findest du nicht?
5 Wer ist gerade gekommen? War er es gerade?

WÁNCHÉNG JÙZI

1 *Heute oder morgen, beides geht!*

   Jīntiān . . . . . . míngtiān, dōu kěyǐ!

2 *Diese beiden Sätze hier verstehe ich nicht!*

   Zhèi . . . . . jù huà, wǒ dōu bù . . . . . !

3 *Weißt du: Ich bin noch nicht verheiratet!*

   Nǐ . . . . . . : Wǒ . . . méi yǒu jiéhūn!

Lektion 104

4 *Was du gerade gesagt hast und das, was er gesagt hat,
das ist nicht ganz das gleiche!*

Nǐ . . . . shuō de huà, gēn tā shuō de huà, hái bù
. . . . yíyàng!

5 *Manche Leute sagen gerne oft: "Äh...! Hm...!"*

Yǒu rén cháng ài . . . . : "Zhèi ge...! Zhèi ge...!"

第一百零五课
DÌ YÌ BĂI LÍNG WŬ (105) KÈ

WIEDERHOLUNG UND ANMERKUNGEN

Lesen Sie noch einmal die folgenden Anmerkungen:
99. Lekt.: (6), (7); 100. Lekt.: (1), (5); 101. Lekt.: (1),
(2, (3), (5); 102. Lekt.: (1), (4), (5), (7); 103. Lekt.:
(2), (6); 104. Lekt.: (1), (3), (5).

1 "Falsche Freunde" und typische Fehler. Wie bei jeder
Fremdsprache, die Sie lernen, besteht auch im Chinesischen die Schwierigkeit darin, genau das auszudrük-
ken, was man ausdrücken will, d.h. das richtige Wort,
die richtige Wendung zu finden, besser gesagt: wieder-
zufinden. Selbst bei einfachen Sätzen können Ihnen
typische Fehler unterlaufen oder Sie treffen sogenannte
"falsche Freunde". Ein paar Beispiele: Beim Satz "Er ist
sehr müde" wird das Verb ("ist") **nicht** mitübersetzt;
stattdessen benutzen Sie das Adjektivprädikat 累 *lèi*: 他
很累了！*Tā hěn lèi le!*. Im Satz "Sie hat Durst" entfällt
"hat" und Sie benutzen 渴 *kě*, um zu sagen: 她很渴 *Tā
hěn kě*.
In "Er hat drei Jahre in Shanghai gelebt" wird im Chine-

Lösungen zum Lückentext

1 huòzhě. **2** liǎng - dǒng. **3** zhīdao - hái. **4** gāngcái - wánquán.
5 shuō.

* * *

Zweite Welle: *dì wǔ shí wǔ kè*

EINHUNDERTFÜNFTE LEKTION

sischen der **Ort vor das Verb** und die **Zeitdauer hinter
das Verb** gestellt: 他在上海住了三年 *Tā zài Shànghǎi
zhù le sān nián*.
"Ich habe ihm ein Buch gekauft". Hier müssen Sie beachten, daß im Chinesischen mit der **Präposition** 给 *gěi*
"für" gearbeitet wird, also "Ich habe **für** ihn...": 我给他
买了一本书 *Wǒ gěi tā mǎi le yì běn shū*.
"Ich werde erst gehen, wenn ich diesen Brief fertig geschrieben habe". Hier steht im Chinesischen der **Zeitpunkt vor dem Verb**, und man verwendet das Adverb
才 *cái*, um auszudrücken, daß die eine Handlung erst
stattfindet, wenn die andere abgeschlossen ist: 我写完
了这封信才去 *Wǒ xiě wán le zhè fēng xìn cái qù*.

2 Die Zähleinheitswörter. Sie gehören immer zwischen
ein Zahlwort bzw. ein Demonstrativpronomen und ein
Substantiv und variieren je nach Art dieses Substantivs: 一个儿子和一个女儿 *yí ge érzi hé yí ge nǚ´ér*
"ein Sohn und eine Tochter"; 这个人 *zhèi ge rén* "diese
Person"; 这三本书 *zhèi sān běn shū* "diese drei Bücher"; 这封信 *zhèi fēng xìn* "dieser Brief".
Zwischen dem ZEW und dem Substantiv kann ggf. ein

kurzes Adjektiv eingefügt werden: 一个好作家 *yí ge hǎo zuòjiā* "ein guter Schriftsteller".

3 **"ein bißchen, etwas"** kann im Chinesischen auf verschiedene Weise wiedergegeben werden, je nachdem, ob es **substantivisch** oder **mit einem Verb** benutzt wird, nämlich mit 一点儿 *yìdiǎnr* oder 有点儿 *yǒu diǎnr*. Bei **substantivischer Verwendung**, d.h. wenn Sie z.B. "Ich möchte ein bißchen ...", "Er kauft ein bißchen ...", "Gib mir ein bißchen ..." ausdrücken möchten, verwenden Sie 一点儿 *yìdiǎnr*. In Verbindung mit einem **Verb des Zustands (Adjektivprädikat**; "Es ist ein bißchen kalt", "Er hat ein bißchen Durst", "Das ist ein bißchen teuer") verwenden Sie 有点儿 *yǒu diǎnr*. Zunächst einige Beispiele für die substantivische Verwendung: 你吃一点儿吧！ *Nǐ chī yìdiǎnr ba!* "Iß ein bißchen!"; 买一点儿吧！ *Mǎi yìdiǎnr ba!* "Kauf ein bißchen!"; 我要一点儿！ *Wǒ yào yìdiǎnr!* "Ich möchte ein bißchen!"
Selten hört man auch 一点 *yìdiǎn*, meistens wird jedoch ein "r" angehängt: 一点儿 *yìdiǎnr*. Folgt nach *yìdiǎnr* ein Substantiv, bedeutet es "etwas": 你吃一点儿东西吧！*Nǐ chī yìdiǎnr dōngxi ba!* "Iß doch etwas!"; 买一点儿白菜，好不好？ *Mǎi yìdiǎnr báicài, hǎo bù hǎo?* "Laß uns etwas Kohl kaufen, ja?"; 我要一点儿糖！ *Wǒ yào yìdiǎnr táng!* "Ich möchte etwas Süßes!".
Manchmal wird *yìdiǎnr* zu *diǎnr* abgekürzt: 买点儿糖，好不好？ *Mǎi diǎnr táng, hǎo bù hǎo?* "Kauf etwas Zucker [Süßigkeiten], ja?"; 喝点儿水吧！ *Hē diǎnr shuǐ ba!* "Trink etwas Wasser!".

有点儿 *yǒu diǎnr* **vor einem Adjektivprädikat** bedeutet ebenfalls "ein bißchen, etwas" (1), 一点儿 *yìdiǎnr* **nach einem Adjektivprädikat** bildet einen Komparativ, zusammen mit "ein bißchen" (2). Beispiele zu (1): 有点儿冷！ *Yǒu diǎnr lěng!* "Es ist ein bißchen kalt!"; 这个东西有点儿贵！ *Zhèi ge dōngxi yǒu diǎnr guì!* "Dieses Ding ist ein bißchen teuer!"; 他有点儿累、! *Tā yǒu diǎnr lèi* "Er ist ein bißchen müde"; 我有点儿不舒服 *Wǒ yǒu diǎnr bù shūfu* "Ich fühle mich ein bißchen unwohl".

Beispiele zu (2): 老一点儿 *lǎo yìdiǎnr* "ein bißchen älter"; 这个，小一点儿 *Zhèi ge, xiǎo yìdiǎnr!* "Das hier ist ein bißchen kleiner!"; 远一点儿 *yuǎn yìdiǎnr* "ein bißchen weiter".
Nach *yǒu diǎnr* kann auch ein verneintes Adjektivprädikat folgen: 有点儿不清楚 *Yǒu diǎnr bù qīngchu* "Das ist etwas unklar/nicht so ganz klar". Zwei letzte Beispiele: 有点儿难 *Yǒu diǎnr nán* "Das ist ein bißchen schwer"; 学日文 有点儿难 *Xué rìwén yǒu diǎnr nán* "Japanisch ist nicht ganz einfach zu lernen".

4   Der Satzbau. Bestimmte Grundregeln sollten Sie immer beachten: **Zeitbestimmungen** stehen immer **vor dem Hauptverb**, eine **Zeitdauer** immer **hinter dem Verb**. **Präpositionen** (mit, für, zu, nach, über, auf, unter usw.) stehen **vor dem Verb**. In bestimmten Fällen kann die Stellung von Zeitbestimmung und Subjekt variieren, doch bleiben beide Elemente immer vor dem Verb: "Gestern bin ich nicht hierher gekommen!" kann mit 我昨天没有来 *Wǒ zuótiān méi yǒu lái* oder mit 昨天我没有来 *Zuótiān wǒ méi yǒu lái* wiedergegeben werden.

Bestimmte Satzelemente, vor allem solche, die eine **persönliche Meinung oder Einschätzung** des Sprechers wiederspiegeln, wie z.B. "ich denke", "ich fürchte", "mir scheint", aber auch bestimmte **Zeitbestimmungen**, können entweder am Satzanfang, also **vor dem Subjekt**, oder **hinter dem Subjekt** stehen. Vergleichen Sie z.B. die folgenden Sätze: 有的时候这个人很怪 *Yǒu de shíhou zhè ge rén hěn guài* "Manchmal ist diese Person sehr eigenartig" - 这个人有的时候很怪 *Zhèi ge rén yǒu de shíhou hěn guài* "Diese Person ist manchmal sehr eigenartig".
他恐怕不会来 *Tā, kǒngpà, bú huì lái* "Er wird, fürchte ich, nicht kommen können" - 恐怕他不会来 *Kǒngpà tā bú huì lái* "Ich fürchte, er wird nicht kommen können".
我想这个也可以 *Wǒ xiǎng zhèi ge yě kěyǐ* "Ich denke, das geht auch" - 这个，我想，也可以 *Zhèi ge, wǒ xiǎng, yě kěyǐ* "Das, denke ich, geht auch".

Gebräuchlicher ist jedoch die Variante, bei der das entsprechende Satzelement am **Satzanfang** steht.
Lernen Sie die Redewendungen und Ausdrücke so, wie sie hier angegeben sind. Lesen Sie sie immer wieder und Sie werden bald merken, daß sie sich auf ganz natürliche Weise in Ihr Gedächtnis eingegraben haben und daß Sie sie in unterschiedlichen Kontexten anwenden können.

5 Weglassen des Subjekts. Immer, wenn der Kontext es erlaubt, d.h. wenn für den Zuhörer klar ist, von welcher Person die Rede ist, kann das Subjekt, z.B. das Personalpronomen, weggelassen werden. Fehlt der Kontext jedoch, würden die folgenden Beispielsätze eine ganze Reihe verschiedener Interpretationen zulassen. Einige Beispiele: 怎么现在才来呢？ *Zěnme xiànzài cái lái ne?* "Wie kommt es, daß du jetzt erst kommst?"; 今天学了不少！ *Jīntiān xué le bù shǎo!* "Heute haben wir viel gelernt!"; 昨天十个人，今天才五个！ *Zuótiān shí ge rén, jīntiān cái wǔ ge!* "Gestern waren wir 10 Personen, heute nur 5!" oder "Gestern waren sie zu zehnt, heute nur zu fünft!"; 有问题吗？ *Yǒu wèntí ma?* "Gibt es Fragen/Probleme?" oder "Hast du eine Frage/ ein Problem?"; 快作完了！ *Kuài zuò wán le!* "Ich bin fast fertig!" oder "Wir sind gleich fertig!" usw.

6 Prägen Sie sich die folgenden Redewendungen und Ausdrücke ein:

上边儿写着呢！
– *Shàngbiānr xiě zhe ne!* Es steht oben drüber [geschrieben]!

随便！
- *Suíbiàn!* Egal!/Ganz wie du willst!

啊！对了！
- *À! Duì le!* Ach ja! Richtig!

差不多了！
- *Chàbùduō le!* So sollte es gehen! So wird es gehen!

很可惜！
- *Hěn kěxī!* Das ist sehr schade!

你不觉得吗？
- *Nǐ bù juéde ma?* Findest du nicht? Denkst du nicht auch so?

什么意思？
- *Shénme yìsi?* Was bedeutet das? / Was heißt das?

6 Übersetzen Sie die folgenden Sätze schriftlich ins Chinesische:

1 Das ist sehr nützlich!
2 Wir gehen alle zusammen, einverstanden?
3 In welche Richtung gehen wir jetzt?
4 In welche Richtung gehen wir jetzt?
5 Er ißt (sein Essen) zu schnell.
6 Er ist bereits letztes Jahr gestorben.

7 Übersetzung:

这个很有用！
1 Zhèi ge hěn yǒuyòng!

我们大家一起去！好不好？
2 Wǒmen dàjiā yìqǐ qù, hǎo bù hǎo?

现在我们往哪儿走？
3 Xiànzài wǒmen wàng nǎr zǒu?

咱们现在往哪儿去？
4 Zánmen xiànzài wàng nǎr qù?

他吃得太快！
5 Tā chī de tài kuài. **oder:**

他吃饭吃得太快！
Tā chī fàn chī de tài kuài.

他去年就去世了。
6 Tā qùnián jiù qùshì le.

* * *

Zweite Welle: *dì wǔ shí liù kè*

Hier endet der **2. Band** von **"Chinesisch ohne Mühe"**.
Im folgenden finden Sie noch einige Anhänge mit Informationen, die natürlich keinen Anspruch auf Voll-
ständigkeit erheben. Wir hoffen, daß dieser Kurs und
Ihre erworbenen Kenntnisse Sie dazu motivieren, sich
weiterhin mit der chinesischen Sprache und der Kultur
Chinas zu beschäftigen. Wir wünschen Ihnen viel Erfolg, oder, wie der Chinese sagen würde:
Zhù nǐ xìngfú!

ANHANG I

Zusammenfassung der Beispiele aus den Wiederholungslektionen

Im folgenden finden Sie eine Aufstellung aller in den Wiederholungslektionen vorkommenden chinesischen Silben, Wörter, Ausdrücke und Redewendungen in Pinyin-Umschrift sowie deren Übersetzung. Alle hier aufgeführten Wörter werden auch auf den Cassetten gesprochen. Sie können daraus eine Art "Diktat" machen, indem Sie versuchen, das Gehörte zu schreiben. Anschließend schlagen Sie die entsprechende Wiederholungslektion auf und überprüfen, ob Sie die Schriftzeichen und die Pinyin-Umschrift richtig geschrieben haben.

* * *

LEKTION 56
dì wǔ shí liù kè

Absatz 1:

cóng "von, her" - *dào* "nach, hin" - *Nǐ cóng nǎr lái?* "Woher kommen Sie?" - *Wǒ cóng Běijīng lái* "Ich komme aus Beijing" - *Wǒ cóng Zhōngguó lái xué fǎyǔ* "Ich komme aus China, um Französisch zu lernen" - *Tā dào nǎr qù?* "Wohin geht (fährt) er?" - *Tā dào Shànghǎi qù* "Er geht (fährt) nach Shanghai" - *Tāmen dào Zhōngguó qù xué zhōngwén* "Sie fahren nach China, um Chinesisch zu lernen".

Absatz 2:

yào "wollen, müssen; werden (Zukunft)" - *Yào xià yǔ*

le! "Es wird bald regnen!" - *Wǒ kuài yào zǒu le!* "Ich werde bald gehen!"- *Tā mǎshàng lái* "Er wird sofort kommen" - *Xiànzài wǒmen yào huí jiā le!* "Wir werden jetzt nach Hause gehen!"

Absatz 3:
de (Attributpartikel) - *Lái de rén shì wǒ de péngyou* "Die Person, die (da) kommt, ist mein Freund"; "Die Personen, die (da) kommen, sind meine Freunde" - *Xué zhōngwén de rén duō bù duō?* "Lernen viele Leute Chinesisch?" ("Sind die Leute, die Chinesisch lernen, zahlreich?") - *Zhèi fàn shì shéi zuò de?* "Dieses Essen, wer hat das gekocht?" - *Shéi shì zuò fàn de?* "Wer ist es, der das Essen gekocht hat?" - *Xǐhuan chī zhōngguó fàn de rén hěn duō* "Viele Leute essen gerne chinesisches Essen".

Absatz 4:
zhǐ "nur" - *cái* "erst, nur" - *Tā zhǐ néng chī ròu* "Er ißt nur Fleisch; Er kann nur Fleisch essen" - *Wǒ zhǐ huì shuō Guǎngdōng huà* "Ich kann nur Kantonesisch sprechen" - *Tā zhǐ mǎi zhèi ge, bù mǎi nèi ge* "Er kauft nur dieses hier, nicht das da" - *Wǒ zuótiān cái lái* "Ich bin erst gestern gekommen" - *Tā xià ge yuè cái lái* "Er kommt erst nächsten Monat" - *Wǒ xià ge lǐbài cái yǒu kòng* "Ich habe erst nächste Woche Zeit".

Absatz 5:
cónglái méi ... guo "hat früher niemals" - *Wǒ cónglái méi qù guo* "Ich bin niemals dort gewesen" - *Tā cónglái méi chī guo zhèi ge cài* "Er hat dieses Gericht noch nie gegessen" - *Dìdi cónglái méi dǎ guo diànhuà* "Mein kleiner Bruder hat noch nie telefoniert" - *Tā cónglái méi shuō guo* "Er hat es noch nie gesagt".

Absatz 6:
cái "erst" - *jiù* "schon" - *Nǐ hòutiān cái zǒu ne!* "Aber du fährst doch erst übermorgen!" - *Wǒ lǐbàitiān jiù zǒu!* "Ich fahre schon am Sonntag!" - *cái* "nur, erst" - *jiù* "schon, bereits" - *Tā lǐbàièr jiù lái le!* "Er ist schon

am Dienstag gekommen!" - *Bú duì! Tā shì lǐbàiliù cái lái de!* "Nein! Er ist erst am Samstag gekommen!".

Absatz 7:
xià ge lǐbài "nächste Woche" - *shàng ge lǐbài* "letzte Woche" - *zhèi ge lǐbài* "diese Woche" - *jīntiān* "heute" - *zuótiān* "gestern" - *míngtiān* "morgen" - *hòutiān* "übermorgen" - *qiántiān* "vorgestern" - *shàng ge yuè* "letzter Monat" - *zhèi ge yuè* "dieser Monat" - *xià ge yuè* "nächster Monat" - *míngnián* "nächstes Jahr" - *jīnnián* "dieses Jahr" - *qùnián* "letztes Jahr".

Absatz 8:
Wǒ wàng le! "Das habe ich [völlig] vergessen! - *Nǐ jí shénme?* "Warum hast du es so eilig?" - *Wǒ juéde hěn hǎo!* "Ich finde das sehr gut!" - *Wǒ gēn tā hěn shú!* "Ich bin sehr vertraut mit ihm!" - *Tā jiào shénme míngzi?* "Wie heißt er?" - *Zhèi ge, zhōngwén jiào shénme?* "Wie heißt das auf Chinesisch?" - *Xiǎoxīn!* "Vorsicht!" - *Hái lái de jí!* "Wir haben noch Zeit!".

Absatz 10:
Méi guānxi! Wèntí bú dà! "Das macht nichts! Das ist kein großes Problem!" - *Dàjiā dōu xiǎng mǎi zhèi ge!* "Jeder möchte das hier gerne kaufen!" - *Nǐ xiànzài zhù zài nǎr?* "Wo wohnst du jetzt?" - *Wǒ chàbuduō měi ge xīngqī dōu qù* "Ich gehe beinahe jede Woche hin" - *Nǐ yīnggāi xiǎoxīn diǎnr!* "Du solltest etwas besser aufpassen!".

* * *

LEKTION 63
dì liù shí sān kè

Absatz 1:
kuài "schnell" - *kuài* "Kuai" (Währungseinheit) - *kuài* "schnell" - *Kuài qù!* "Geh schnell!" - *Wǒmen kuài qù chī fàn ba!* "Laßt uns schnell essen gehen!" - *kuài* "bald"

"gleich" - *le* (Satzpartikel) - *Kuài liù diăn bàn le!* "Es wird gleich halb sieben sein!" - *Kuài xià yŭ le!* "Es wird gleich regnen!" - *kuài* (Währungseinheit) - *kuài* (Aussprache) - *kuài qián* "... Kuai (Geld)" - *liăng kuài qián* "zwei Kuai" - *sān shí kuài* "30 Kuai" (DM, Francs, ...) - *sì kuài qián yí ge* "pro Stück vier Kuai (DM, Francs...).

Absatz 2:
Wŏ duì lìshĭ hĕn găn xìngqù "Ich interessiere mich sehr für Geschichte" - *Tā gēn nĭ bù yíyàng* "Er ist nicht wie du" - *Nĭ gĕi shéi dă diànhuà?* "Wen rufst du an?" - *Wŏmen dào Bĕijīng qù* "Wir fahren nach Beijing".

Absatz 3:
cháng "oft" - *chángchang* "sehr oft" - *bù cháng* "selten" - *bù chángchang* "nicht sehr oft" - *fēicháng* "außerordentlich" - *tèbié* "besonders, speziell" - *bĭjiào* "ziemlich, relativ" - *kĕnéng* "möglicherweise, vielleicht" - *Wŏ chángchang qù* "Ich gehe oft hin" - *Tāmen fēicháng piàoliang* "Sie sind außerordentlich hübsch" - *Zhèr tèbié guì!* "Hier ist es besonders teuer!" - *Tā kĕnéng yào lái* "Er wird möglicherweise kommen" - *Wŏ kĕnéng yĕ yào qù* "Ich werde möglicherweise auch hingehen".

Absatz 4:
zhèyàng "so, in dieser Weise" - *zhème* "so (sehr)" - *nàme* "so (sehr)" - *Wèi shénme zhèyàng guì?* "Warum ist das so teuer?" - *Wèi shénme zhème nán?* "Warum ist das so schwierig?" - *Wèi shénme nàme duō?* "Warum so viele?".

Absatz 5:
mài wán le "ausverkauft" - *chī wán le* "aufgegessen" - *hē zuì le* "betrunken" - *zhăo dào le* "gefunden" - *le* (Aspektpartikel; abgeschlossene Handlung).

Absatz 6:
ge (Zähleinheitswort) - *jiā* (Zähleinheitswort) - *yì jiā fànguănr* "ein Restaurant" - *bĕn* (Zähleinheitswort) -

liǎng běn shū "zwei Bücher" - *nián* "Jahr" - *cì* "Mal" - *tiān* "Tag" - *liǎng nián* "zwei Jahre" - *zhè liǎng cì* "diese beiden Male" - *nèi sān tiān* "diese drei Tage".

Absatz 7:
Bú yòng le! "Das ist nicht nötig! Machen Sie sich keine Umstände!" - *Bié kāi wánxiào!* "Machen Sie keine Scherze!", "Machen Sie sich nicht über mich lustig!" - *Bié kèqi!* "Machen Sie sich keine Umstände! Keine Ursache!" - *Jiù zhèyàng ba!* "So machen wir es! So soll es sein! Das wär´s also!" - *Shí fēn zhōng jiù dào le!* "In zehn Minuten sind Sie da!" - *Shì shéi de?* "Wem gehört das?" - *Gòu le!* "Genug! Das reicht!".

Absatz 10:
(Zhè) shì Qīng dài de xiǎoshuō "Dies ist ein Roman aus der Qing-Dynastie" - *Zhè ge zuòjiā hěn yǒumíng* "Dieser Schriftsteller ist sehr bekannt" - *Nǐ wèi shénme jīntiān dài yǎnjìngr?* "Warum trägst du heute eine Brille?" - *Jiù zhème jiǎndān!* "So einfach ist das!" - *Nǐ bié chī zhèi ge!* "Iß das nicht!".

* * *

LEKTION 70
dì qī shí kè

Absatz 1:
de shíhou "wenn, als" - *shénme shíhou?* "wann?" - *yǒu shíhou* "manchmal" - *de shíhou* "wenn, als" - *shénme shíhou?* "wann?" - *yǒu shíhou* "manchmal" - *Tā zài zhèr de shíhou wǒ hěn gāoxìng* "Wenn er hier ist, bin ich sehr froh" - *Shuō Hànyǔ de shíhou yào zhùyì fāyīn* "Wenn man Chinesisch spricht, muß man auf die Aussprache achten" - *Nǐ shénme shíhou yǒu kòng?* "Wann hast du Zeit?" - *Tā shì shénme shíhou zǒu de?* "Wann

ist er gegangen?" - *Tāmen yǒu shíhou yě dào zhèr lái* "Manchmal kommen sie auch hierher".

Absatz 2:
dōu "alle, alles" - *xiē* "einige" - *Dōu lái le!* "Alle sind gekommen!" - *Lái le!* "Er/Sie/Es ist gekommen!"; "Sie sind gekommen!" *wǒ* "ich" - *nǐ* "du" - *tā* "er" - *tā* "sie" - *wǒmen* "wir" - *nǐmen* "ihr" - *tāmen* "sie" - *tāmen* "sie" - *Zài Fǎguó shū dōu hěn guì* "In Frankreich sind alle Bücher sehr teuer" - *dōu* "alle, alles" - *xiē* "einige, mehrere" - *Zhè xiē rén dōu shì shéi?* "Wer sind all diese (diese ganzen) Leute?" - *Zhè xiē shū shì shéi mǎi de?* "Wer hat all diese (diese ganzen) Bücher gekauft?" - *zhōngguórén* "Chinesen" - *shū* "Bücher" - *bǐ* "Stifte" - *rén* "Personen" - *xué zhōngwén de rén* "die Leute, die Chinesisch lernen" - *wǒ mǎi de shū* "die Bücher, die ich kaufe (gekauft habe)" - *yī běn shū* "ein Buch" - *nèi ge rén* "diese Person dort" - *nèi ge zhōngguórén* "dieser Chinese dort".

Absatz 3:
yǒu de "manche, einige" - *yǒu rén* "es gibt Leute"; *yǒu de rén* "manche Leute" - *Yǒu de búcuò!* "Einige sind nicht schlecht!" - *Yǒu rén bù xǐhuan chōuyān* "Es gibt Leute, die Rauchen nicht mögen" - *Yǒu de rén bù xǐhuan chī ròu* "Einige Leute essen nicht gerne Fleisch" - *Zhè xiē shū lǐbiānr yǒu de hěn yǒumíng* "Unter diesen Büchern gibt es einige, die sehr berühmt sind".

Absatz 4:
dōu "alles" - *Wǒ dōu dǒng* "Ich verstehe alles" - *shénme dōu* "alles, gänzlich, völlig, überhaupt" - *Wǒ shénme dōu xǐhuan chī* "Ich esse (einfach) alles gerne" - *shénme dōu bù/shénme yě bù* "überhaupt nicht(s), gar nicht(s)" - *Wǒ shénme dōu bú yào* "Ich will überhaupt nichts" - *Wǒ shénme yě bù xǐhuan* "Ich mag gar nichts" - *yìdiǎnr yě bù* "überhaupt nicht(s), gar nicht(s)".

Absatz 5:
bié "nicht" (Imperativ) - *bié* "nicht" (Imperativ) - *Nǐ bié*

qù! "Geh nicht (dort hin)!" - *Nǐ bié shuō zhèi ge!* "Sag das nicht!" - *Bié zǒu!* "Geh nicht!/Geht nicht!".

Absatz 6:
Dàihuìr jiàn! "Bis später!/Bis gleich!" - *Wǒ bú jìde!"* Ich erinnere mich nicht mehr (daran)!" - *Hái yào shénme?* "Was möchtest du/möchtet ihr/möchten Sie noch?" - *Tiānqì hěn hǎo!* "Das Wetter ist sehr schön!" - *Wǒ shì yí ge rén lái de* "Ich bin alleine gekommen" - *sì ge duō yuè le* "schon mehr als vier Monate/seit über vier Monaten" - *Wǒ hěn shǎo qù* "Ich gehe sehr selten (hin)".

Absatz 8:
Tā shì zhōngwén xì de "Er ist von der Chinesischabteilung" - *Wǒ xiànzài jiù zǒu!* "Ich gehe sofort!" - *Bú yòng le! Wǒ bú è!* "Nicht nötig! Ich habe keinen Hunger!" - *Huáchuán de shíhou yào xiǎoxīn!* "Beim Rudern/Wenn man rudert, muß man aufpassen!" - *Děng yíxià! Wǒ qù gàosu tā!* "Warte mal! Ich gehe ihm Bescheid sagen!" - *Wǒ hái méi qù guo* "Ich bin noch nicht dort gewesen" (1. Alternative) - *Wǒ hái méi yǒu qù guo* "Ich bin noch nicht dort gewesen (2. Alternative)".

* * *

LEKTION 77
dì qī shí qī kè

Absatz 1:
yào "man muß" - *yào* "wollen" - *Wǒ yào miànbāo* "Ich möchte Brot" - *Wǒ yào qù Běijīng* "Ich möchte nach Beijing fahren" - *Nǐ yào bú yào chī fàn?* "Möchtest du essen?" - *yào* "müssen" - *Yào zǒu le!* "Ich muß gehen!" - *Xiànzài yào gàosu tā* "Jetzt mußt du ihm Bescheid sagen" - *Bú yào chūqu!* "Du darfst nicht rausgehen!" - *Bú yào chī zhèi ge!* "Du darfst das nicht essen!" - *yào* "werden" - *Yào xià yǔ le!* "Es wird reg-

nen!" - *Tā mǎshàng yào lái* "Er wird sofort kommen" - *Wǒ míngtiān jiù yào zǒu* "Ich werde (schon) morgen gehen" - *Tā kuàiyào jiéhūn le* "Er wird bald heiraten" - *Wǒ xiàwǔ jiù yào qù* "Ich werde (schon) heute nachmittag gehen".

Absatz 2:
hěn "sehr" - *hěn zhòngyào* "sehr wichtig" - *fēicháng* "extrem" - *Zhèi ge dōngxi fēicháng guì!* "Das ist extrem teuer!" - *tèbié* "besonders" - *Xué zhōngwén tèbié nán* "Chinesisch zu lernen, ist besonders schwierig" - *bǐjiào* "relativ" - *Tā bǐjiào lǎo* "Er ist relativ alt" - *bǐjiào guì* "relativ teuer" - *yǒudiǎnr* "ein bißchen" - *Yǒudiǎnr lěng* "Es ist ein bißchen kalt" - *Wǒ yǒudiǎnr lěng* "Ich friere ein bißchen" - *Zhèi ge yǒudiǎnr guì* "Das hier ist ein bißchen teuer" - *Wǒ yǒudiǎnr lèi* "Ich bin ein bißchen müde" - *yǒudiǎnr* "ein bißchen...haben; ein bißchen...sein" - *kě* "Durst haben" - *lèi* "müde sein" - *yǒudiǎnr* "ein bißchen...haben; ein bißchen...sein" - *tài* "zu (sehr)" - *Nǐ tài qiānxū* "Du bist zu bescheiden" - *zhēn* "wirklich" - *Tā zhēn yǒu yìsi* "Er ist wirklich interessant".

Absatz 3:
Wǒ xué le liǎng nián "Ich habe zwei Jahre lang studiert" - *Wǒ dāi le liǎng tiān* "Ich bin zwei Tage geblieben" - *Wǒ děng le sì ge xiǎoshí* "Ich habe vier Stunden gewartet" - *Wǒ zuótiān qù le* "Ich bin gestern gegangen" - *Tā zhōngwǔ bù néng lái* "Er kann am Mittag nicht kommen".
Wǒ xué zhōngwén xué le sì nián le!; *Zhōngwén, wǒ xué le sì nián le!*; *Wǒ zhōngwén xué le sì nián le!*; *Wǒ xué le sì nián zhōngwén!* "Ich habe schon vier Jahre lang Chinesisch studiert!".

Absatz 4:
de (Partikel des Komplements des Grades) - *Tā chī de tài kuài* "Er ißt zu schnell" - *Tā shuō de hěn hǎo* "Er spricht sehr gut" - *Nǐ xiě de tèbié hǎo* "Du schreibst besonders gut" - *Wǒ zǒu de hěn màn* "Ich gehe sehr

langsam" - *de* (Partikel) - *Tā zuò zhōngguó fàn zuò de hěn hǎo* "Sie kocht gut chinesisch" - *Tā xiě zhōngwén xiě de hěn hǎo* "Er schreibt gut Chinesisch" - *Wǒ shuō huà shuō de hěn màn* "Ich spreche sehr langsam" - *Tā chī fàn chī de hěn kuài* "Er ißt sehr schnell".

Absatz 5:
Hǎo jí le! "Ausgezeichnet!/Hervorragend!" - *Hái yǒu shéi?* "Wer ist noch da?" - *Nǎli! Nǎli!* "Aber nein! Zuviel der Ehre! Nicht der Rede wert!" - *Míngtiān jiàn!* "Bis morgen!" - *Zài shénme dìfang?* "Wo?" - *Dōu chàbuduō!* "Das ist alles ähnlich!".

Absatz 7:
Tā jīntiān kěndìng yào lái - "Er wird heute bestimmt kommen" - *Bùrán de hua zěnme bàn ne?* "Was werden wir andernfalls machen?" - *Wǔ shí duō kuài!* "Etwas über 50 Yuan!" - *Wǔ shí duō kuài qián!* "Etwas über 50 Yuan!" - *Dì sān háng!* "Die dritte Zeile!/In der dritten Zeile!" - *Nǐ bié zuò zhèr!* "Setz dich nicht hier hin!"

Anmerkung
sān ge rén "drei Personen" - *ge* (ZEW) - *sān ge guójiā* "drei Länder" - *liǎng ge gōngsī* "zwei Firmen" - *liǎng wǎn fàn* "zwei Schüsseln Reis" - *liǎng* "zwei".

* * *

LEKTION 84
dì bā shí sì kè

Absatz 1:
bǐ "verglichen mit" - *gèng* "mehr als" (Komparativ) - *zuì* "am meisten" (Superlativ) - *Tā bǐ wǒ hǎo* "Er ist besser als ich" - *Zhèi ge bǐ nèi ge guì* "Dies ist teurer als jenes" - *bǐ* "verglichen mit" - *gèng* "mehr als" - *Zhèr gèng guì!* "Hier ist es noch teurer!" - *Nàr gèng*

piányi! "Dort ist es noch billiger!".
zuì (Superlativ) - *zuì hǎo* "am besten" - *zuì yuǎn* "am weitesten" - *zuì yǒu yìsi* "am interessantesten" - *Tā méi yǒu wǒ nàme lǎo* "Er ist nicht so alt wie ich" - *nàme* "so (sehr)" - *Zhèr méi yǒu nàr hǎo* "Hier ist es nicht so gut wie dort".

Absatz 2:
de (Partikel des Komplements der Fähigkeit) - *bù* (Verneinung) - *zuò de wán* "etwas fertigmachen bzw. vollenden können" - *zuò bù wán* "etwas nicht fertigmachen bzw. vollenden können" - *chī de liǎo* "aufessen können" - *chī bù liǎo* "nicht aufessen können" - *kàn de dǒng* "etwas (was man liest) verstehen können" - *kàn bù dǒng* "etwas (was man liest) nicht verstehen können" - *tīng de dǒng* "etwas (was man hört) verstehen können" - *tīng bù dǒng* "etwas (was man hört) nicht verstehen können".

Absatz 3:
ge (Zähleinheitswort) - *zhāng* (Zähleinheitswort) - *běn* (Zähleinheitswort) - *wǎn* "Schüssel" - *yí ge wǎn* "eine Schüssel" - *yì wǎn fàn* "eine Schüssel Reis" - *liǎng wǎn tāng* "zwei Schüsseln Suppe".

Absatz 4:
Sān, (sán), sǎn, sàn;
zhān, (zhán), zhǎn, zhàn;
(luān), luán, luǎn, luàn;
jī, jí, jǐ, jì;
jīn, (jín), jǐn, jìn;
jīng, jíng, jǐng, jìng;
xiōng, xióng, (xiǒng), xiòng;
(kuāi), (kuái), kuǎi, kuài;
zuō, zuó, zuǒ, zuò;
cāi, cái, cǎi, cài.

Absatz 5:
Suíbiàn! "Egal!" - *Hǎo le!* "Gut! Das reicht! Genug jetzt!" - *Yòu bù lěng, yòu bú rè!* "Weder zu kalt noch

zu warm!" - *Tiānqì hǎo!* "Das Wetter ist gut!" - *Fàng-xīn!* "Sei beruhigt! Keine Sorge!" - *Yígòng duōshǎo qián?* "Was macht das zusammen?".

Absatz 7:
Nǐ zhù jǐ lóu? "In welcher Etage wohnst du?" - *Nǐ zhù zài jǐ lóu?* "In welcher Etage wohnst du?" - *Nàr yǒu rén ma?* "Ist jemand dort?" - *Nèibiānr yǒu méi yǒu rén?* "Ist dort jemand?" - *Nǐ yě qù le ma?* "Bist du auch dort gewesen?" - *Yòu hǎochī yòu piányi!* "Es ist lecker und (gleichzeitig) billig!" - *Yòu hǎochī yòu bú guì!* "Es schmeckt gut und ist (gleichzeitig) nicht teuer!" - *Nǐ fàngxīn ba! Míngtiān wǒ yídìng huì zài zhèr!* "Keine Sorge! Morgen werde ich bestimmt hier sein können!" - *Fàngxīn! Míngtiān wǒ yídìng zài!* "Beruhige dich! Morgen werde ich bestimmt da sein!"

* * *

LEKTION 91
dì jiǔ shí yī kè

Absatz 1:
yǐqián "vorher, früher" - *yǐhòu* "nach, nachdem" - *de shíhou* "als, wenn" - *yǐqián* "vorher" - *yǐhòu* "nach-her" - *Yǐhòu zěnme bàn ne?* "Was werden wir danach tun?" - *Yǐhòu ne?* "Und dann?" - *Yǐhòu tā jiù sǐ le* "Danach ist er dann gestorben" - *Yǐqián hěn piányi* "Vorher/Früher war es sehr billig" - *Yǐqián zěnmeyàng?* "Wie war es vorher/früher?".
Fānyì wán le yǐhòu... "Nachdem ich die Übersetzung fertiggemacht hatte,... - *Zuò chuán yǐhòu...* "Nachdem wir mit dem Boot gefahren sind, ..." - *Dào le Guǎng-zhōu yǐhòu...* "Nachdem ich in Kanton angekommen war, ..." - *Qù Xiānggǎng yǐqián...* "Bevor ich nach Hongkong gefahren bin,..." - *Mǎi zhèi ge yǐqián...* "Bevor ich das hier gekauft hatte,..." - *Wǒ zuò fàn*

de shíhou... "Wenn ich (Essen) koche,..." - *Tā zài Zhōngguó de shíhou...* "Als sie in China war,...; Wenn sie in China ist,...".

Absatz 2:
hé "und" - *gēn* "mit" - *gěi* "für" - *dào* "nach, zu" - *cóng* "von" - *Wǒ gēn tā hěn shú/Wǒ hé tā hěn shú* "Ich bin sehr vertraut mit ihm" - *Nǐ gēn shéi qù?* "Mit wem gehst du?" - *Tā gēn Lǎo Wáng jiéhūn le* "Sie hat Lao Wang geheiratet" - *Wǒ gēn tā shuō le* "Ich habe mit ihm gesprochen" - *gěi* "für" - *Wǒ gěi tā mǎi le liǎng běnr* "Ich habe ihm/für ihn zwei (Exemplare) gekauft" - *Wǒ gěi tā xiě le yì fēng xìn* "Ich habe ihm/an ihn einen Brief geschrieben" - *dào* "nach" - *cóng* "von" - *lái* "kommen" - *qù* "gehen" - *dào Zhōngguó lái* "nach China kommen" - *dào Zhōngguó qù* "nach China fahren" - *cóng Zhōngguó lái* "aus China kommen" - *cóng Zhōngguó dào Rìběn qù* "von China nach Japan fahren".

Absatz 3:
rúguǒ "wenn" - *yàoshi* "wenn" - *Xià yǔ, wǒ bú qù!* "Wenn es regnet, gehe ich nicht!" - *Rén hěn duō, wǒ jiù bù xiǎng qù le!* "Weil viele Leute da sind, habe ich keine Lust mehr, hinzugehen!" - *Rén duō le wǒ jiù bù xiǎng qù* "Wenn viele Leute da sind, habe ich keine Lust, hinzugehen!" - *Liǎng běn bú gòu, jiù mǎi sān běn ba!* "Wenn zwei (Bücher) nicht reichen, kauf doch drei!" - *Jīntiān bù xíng, jiù míngtiān qù ba!* "Wenn es heute nicht geht, dann geht doch morgen!" - *jiù* "dann" - *wǒ* "ich" - *Tā bú qù, wǒ jiù qù!* "Wenn er nicht geht, dann gehe ich eben!".

Absatz 4:
pà, tà, pài, tài, pàn, tàn, pù, tù, pì, tì, pǔ, tǔ, pǎi, tǎi.
bà, dà, bài, dài, bàn, dàn, bù, dù, bì, dì, bǔ, dǔ, bǎi, dǎi.
zài, cài, sài. - zài, cài, sài. - zuān, cuān, suān, zuì, cuì, suì. - zi, ci, si. - ian, yan. - liǎn, tiān, diǎn, miàn, biàn, piàn, qián, jiān, xiān, niàn. - iu, liū, diū, liù, jiǔ, qiū, xiū.

Absatz 5:
Wŏ shì zuò fēijī lái de! "Ich bin mit dem Flugzeug gekommen!" - *Wŏ de qián bú gòu; măi bù qĭ!* "Ich habe nicht genug Geld; ich kann es mir nicht leisten!" - *Gēn yĭqián yíyàng!* "Es ist so wie früher!" - *Wŏ bù qīngchu!* "Das ist mir nicht klar!" - *Shēntĭ hăo ma?* "Geht es dir gut?" - *Wŏ sòng gĕi nĭ!* "Ich schenke es dir!" - *Nĭ shuō shénme?* "Was sagst du?" - *Qĭng nĭ zài shuō yíbiàn!* "Wiederhole das bitte noch einmal!".

Absatz 7:
Nĭ yŏu wèntí ma?/Nĭ yŏu méi yŏu wèntí? "Haben Sie Fragen?/Gibt es Probleme?" - *Liù diăn bàn kāishĭ* "Es beginnt um sechs Uhr dreißig" - *Wŏ xià ge xīngqī cái néng qù* "Ich kann erst nächste Woche gehen" - *Zĕnme bàn ne?* "Was tun wir jetzt?/Was nun?" - *Dāngrán kĕyĭ!* "Selbstverständlich geht es!" - *Lí zhèr yuăn ma?* "Ist es weit von hier?".

* * *

LEKTION 98
dì jiŭ shí bā kè

Absatz 1:
dào "nach, zu" - *cóng* "von, aus" - *zài* "in, an, auf," - *lĭ* "in" - *shàng* "auf" - *xià* "unter" - *pángbiānr* "neben" - *zuŏbiānr* "links" - *yòubiānr* "rechts" - *qiánbiānr* "vor" - *hòubiānr* "hinter" - *zài gōngchăng pángbiānr* "neben der Fabrik" - *zài yóujú hòubiānr* "hinter der Post" - *zài wŏ qiánbiānr* "vor mir" - *zài yòubiānr* "rechts" - *zài zuŏbiānr* "links" - *zài lĭbiānr* "in, drinnen, innen" - *biān* (Suffix für Präpositionen, die ein räumliches Verhältnis angeben) - *biānr* (Suffix für Präpositionen, die ein räumliches Verhältnis angeben) - *dōng* "Osten" - *xī* "Westen" - *nán* "Süden" - *bĕi* "Norden" - *biān(r)* (Suffix für Präpositionen, die ein räumliches Verhältnis angeben) -

gōngchǎng de dōngbiānr "im Osten der Fabrik" - *Běijīng de xībiānr* "im Westen von Beijing" - *Zhōngguó de nánbiānr* "im Süden von China" - *Rìběn de běibiānr* "im Norden von Japan" - *Fēijīchǎng zài Běijīng de běibiānr* "Der Flughafen liegt im Norden von Beijing" - *Shànghǎi de nánbiānr yǒu fēijīchǎng* "Im Süden von Shanghai liegt ein Flughafen".

Absatz 2:

yǐqián "vor" - *yǐhòu* "nach" - *Yǐqián wǒ zhù zài Shànghǎi* "Früher wohnte ich in Shanghai" - *Yǐhòu, nǐ dǎsuàn dào nǎr qù?* "Wo hast du vor, danach hinzugehen?" - *Yǐhòu, tā jiù zǒu le* "Danach ist er gegangen" - *le* (Aspektpartikel) - *yǐqián* "bevor" - *yǐhòu* "nachdem" - *Chī yǐqián, yào xǐ gānjìng* "Bevor man sie ißt, muß man sie gründlich [sauber] waschen" - *Chī wán yǐhòu,...* "Nachdem ich gegessen habe/hatte,..." - *Qù mǎi dōngxi yǐqián, ...* "Nachdem ich eingekauft habe/hatte,..." - *Xué zhōngwén yǐhòu, tā dǎsuàn zuò shénme?* "Was will er nach seinem Chinesischstudium machen?" - *Xià bānr yǐhòu zánmen qù kàn diànyǐngr, hǎo bù hǎo?* "Nach der Arbeit gehen wir uns einen Film ansehen, einverstanden?" - *Nǐ chī wán zhèi ge yǐhòu, hái yǒu nèi ge!* "Nachdem du dies hier aufgegessen hast, gibt es noch das da!" - *Yī jiǔ qī liù nián yǐqián gēn yī jiǔ qī liù nián yǐhòu, bú yíyàng!* "Vor 1976 und nach 1976, das ist nicht das Gleiche!".

Absatz 3:

yíyàng "gleich" - *chàbuduō* "fast gleich" - *yíyàng* "so...wie" - *Yíyàng bù yíyàng?* "Ist das gleich?" - *Zhèi ge gēn nèi ge yíyàng ma?* "Ist dies hier das Gleiche wie das da?" - *Yíyàng guì!* "Das ist genauso teuer!" - *Zhèi ge dōngxi gēn nèi ge yíyàng guì!* "Diese Dinge hier sind genau so teuer wie jene dort!".
Tāmen liǎng ge rén yíyàng cōngmíng "Sie sind beide gleich intelligent" - *Liǎng ge rén yíyàng hǎokàn* "Beide Personen sind gleich hübsch" - *chàbuduō* "fast gleich, ähnlich, fast, beinahe, nahe, so gut wie" - *Liǎng ge rén chàbuduō yíyàng cōngmíng* "Beide Personen sind fast

gleich intelligent" - *Wǒ chàbuduō dōu xiě wán le* "Ich habe fast alles fertiggeschrieben" - *Tā chàbuduō dōu dǒng* "Er versteht fast alles" - *Chàbuduō zuò wán le!* "Fast fertig (gemacht)!" - *Xiànzài chàbuduō le!* "Jetzt ist es fast fertig!/Jetzt ist es bald so weit!" - *Chàbuduō le ba!* "So wird es ungefähr gehen!"/"Ungefähr so kann man es machen!".

Absatz 4:

jiù "dann" - *jiù* "schon, bereits" - *Tā shí wǔ suì jiù chū guó le* "Er hat das Land schon im Alter von 15 Jahren verlassen" - *Wǒ běnlái xiǎng xīngqīliù cái zǒu, kěshì tā yào wǒ xīngqī´èr jiù zǒu* "Ich wollte ursprünglich erst am Samstag gehen, aber er wollte, daß ich schon am Dienstag gehe" - *jiù* "dann" - *Rúguǒ tā bù lái, wǒ jiù yào shēngqì le!* "Wenn er nicht kommt, dann werde ich böse!" - *Zhèyàng jiù kěyǐ le!* "So wird es gehen!" - *Tā lái wǒ jiù bù chūqu le* "Wenn er kommt, dann werde ich nicht ausgehen" - *jiù* (verstärkend) - *Jiù shì tā!* "Er ist es!" - *Zhè jiù shì wǒ de érzi!* "Und das ist mein Sohn!" - *Zhè jiù shì wǒ mǎi de dōngxi!* "Das sind genau die Sachen, die ich gekauft habe!" - *Chī wán le wǒmen jiù zǒu* "Wenn wir mit dem Essen fertig sind, dann gehen wir" - *Shuō wán le, tā jiù qǐlái le* "Wenn er aufgehört hat zu sprechen, dann wird er sich erheben" - *Kàn wán le wǒmen jiù huíqù, hǎo bù hǎo?* "Wenn wir mit dem Ansehen/Lesen/Besichtigen fertig sind, gehen wir zurück, einverstanden?" - *Wǒ mǎshàng jiù lái!* "Ich komme sofort!" - *Tā míngtiān jiù lái!* "Er kommt (schon) morgen!" - *Wǒ dāihuìr jiù qù!* "Ich gehe gleich!"

Absatz 5:

Wǒmen kuài dào le! "Wir sind gleich da!" - *Wèntí bú dà!* "Kein Problem!" - *Hěn yǒu yìsi!* "Sehr interessant!" - *Nǐ yǒu shénme wèntí?* "Hast Du eine Frage/ein Problem?/Was gibt es für ein Problem?" - *Tā de shēntǐ hěn jiànkāng!* "Es geht ihm (gesundheitlich) sehr gut!" - *Yīlù píng´ān!* "Gute Reise!" - *Tā gǎo cuò le!* "Er hat sich geirrt!" - *Búcuò!* "Nicht schlecht!/Nicht übel!" - *Gānbēi!* "Prost!/Zum Wohl!".

Absatz 7:

Wǒ chí dào le! Hěn duìbuqǐ! "Ich komme zu spät! Es tut mir sehr leid!" - *Wǒ lái wǎn le! Hěn duìbuqǐ!* "Ich komme zu spät! Entschuldigen Sie bitte!" - *Wǒ sān ge yuè yǐqián jiù kāishǐ xué kāi chē le!* "Ich habe schon vor drei Monaten damit begonnen, autofahren zu lernen!" - *Hái yǒu liǎng fēn zhōng!* "Wir haben noch zwei Minuten!" - *Gāi zǒu le! Nǐ kuài lái ba!* "Wir müssen gehen! Komm schnell her!"

* * *

LEKTION 105
dì yì bǎi líng wǔ kè

Absatz 1:

lèi "müde" - *Tā hěn lèi le!* "Er ist sehr müde" - *kě* "Durst haben" - *Tā hěn kě* "Sie hat Durst" - *Tā zài Shànghǎi zhù le sān nián* "Er hat drei Jahre in Shanghai gelebt" - *gěi* "für" - *Wǒ gěi tā mǎi le yì běn shū* "Ich habe ihm ein Buch gekauft" - *cái* "erst (wenn)" - *Wǒ xiě wán le zhè fēng xìn cái qù* "Ich werde erst gehen, wenn ich diesen Brief fertig geschrieben habe".

Absatz 2:

yí ge érzi hé yí ge nǚ´ér "ein Sohn und eine Tochter" - *zhèi ge rén* "diese Person" - *zhèi sān běn shū* "diese drei Bücher" - *zhèi fēng xìn* "dieser Brief" - *yí ge hǎo zuòjiā* "ein guter Schriftsteller".

Absatz 3:

yìdiǎnr "ein bißchen, etwas" - *yǒu diǎnr* "ein bißchen, etwas" - *yìdiǎnr* "ein bißchen, etwas" - *yǒu diǎnr* "ein bißchen, etwas" - *Nǐ chī yìdiǎnr ba!* "Iß ein bißchen!" - *Mǎi yìdiǎnr ba!* "Kauf ein bißchen!" - *Wǒ yào yìdiǎnr!* "Ich möchte ein bißchen!" - *yìdiǎn* "ein bißchen, etwas" - *yìdiǎnr* "ein bißchen, etwas" - *Nǐ chī yìdiǎnr dōngxi ba!* "Iß doch etwas!" - *Mǎi yìdiǎnr báicài, hǎo bù hǎo?* "Laß uns etwas Kohl kaufen, ja?" - *Wǒ yào yìdiǎnr táng!* "Ich möchte etwas Süßes!" - *Mǎi diǎnr táng, hǎo bù hǎo?* "Kauf etwas Zucker [Süßigkeiten], ja?" - *Hē diǎnr shuǐ ba!* "Trink etwas Wasser!".

yǒu diǎnr "ein bißchen, etwas" - *yìdiǎnr* "ein bißchen" - *Yǒu diǎnr lěng!* "Es ist ein bißchen kalt!" - *Zhèi ge dōngxi yǒu diǎnr guì!* "Dieses Ding ist ein bißchen teuer!" - *Tā yǒu diǎnr lèi* "Er ist ein bißchen müde" - *Wǒ yǒu diǎnr bù shūfu* "Ich fühle mich ein bißchen unwohl".

lǎo yìdiǎnr "ein bißchen älter" - *Zhèi ge, xiǎo yìdiǎnr!* "Das hier ist ein bißchen kleiner!" - *yuǎn yìdiǎnr* "ein bißchen weiter" - *Yǒu diǎnr bù qīngchu* "Das ist etwas unklar/nicht so ganz klar" - *Yǒu diǎnr nán* "Das ist ein bißchen schwer" - *Xué rìwén yǒu diǎnr nán* "Japanisch ist nicht ganz einfach zu lernen".

Absatz 4:
Wǒ zuótiān méi yǒu lái/Zuótiān wǒ méi yǒu lái "Gestern bin ich nicht hierher gekommen!" - *Yǒu de shíhou zhè ge rén hěn guài* "Manchmal ist diese Person sehr eigenartig" - *Zhèi ge rén yǒu de shíhou hěn guài* "Diese Person ist manchmal sehr eigenartig" - *Tā, kǒngpà, bú huì lái* "Er wird, fürchte ich, nicht kommen können" - *Kǒngpà tā bú huì lái* "Ich fürchte, er wird nicht kommen können" - *Wǒ xiǎng zhèi ge yě kěyǐ* "Ich denke, das geht auch" - *Zhèi ge, wǒ xiǎng, yě kěyǐ* "Das, denke ich, geht auch".

Absatz 5:
Zěnme xiànzài cái lái ne? "Wie kommt es, daß du jetzt erst kommst?" - *Jīntiān xué le bù shǎo!* "Heute haben wir viel gelernt!" - *Zuótiān shí ge rén, jīntiān cái wǔ ge!* "Gestern waren wir 10 Personen, heute nur 5!"; "Gestern waren sie zu zehnt, heute nur zu fünft!" - *Yǒu wèntí ma?* "Gibt es Fragen/Probleme?"; "Hast du eine Frage/ein Problem?" - *Kuài zuò wán le!* "Ich bin fast fertig!"; "Wir sind gleich fertig!".

Absatz 6:
Shàngbiānr xiě zhe ne! "Es steht oben drüber [geschrie-

ben]!" - *Suíbiàn!* "Egal!, Ganz wie du willst!" - *À! Duì le!* "Ach ja! Richtig!" - *Chàbuduō le!* "So sollte es gehen! So wird es gehen!" - *Hěn kěxī!* "Das ist sehr schade!" - *Nǐ bù juéde ma?* "Findest du nicht? Denkst du nicht auch so?" - *Shénme yìsi?* "Was bedeutet das?/Was heißt das?".

Absatz 8:
Zhèi ge hěn yǒuyòng! "Das ist sehr nützlich!" - *Wǒmen dàjiā yìqǐ qù, hǎo bù hǎo?* "Wir gehen alle zusammen, einverstanden?" - *Xiànzài wǒmen wàng nǎr zǒu?* "In welche Richtung gehen wir jetzt?" - *Zánmen xiànzài wàng nǎr qù?* "In welche Richtung gehen wir jetzt?" - *Tā chī de tài kuài/Tā chī fàn chī de tài kuài* "Er ißt (sein Essen) zu schnell" - *Tā qùnián jiù qùshì le* "Er ist bereits letztes Jahr gestorben".

* * *

ANHANG II

WORTSCHATZVERZEICHNIS
(BAND 2)

Auf den nächsten Seiten finden Sie eine Aufstellung aller Wörter und Redewendungen, die in Band 2 von "Chinesisch ohne Mühe" enthalten sind. Die Zahlen stehen für die Lektion, in denen die Silbe bzw. das Wort oder die Redewendung eingeführt wurde.

Innerhalb einer alphabetischen Rubrik sind die Silben nach **Tönen** geordnet. Bei mehrsilbigen Wörtern, die mit dem gleichen Schriftzeichen beginnen, richtet sich die Reihenfolge nach der Aussprache der zweiten Silbe.

PINYIN	SCHRIFTZEICHEN	ÜBERSETZUNG	LEKTION

CH

D

E

F

J

L

N

P

Q

SH

T

W

ANHANG III

ÜBERSICHT ÜBER DIE DYNASTIEN

Die folgende Tabelle bietet Ihnen einen kurzen Überblick über die Dynastien Chinas. Ausführlichere Informationen über die chinesische Geschichte können Sie der im Anhang von Band 1 und Band 2 aufgeführten Literatur entnehmen.

ZEICHEN	CHINESISCHER NAME	DEUTSCHER NAME	ZEITRAUM
VOR CHRISTUS:			
夏	Xià		21.-16. Jh. v. Chr.
商	Shāng		16.-11. Jh. v. Chr.
西周	Xī Zhōu	Westliche Zhou	11. Jh. - 771 v. Chr.
东周	Dōng Zhōu	Östliche Zhou	770-256 v. Chr.
春秋	Chūn-Qiū	Frühlings- und Herbstperiode	722-481 v. Chr.
战国	Zhàn Guó	Streitende Reiche	481-222 v. Chr.
秦	Qín		221-206 v. Chr.
西汉	Xī Hàn	Westliche Han	206 v. Chr. - 9 n. Chr.
NACH CHRISTUS:			
王莽	Wang Mang	Wang-Mang-Periode	9-24
东汉	Dōng Hàn	Östliche Han	25-220

三国	Sān Guó	Die drei Reiche	220-280
魏	Wèi		220-265
蜀汉	Shǔ-Hàn		221-263
吴	Wú		222-280
西晋	Xī Jìn	Westliche Jin	265-316
东晋	Dōng Jìn	Östliche Jin	317-420
南北朝	Nán Běi Cháo	Nord- und Süddynastien	420-589
南朝	Nán Cháo	Südliche Dynastien	420-479
宋	Sòng		420-479
齐	Qí		479-502
梁	Liáng		502-557
陈	Chén		557-589
北朝	Běi Cháo	Nördliche Dynastien	386-581
北魏	Běi Wèi	Nördliche Wei	386-534
东魏	Dōng Wèi	Östliche Wei	534-550
北齐	Běi Qí	Nördliche Qi	550-577
西魏	Xī Wèi	Westliche Wei	535-556
北周	Běi Zhōu	Nördliche Zhou	557-581
隋	Suí		581-618
唐	Táng		618-907

五代	Wǔ Dài	Fünf Dynastien (Spätere Liang, Tang, Jin, Han und Zhou)	907-960
		Zehn Königreiche	902-979
宋	Sòng		960-1279
北宋	Běi Sòng	Nördliche Song	960-1127
南宋	Nán Sòng	Südliche Song	1127-1279
辽	Liáo		916-1125
金	Jīn	(Tataren)	1115-1234
元	Yuán	(Mongolen)	1271-1368
明	Míng		1368-1644
清	Qīng		1644-1911
中华民国	Zhōnghuá Mínguó	Chinesische Republik	1912-1949
中华人民共和国	Zhōnghuá Rénmín Gònghéguó	Volksrepublik China	seit 1.10.1949

ANHANG IV

KURZER ABRISS DER CHINESISCHEN GESCHICHTE

VOR CHRISTUS:

ca. 400.000	*Sinanthropus* ("Peking-Mensch"); nachgewiesen durch 1929 bei Zhoukoudian entdeckte Knochenfunde
10.000-5.000	Jäger werden seßhaft; Ackerbau und Viehzucht
5.000-4.000	Kaiser *Huang Di* ("Gelber Kaiser"). Beginn staatlicher Organisation; Herstellung feiner, bemalter Keramik
ca. 3.000	*Yangshao*-Kultur (Henan) und *Longshan*-Kultur (Shandong u. Nord-Jiangsu), nachgewiesen durch Ausgrabungen bei Banpo (Xi´an)
ca. 2000	Entstehung der chinesischen Schrift
2100-1600	Xia-Dynastie. Erfindung des Mondkalenders, Tiere werden domestiziert, Weizen angebaut und Seide gesponnen
1600-1110	Shang-Dynastie mit Zentrum am Gelben Fluß. Bronzeguß, Jagd, Viehwirtschaft, Getreideanbau, Seidenraupenzucht
1100-221	Zhou-Dynastie. Hauptstadt: Chang´an (heute Xi´an), später Luoyang. Münzgeld, Bewässerungsanlagen, Verbreitung der konfuzianischen Sittenlehre, Lehenssystem
770-476	Frühlings- und Herbstperiode. Besteuerung von Privatland, Sklavenaufstände, Blütezeit der Philosophie
551-479	Konfuzius (*Kong Zi*)
475-221	Zeit der kämpfenden Staaten. Bedeutende wirtschaftliche und soziale Umwälzungen, Eisengußtechnik, Bildung kleiner Zivilisations- und Handwerkszentren, Bau einzelner Schutzwälle; Epoche der "Hundert Schulen" (Konfuzius, Daoisten, Legalisten)
372-289	Menzius (*Meng Zi*), Konfuzianer und Bera-

471

	ter mehrerer Zhou-Könige
259-210	Kaiser Qin Shi Huangdi ("Gelber Kaiser")
213	Große Bücherverbrennung
221	Qin Shihuang ernennt sich zum ersten Kaiser Chinas
145-86	Sima Qian, berühmer Historiograph am Hofe des Kaisers Wu. Schrieb die erste umfassende Darstellung der chinesischen Geschichte
105	Erfindung des Papiers durch Cai Lun

NACH CHRISTUS:

206-220 n. Chr.	Han-Dynastie. Maße, Gewichte, Schrift und Währungssystem werden vereinheitlicht
221-589	Die drei Reiche. Blütezeit des Buddhismus
265-420	Jin-Dynastie. 317 wird Nanjing Hauptstadt
304-439	Die 16 Königreiche. Einfälle von Nomadenstämmen im Norden und Nordosten
307-365 (?)	Berühmter Kalligraph Wang Xizhi
420-589	Nord- und Süd-Dynastien
557-641	Berühmter Kalligraph Ouyang Xiu
558-638	Berühmter Kalligraph Yu Shinan
581-618	Sui-Dynastie. Expansionskriege, verstärkte Ausbeutung der Landbevölkerung, Bauernaufstände
618-907	Tang-Dynastie. Hauptstadt: Chang´an. Vereinigung und Zentralisierung des Reiches, Entwicklung des Überseehandels, Blüte der Dichtkunst (Li Bai, Du Fu, Bai Ju Yi), Malerei, Juwelierkunst, Keramik, Herstellung von Schießpulver
701-762	Dichter Li Taibo
712-770	Dichter Du Fu
907-960	Die fünf Dynastien und die 10 Königreiche (902-979). Seiden-, Tee-, Salzhandel und Porzellanherstellung florieren, Buchdruck wird vervollkommnet, erstes Papiergeld
960-1279	Song-Dynastie. Beamtenstaat, Neokonfuzianismus, Aufkommen einer in Umgangssprache geschriebenen Literatur
1021-1086	Dichter Wang Anshi
1036-1101	Dichter Su Dongpo

1041	Erfindung der beweglichen Lettern
1045-1105	Dichter Huang Tingjian
1211	Eindringen der Mongolen im Norden, die 1234 die Jin und 1279 die Truppen der südlichen Song schlagen
1271-1368	Mongolen-Herrschaft. Unterdrückung der Bauern, Naturkatastrophen. Erste franziskanische Missionare
1368-1644	Ming-Dynastie. Zurückdrängen der Mongolen, Neuorganisation der Wirtschaft und Landwirtschaft, Reformen und Steuererleichterungen, Aufleben des Handels
ca. 1500-1580	Wu Cheng´en, Verfasser von "Die Reise nach dem Westen"
1552-1610	Matteo Ricci, italienischer Jesuit, unternimmt Missionierungsversuche
1622	Adam Schall von Bell, Jesuit aus Köln, kommt nach Beijing, baut 1652 die erste katholische Kirche
1644-1911	Qing-Dynastie. Bevölkerungszuwachs, Auswanderungswelle, Entwicklung der Industrie, Aufkommen von Geheimgesellschaften
1662-1723	Kaiser Kangxi
1840-1842	1. Opiumkrieg mit Großbritannien
1842	Einnahme von Shanghai und Nanjing durch die Engländer; Öffung von fünf Häfen; ("Ungleiche Verträge von Nanjing"); Abschluß eines Pachtvertrages für Hongkong auf 99 Jahre
1850-1864	Taiping-Revolte mit dem Ziel, die Qing-Dynastie abzuschaffen und eine neue Gesellschaftsordnung einzuführen
1853	Nanjing wird zur Hauptstadt des "Himmlischen Reiches des großen Friedens"
1856-1860	2. Opiumkrieg mit Großbritannien und Frankreich
1860	"Vertrag von Peking" zwischen dem Kaiser und England/Frankreich; Öffnung 11 weiterer Häfen für den Überseehandel
1863-1957	Qi Baishi, Maler berühmter Vogel- und Blumendarstellungen
1881-1936	Schriftsteller Lu Xun
1894/95	Koreakrieg. China tritt Taiwan ab und erkennt Unabhängigkeit Koreas an
1894-1953	Xu Beihong, Maler berühmter Pferdebilder
1896-1981	Schriftsteller Mao Dun

473

1900	In Nordchina Dürrekatastrophen, Überschwemmungen, wirtschaftliche Not; Boxeraufstand
1908	Tod der letzten Kaiserin Cixi. Streiks, Demonstrationen, Aufstände
1911	Dr. Sun Yatsen wird provisorischer Präsident
Febr. 1912	Yuan Shikai wird erster Staatspräsident der Republik China, erlangt diktatorische Machtbefugnisse und verfolgt seine Gegner
1912	Gründung der Nationalen Volkspartei (*Guomindang*)
1913	Einführung des "Nationalen Phonetischen Alphabets" (*zhuyin*)
1913	Sun Yatsen flieht nach Japan
1915	Yuan Shikai läßt sich zum Kaiser erklären, hebt die Monarchie jedoch aufgrund heftiger Proteste wieder auf
1916	Tod Yuan Shikais. Sun Yatsen kehrt nach China zurück
4.5.1919	Beginn der "4.-Mai-Bewegung" auf dem Platz des Himmlischen Friedens in Beijing
1918	Gründung der "Gesellschaft zum Studium des Marxismus"
1921	Sun Yatsen wird zum Präsidenten gewählt. Gründung der Kommunistischen Partei Chinas, KPCh, in Shanghai
1925	Tod Sun Yatsens
1926/27	Chiang Kaishek organisiert Feldzug gegen Militärmachthaber in Nordchina, geht gegen Kommunisten vor, bildet nationalistische Regierung in Nanking. Mao Zedong organisiert Aufstand gegen Chiang Kaishek in Hunan, scheitert und flüchtet in die Berge. Aufbau der "Roten Armee" mit Zhou Enlai und Zhu De
1928	Truppen von Chiang Kaishek besetzen die Hauptstadt Beijing
1931/32	Japan besetzt die Mandschurei, setzt Marionettenregierung ein
1934	"Langer Marsch" der roten Armee.
1937	Japaner besetzen Beijing, Shanghai und Nanjing. Guomindang verlegt ihr Hauptquartier nach Chongqing (Sichuan). Bildung einer Einheitsfront zwischen Kommunisten und Nationalisten gegen die Japaner, die

	jedoch bald zerbricht
1948	Letzte große Offensive Mao Zedongs gegen die Nationalisten
1949	Chiang Kaishek flieht nach Taiwan
1.10.1949	Mao Zedong ruft die Volksrepublik China aus
1949-1952	"Bodenreformbewegung" im besonders unterentwickelten Hinterland
1950	Sowjetisch-chinesischer Freundschafts- und Beistandspakt; Inkrafttreten des ersten Ehegesetzes in China
1951	Beginn der "Drei-Anti"- und "Fünf-Anti"-Bewegungen
Sept. 1954	Erste Verfassung der VR China
1956	Schriftreform: Einführung eines vorläufigen Programms vereinfachter Schriftzeichen
1957	"Hundert-Blumen-Kampagne".
1958-1960	"Großer Sprung nach vorne" und Volkskommunen
1959	Liu Shaoqi wird Präsident der VR China
1960	Sowjetunion kündigt sämtliche Verträge mit China
1960-1962	Wirtschaftskrise der "Drei bitteren Jahre"
1965	Ausweisung chinesischer Studenten aus der SU
1968	Sturz des Staatspräsidenten Liu Shaoqi
1969	Militärische Auseinandersetzungen am Ussuri und in der Provinz Xinjiang
1966-1976	"Kulturrevolution"
1976	Tod Mao Zedongs und Sturz der "Viererbande" durch Hua Guofeng, der Premierminister wird; Tod Zhou Enlais
1977	Rehabilitierung Deng Xiaopings
1.1.1979	Einführung der *Pinyin*-Umschrift
Febr. 1980	Rehabilitierung von Liu Shaoqi
10.9.1980	Verbot von Wandzeitungen
25.1.1981	Verurteilung der "Viererbande"
Mai/Juni 1989	Demonstrationen für mehr Demokratie auf dem Platz des Himmlischen Friedens
4.6.1989	Blutige Niederschlagung der Demonstrationen durch Soldaten.

ANHANG V

Karte der Volksrepublik China
Die Provinzen, Autonomen Gebiete und
regierungsunmittelbaren Städte

Auf den nächsten beiden Seiten finden Sie eine Karte der VR China (mit Taiwan und Hongkong), auf der die 22 Provinzen (mit Taiwan 23), die fünf sogenannten "Autonomen Gebiete" und die drei der Zentralregierung direkt unterstehenden Städte Beijing, Shanghai und Tianjin in chinesischen Zeichen eingezeichnet sind. Auf den nachfolgenden Seiten haben wir alle Namen noch einmal - nach Pinyin-Umschrift geordnet - aufgelistet.

* * *

中华人民共和国地图

黑龙江
吉林
辽宁
内蒙古自治区
河北
北京
天津
宁夏回族自治区
山西
陕西
山东
河南
江苏
安徽
湖北
上海
浙江
湖南
江西
福建
贵州
广西壮族自治区
广东
广州
台湾
川

中华人民共和国
地图

Zhōnghuá Rénmín Gònghéguó dìtú (Karte der Volksrepublik China)

1. Die Provinzen

安徽	*Ānhuī*
福建	*Fújiàn*
甘肃	*Gānsù*
广东	*Guǎngdōng*
贵州	*Guìzhōu*
海南	*Hǎinán*
河北	*Héběi*
黑龙江	*Hēilóngjiāng*
河南	*Hénán*
湖北	*Húběi*
湖南	*Húnán*
江苏	*Jiāngsū*
江西	*Jiāngxī*
吉林	*Jílín*
辽宁	*Liáoníng*
青海	*Qīnghǎi*

山东	*Shāndōng*
山西	*Shānxī*
陕西	*Shǎnxī*
四川	*Sìchuān*
云南	*Yúnnán*
浙江	*Zhèjiāng*

2. Die Autonomen Gebiete

广西	*Guǎngxī*
内蒙古	*Nèi Měnggǔ* (Innere Mongolei)
宁夏	*Níngxià*
新疆	*Xīnjiāng*
西藏	*Xīzàng* (Tibet)

3. Die regierungsunmittelbaren Städte

北京	*Běijīng*
上海	*Shànghǎi*
天津	*Tiānjīn*

4. Die größten Flüsse

长江   *Chángjiāng* (Jangtse)

黄河   *Huánghé* (Gelber Fluß)

5. Taiwan, Hongkong und Macao

台湾   *Táiwān*

香港   *Xiānggǎng* (Hongkong)

澳门   *Àomén* (Macao)

ANHANG VI

Bedeutende Werke der chinesischen Literatur

阿Q正传　　　　　　　　鲁迅
Ā Q Zhèng Zhuàn　　　　von *Lu Xun* (1881-1936)
(lies: ā guì)

"Die wahre Geschichte von A Q"

Der Autor zeigt Elend und Schwäche des Volkes am
Beispiel eines Bauern kurz vor der Revolution 1911.
Lu Xun ist einer der bedeutendsten Schriftsteller des
20. Jahrhunderts. Er schrieb auch "Das Tagebuch
eines Wahnsinnigen" (*Kuàng rén rìjì*) nach Gogol.

* * *

红楼梦　　　　　　　　　　曹雪芹
Hóng Lóu Mèng　　　　　von *Cao Xueqin* (ca. 1760)

高鹗
und *Gao E* (ca. 1790)

"Der Traum der roten Kammer"

Die Geschichte schildert den Niedergang einer Bürger-
familie in der Qing-Dynastie (1644-1911) und beschreibt dabei die Sitten und Gebräuche jener Zeit.

* * *

家、春、秋　　　　　　　　　　巴金
Jiā, Chūn, Qiū　　　　　　von *Bā Jīn* (geb. 1904)

"Familie", "Frühling", "Herbst"

In dieser Trilogie werden die Gründe für den Verfall der alten Gesellschaftsordnung dargelegt; der Autor will damit eher jüngere Leute ansprechen.

* * *

金瓶梅
Jīn Píng Méi　　　　　　　　(Autor unbekannt)

Realistischer Sittenroman mit z.T. recht deutlichen erotischen Passagen, der das von der Korruption begünstigte Leben der Beamten in der Ming-Zeit kritisiert.

* * *

骆驼祥子　　　　　　　　　　老舍
Luòtuo Xiángzi　　　　　von *Lao She* (1899-1966)

"Der Rikscha-Kuli"

Die tragische Geschichte eines verarmten Bauern, der sich in Beijing unter großen Entbehrungen als Rikscha-Kuli durchschlägt.
Mindestens ebenso bedeutend wie dieser Roman ist das 1957 entstandene Theaterstück "Das Teehaus" (*Chágu ǎn*).

* * *

儒林外史　　　　　　　　吴敬梓
Rú Lín Wài Shǐ　　　　von *Wu Jingzi* (1701-1754)

"Die nichtamtliche Geschichte des Beamtentums"

Eine Sammlung von Anekdoten, deren Protagonisten Gelehrte und Beamte sind, und die die Korruption und die Falschheit der Beamten sowie das kaiserliche Prüfungssystem kritisieren.

* * *

三国演义
Sān Guó Yǎnyì　　　　　　　(Autor unbekannt)

"Die drei Reiche"

Klassischer Kriegs- und Abenteuerroman, der den Konflikt der drei Nachfolgestaaten der Han-Dynastie beschreibt.

* * *

水浒传
Shuǐ Hǔ Zhuàn　　　　　　　(Autor unbekannt)

"Die Räuber vom Liangshan-Moor"

Lebendige Erzählung über die Abenteuer einer Räuberbande in der Ming-Dynastie (1368-1644), die einen guten Einblick in die Sitten jener Zeit vermittelt.

* * *

西游记　　　　　　　　吴承恩
Xī Yóu Jì　　　　　von *Wu Cheng'en* (ca. 1500-1580)

"Die Reise nach dem Westen"

Beschreibt die Pilgerreise des Mönches Xuan Zang nach Indien in der Tang-Zeit. Diese Geschichte mit vielen satirischen Elementen wurde von Geschichtenerzählern weitergegeben und immer weiter ausgeschmückt.

* * *

子夜　　　　　　　　茅盾
Zĭyè　　　　　　von *Mao Dun* (1896-1981)

"Shanghai im Zwielicht"

Der Roman malt ein erschütterndes Bild des von Kapitalismus und Revolution geprägten Shanghais der 30er Jahre.

* * *

DIAGRAMA ISHIKAWA PENTRU GESTIONAREA RISCURILOR

Anticiparea și rezolvarea problemelor din cadrul afacerii

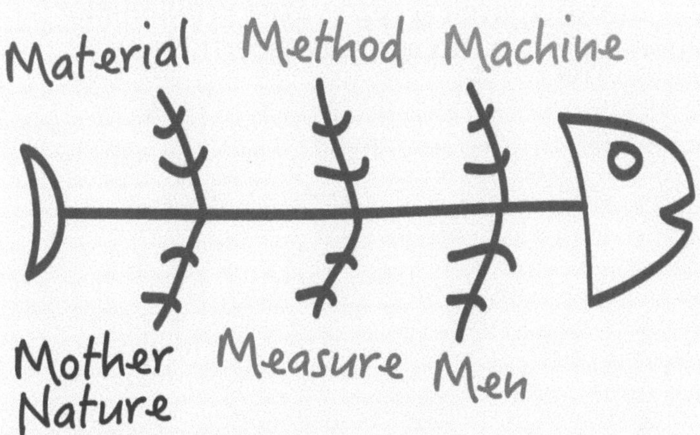

DIAGRAMA ISHIKAWA PENTRU GESTIONAREA RISCURILOR

Anticiparea și rezolvarea problemelor din cadrul afacerii

scris de Ariane de Saeger
tradus de Alina Dobre